山田圭一　ウィトゲンシュタイン最後の思考　確実性と偶然性の邂逅　A5判　三八〇〇円

冨田恭彦　カント批判　『純粋理性批判』の論理を問う　四六判　三二〇〇円

萬屋博喜　ヒューム因果と自然　A5判　四七〇〇円

柏端達也　現代形而上学入門　四六判　二八〇〇円

植原亮　自然主義入門　知識・道徳・人間本性をめぐる現代哲学ツアー　四六判　二八〇〇円

白井・東・森田・渡部　量子という謎　量子力学の哲学入門　A5判　二九〇〇円

清塚邦彦　フィクションの哲学〔改訂版〕　A5判　三〇〇〇円

佐藤岳詩　メタ倫理学入門　道徳のそもそもを考える　A5判　三〇〇〇円

＊表示価格は二〇一八年九月現在。消費税は含まれておりません。

著者略歴

1954年　京都府に生まれる
1990年　京都大学大学院文学研究科博士課程研究指導認定退学
Ph. D.（ニューヨーク市立大学）
現　在　筑波大学大学院人文社会科学研究科教授
著　書　『ウィトゲンシュタインはこう考えた』（講談社現代新書、2003年）
『生き方と哲学』（講談社、2011年）ほか
訳　書　『ウィトゲンシュタイン哲学宗教日記』（講談社、2005年）ほか

ウィトゲンシュタイン『哲学探究』を読む 1
『哲学探究』とはいかなる書物か
理想と哲学

2018年 9月20日　第1版第1刷発行

著　者　鬼《き》界《かい》彰《あき》夫《お》

発行者　井村寿人

発行所　株式会社　勁《けい》草《そう》書房

112-0005　東京都文京区水道2-1-1　振替 00150-2-175253
（編集）電話 03-3815-5277／FAX 03-3814-6968
（営業）電話 03-3814-6861／FAX 03-3814-6854
三秀舎・松岳社

ISBN978-4-326-15457-9　Printed in Japan

http://www.keisoshobo.co.jp

人名索引

ア 行

アインシュタイン　Einstein, A.　293, 357, 359-61
アウグスティヌス　Augustinus / Augustine　9-10, 12, 15, 20, 23, 103, 157-8, 237-8, 337
アリストテレス　Aristoteles / Aristotle　107, 337, 355, 357
アルバート　Albert, D. Z.　359
アンスコム　Anscombe, E. G. M.　328, 334
アンブローズ　Ambrose, A.　16, 327
飯田隆　328-9, 340
イエス　Jesus　346
石垣寿郎　353
岩野秀明　354-5
エディントン　Eddington, A. S.　354
榎本恵美子　358
エルンスト　Ernst, P.　347
エンゲルマン　Engelmann, P.　23-5, 28, 330
オースティン　Austin, J. L.　303, 357
岡田雅勝　xiii
奥雅博　340

カ 行

上川友好　358
ガリレオ　Galilei, G.　289, 293-4, 297, 356, 361
キルケゴール　Kierkegaard, S.　332
キルヒホッフ　Kirchhoff, G. R.　354
クーン　Kuhn, Th. S.　280, 353, 361
ゲーデル　Gödel, K.　315
ケプラー　Kepler, J.　314-5, 358
コーダー　Koder, R.　327, 329-31
コペルニクス　Copernikus, N.　253, 352

サ 行

坂本百大　357
サッピ　Suppe, F.　354
シュルテ　Schulte, J.　xii, 327, 334
白井仁人　iii, 359, 361
スキナー　Skinner, F.　16, 20, 327
須藤吾之助　354-5
ストンボロー夫人　Wittgenstein-Stonborough, M.　328-31
セラーズ　Sellars, W.　282
ゾマヴィラ　Somavilla, I.　xii, 327, 329-30

タ 行

ダーウィン　Darwin, C.　253, 284, 291-2, 352
高田誠二　354-5
高橋真理子　359
竹内敬人　342
谷川安孝　360
谷賢一　348

タルスキー　Tarski, A.　296-301, 306, 356-7
チャーチランド　Churchland, P.　352
デカルト　Descartes, R.　337, 351
デモクリトス　Demokritos / Democritus　315
デュエム　Duhem, P. M. M.　354
トゥールミン　Toulmin, S.　280, 353
ドゥルーリー　Drury, M. O'C.　331-2
戸田山和久　iii, 282, 353-5
朝永振一郎　320-1, 359
トルストイ　Tolstoi, L.　317-8, 358, 361
ドルトン　Dalton, J.　308

ナ　行

中村融　358
中村白葉　358
中村秀吉　334
中山茂　353
ニーチェ　Nietzsche, F.　337
ニュートン　Newton, I.　280, 293
ノーベル　Nobel, A. B.　361
野矢茂樹　xii, 357

ハ　行

パウリ　Pauli, W. E.　360
羽地亮　335
パスカル　Pascal, F.　331
ハッカー　Hacker, P. M. S.　xii, 4-6, 327, 334, 341-2, 344
ハット　Hutt, R.　331
ハンソン　Hanson, N. R.　280, 353
東克明　iii, 359, 361
廣松渉　354-5
ファラデー　Faraday, M.　140, 342
フォン・ライト　von Wright, G. H.　xiii, 15-6, 63, 328-9, 334
藤田晋吾　334
藤本隆志　353
ブラック　Black, M.　355
プラトン　Platon / Plato　107, 315, 337, 350-1
ブリッジマン　Bridgman, P. W.　354
フレーゲ　Frege, G.　122, 159, 338, 341
ベーカー　Baker, G. P.　4, 327, 334, 341-2, 344
ペツォルト　Petzold, J.　288
ヘッセ　Hesse, M. B.　355
ヘラクレイトス　Herakleitos / Heraclitus　315
ヘルツ　Hertz, H.　354, 357-8
ヘルミーネ　Wittgenstein, H.　20
ヘンゼル　Hänsel, L.　19-20, 36, 40, 330
ポアンカレ　Poincaré, J. H.　354
ボーア　Bohr, N.　320-1, 357, 359-61
ポパー　Popper, K.　293-4, 296-7, 353-7, 361

マ　行

マーラー　Mahler, G.　41, 43
マクギネス　McGuinness, B.　xiii, 24-5, 31, 34, 330-1
マッハ　Mach, E.　283-94, 297, 310-1, 313, 316-7, 354-5
ムーア　Moore, G. E.　15-6, 18-20, 328, 332
村上陽一郎　353
森田邦久　iii, 359, 361
森博　353
モンク　Monk, R.　xiii, 23-4, 329-31, 340, 353

ヤ　行

ラ　行

ワ　行

アルファベット

事項索引

タ　行

付表1 『哲学探究』「哲学論」とMS142の対照表・ソース一覧

- 本表は『哲学探究』(TS227)「哲学論」各節とMS142の対応関係を示すと同時に、各節のソースを示すものである。MS142以外のソース欄が空白であれば、その節のソースがMS142であることを意味する。MS142欄が空白であれば、その節が『探究』最終版作成時に「哲学論」に加えられたことを意味する。
- 節番号後のa, b, cは第一、第二、第三段落を、1, 2, 3は第一文、第二文、第三文を表す。
- MS157欄のa, bはMS157a, MS157bを表す。
- TS213欄のカッコ内は、TS213テキストのソースである手稿ノートと頁数を示す。
- 初出年とは当該テキストの最も古いソースが記入された、あるいは記入されたと推定される年である。
- ソースの同定に関してはWNBEE以外に次も参考にした。André Maury, "Sources of the Remarks in Wittgenstein's *Philosophical Investigations*", *Synthese* 98, pp. 349-378, 1994.

PU	MS142§(頁)	MS157頁	TS213頁(MS頁)	他のソース	初出年
89a	86a(p. 76)	—	—	—	1936-37
89b	86b-d(p. 91)	a, 46r	—	—	1937
89c	86e-f(pp. 91-2)	a, 46v	—	—	1937
90a	87(p. 92)	—	—	—	1937
90b	88(p. 92)	b, 6v	—	—	1937
91	89(p. 93)	b, 6v	—	—	1937
92	90(p. 93)	[92b3](1)a, 46v	—	—	1937
93a	91(p. 94)	a, 60v	—	—	1937
93b	92(p. 94)	a, 61r-61v	—	—	1937

付表 1

PU	MS142§（頁）	MS157 頁	TS213 頁（MS 頁）	他のソース	初出年
94	93（p. 94）	a, 63r-63v	—	—	1937
95	94a-b（p. 95）	a, 49r	—	—	1937
96	94c（p. 95）	—	—	—	1937
97	95,96（pp. 95-6）	a, 51r-52v	—	—	1937
98	97（p. 96）	—	—	—	1937
99	98（pp. 96-7）	b, 4r-4v	—	—	1937
100	101(2)（pp. 97-8）	a, 66r	—	—	1937
101	102a（p. 98）	[101, 2]b, 12v	—	—	1937
102	節番号なし(3)(p. 86)	[102, 1]b, 5v-6r	—	—	1937
		[102, 2]b, 13r	—	—	1937
103	102b（pp. 98-9）	[103, 1]b, 11v	—	—	1937
		[103, 6-7]b, 9v	—	—	1937
104	126b2（p. 115）	[104, 1]b, 2v-3r	—	—	1937
補節 1(4)	—	—	—	MS129, 177	1944
105	107a-b（p. 100）	a,53r-53v	—	[105b] MS183, 153	1937
106	107c(5)（pp. 100-1）	—	—	MS115, 49	1933-34
107	108（p. 101）	[107, 2]a, 69v	—	—	1937
		—	—	[107, 4] MS183, 164	1937
		[107, 6]b, 9r	—	[107, 4-6] MS152(6), 84	1937

PU	MS142§（頁）	MS157 頁	TS213 頁（MS 頁）	他のソース	初出年
108	109 (pp. 101-2)	[108, 1]b, 6r	—	—	1937
		[108, 3-6]b, 2v	—	—	1937
		[108, 7]b, 5r	—	—	1937
		[108, 8]a, 68r	—	—	1937
補節 2(7)a	—	—	—	MS114, 108	1933-34
補節 2b1	—	—	—	MS110, 221	1931
補節 2b2-3, c	—	—	—	MS114, 108	1933-34
109	110a-b (p. 102)	—	—	MS152, 95-96	1937
110	110c-d (p. 103)	a, 54v	—	—	1937
111, 1-2	111 (p. 104)	—	—	—	1937
111, 3-4	112a (p. 104)	—	412 (MS110, 164)	—	1931
112	113b (p.106)	—	[112, 1]409 (MS113, 117r)	—	1932
		[112, 2]b, 9v	—	—	1937
113	126a1-2 (p. 115)	—	—	—	1937
114	125a(8),c (p. 114)	—	—	—	1937
115	124c (p. 113)	—	—	—	1937
116a	127b (p. 116)	b, 17r	430 (MS109, 246)	—	1930
116b	128a (p. 116)	b, 14v-15r	412 (MS110, 34)	—	1931
117a	—	—	—	MS127, 73-4	1944

付表 1

PU	MS142§（頁）	MS157 頁	TS213 頁（MS 頁）	他のソース	初出年
117b	—	—	—	MS127, 79	1944
118, 1-2	129a（p. 116）	—	411（MS112, 115v）	—	1931
118, 3	129b（p. 116）	b, 17r	—	—	1937
119	129c（pp. 116-7）	—	425（MS108, 247）	—	1930
120a	—	—	72（MS110, 230-1）	—	1931
120b-e	130a-d（p. 117）	—	72（MS110, 231）	—	1931
120f	—	—	72（MS110, 231）	—	1931
121	130e（pp. 117-8）	—	—	—	1937
122	115（p. 107）	—	[122, a3-4, b]417（MS110, 257）	—	1931
123	—	—	421（MS112, 24r）	—	1931
124	116（pp. 107-8）	—	417-8（MS110, 118）	—	1931
125a	—	—	—	MS130, 14-5	1946
125b-d	—	—	—	MS130, 12-3	1946
125e	—	—	—	MS130, 13-4	1946
126a	117b-c（p. 108）	—	[126a1]418（MS110, 216）	—	1931
			[126a2-3] 418（MS110, 90）	—	1931

PU	MS142§（頁）	MS157頁	TS213頁（MS頁）	他のソース	初出年
126b	118a (p. 108)	—	419 (MS108, 160)	—	1931
127	119a (p. 109)	—	415 (MS112, 118r)	—	1931
128	119d (p. 109)	—	419 (MS110, 259)	—	1931
129	120 (p. 109)	—	[129, 1-2] 419 (MS112, 117r)	—	1931
			[129, 3-5] 419 (MS110, 259)	—	1931
130	133a (p. 119-20)	b, 17r-17v	—	—	1937
131	122d (p. 111)	b, 15v-16r	—	[131, 1] MS183, 163-4	1937
132	131(9) (p. 118)	—	—	[132a, 3-4, b] MS115, 52	1933-34
133a	132a (p. 119)	—	—	MS115, 52	1933-34
133b	133b (p. 120)	—	—	MS152, 88	1937
133c	134a-c (p. 120)	—	431 (MS112, 47r)	—	1931
補節3(10)	—	—	—	MS116, 186	1938-44

(1)　[92b3]という表記は、そのあとに示されたMA157a, p. 46vがPU92全体のソースではなく、その第二段落第3文（b3）のソースであることを示す。ソース表における[　]の使用法は以下でも同様。

(2)　MS142§101末尾には次の文があるが、PUでは削除されている。「それは「この車輪の周囲は本当はD×Πなのだ」と言うのに似ている。問題になっているのは、まさにこうした誤解なのだ。[私には最終的な明晰さが欠けている。]」

(3) 付表2の当該箇所を参照。

(4) 『哲学探究』原著第四版「哲学論」(§§89–133) には、節と節の間に枠で囲まれた節番号のない考察が三箇所存在する。本表ではそれらを便宜上補節1, 2, 3と呼ぶ。これらはウィトゲンシュタインによりタイプ原稿TS227bに注としてクリップで留められたり、挟み込まれた紙片であり、補節1, 2の原稿はタイプされ、補節3の原稿は手書きされている。それぞれの紙片には注を挿入する箇所が手書きで示されている。

(5) ここで107cという節記号を与えたテキストにWNBEEの標準転記版では「a. No?」という奇妙な独立の節記号が与えられている。しかし原テキストのファクシミリ版を見れば、この記号は明らかにMS142の再編集に際してのメモ的記入と思われるため、このテキストを第107節の続きと判断した。

(6) MS152はMS142の下書き用に使われた日付のないノートであり、記入時期はMS142と同時期であると考えられる。

(7) 補節2は原著第三版まではPU108の第二〜四段落として扱われていたが、原著第四版で補節とされた。

(8) MS142, §125aとPU114, 1は内容が微妙に異なる。前者は次の通り、「「あらゆる文は、事態はしかじかである、と述べている」。ここに我々を誘惑しかねない(そして私を誘惑した)表現形式が存在する」。

(9) MS142, §131冒頭には次の理由節が存在するが、PU132では削除されている。「我々の目的とは、ある言語形式によって我々を捕えている呪縛を解くことなのだから、」

(10) 補節3も補節2と同様、原著旧版ではPU133の第四段落として扱われていた。

付表2　MS142「哲学論」の構成表とTS220（戦前版『哲学探究』前半)、『哲学探究』（PU）との対照表

- 本表はMS142「哲学論」(pp. 76-121）の構成と、TS220、『哲学探究』（TS227）との対応関係を示すものであり、MS142については頁数と節番号を、TS220と『哲学探究』については節番号を示す。
- 『哲学探究』最終版（TS227）作成に当たってウィトゲンシュタインはMS142（およびそのタイプ原稿であるTS220)「哲学論」から、同稿の他の部分とは対照的に、相当量の考察を削除しているが、本表では参照の便のために削除された考察の主題・内容を簡単に示す。

MS142頁	MS142§	TS220	PU	削除テキストの主題・内容、その他のコメント
p. 76	86a	86a	89a	
pp. 77-8	*	—	—	*MS142§§1-3（PU1-2に相当）のほぼ全体の筆写。
pp. 78-91	**	—	—	**節番号のない連続した下書き。PU89b-c, 90-100, 102-3, 105, 107-8に相当するテキストをこの順序で含む。それらはp. 91以降で再使用されている。
p. 91	86b-f	86b-c	89b-c	
p. 92	87	87a	90a	
p. 92	88	87b	90b	
p. 93	89	88a-b	91	
p. 93	90	88c-d	92	
p. 94	91	89a-b	93a	
p. 94	92	89b	93b	
p. 94	93	89c	94	
p. 95	94a	89d	95	
p. 95	94b	89e	96	
p. 95	95	90a	97a	
p. 96	96	90b	97b	
p. 96	97	91a	98	

付表 2

MS142 頁	MS142§	TS220	PU	削除テキストの主題・内容、その他のコメント
p. 96	98	91b	99	
p. 97	99	91c	削除	• 意味と規則の確定性の要請と表現形式について。
p. 97	100	91d	削除	• 表現形式への信仰告白とアプリオリについて。
pp. 97-8	101	91e	100	
p. 98	102a	92a	101	
pp. 98-9	102b	92b	103	
p. 99	103	92c	削除	• 文の意味と「心的過程としての理解」という概念について。
p. 99	104	92d	削除	• （前半は PU102 と同じ）「文の論理的構造」という概念が比喩であることとその忘却について。
p. 99	105	93a	削除	• 文構造に関する理論の理論性の忘却について。
pp. 99-100	106	93b	削除	• 我々の探求が事物の普遍的本質をとらえるものであるという錯覚について。
p. 100	107a-b	94a	105	
pp. 100-1	107c(1)	94b	106	
p. 101	107d	94c	削除	• 記号と物理的対象に関する表現の文法の無理解が問題であること。
p. 101	108	95a	107	
pp. 101-2	109	95b	108	
p. 102	110a-b	96a	109	
p. 103	110c-d	96b-c	110	
p. 103	***	—	—	***PU120, 118 に相当するテキストがいったん書かれた後×印で抹消されている。その上欄外に「[諸考察] [消化されないパン屑には何の意味もない。]」という書き込みがある。
p. 104	111	97, 1-2	111, 1-2	
p. 104	112a	97, 3-4	111, 3-4	
pp. 104-5	112b	97b	削除	• 文法的冗談の実例とその深さの説明。

MS142 頁	MS142§	TS220	PU	削除テキストの主題・内容、その他のコメント
p. 105	113a	98a	削除	• 描写形式からの不安惹起相（アスペクト）の除去による哲学的問いの鎮静化について。
p. 106	113b	98b	112	
p. 106	113c-d	98c-d	削除	• 文法の誤解に起因する哲学的問題の例としての「時間」と「ある」。
pp. 106-7	114	99	削除	• 異なる表現体系の並置による表現の呪縛的相の転換について。哲学的不安を巡る苦行者の譬え。
p. 107	115	100	122	
pp. 107-8	116	101	124	
p. 108	117a	102a	削除	• 言語に内在する比喩が惹起する哲学的問題と、その実例としての「像」、「（論理）計算」。
p. 108	117b-c	102b	126a	
p. 108	118a	103a	126b	
pp. 108-9	118b	103b	削除	• 哲学的問題と「人生の問題」に「解」が存在しないこと。
p. 109	119a	104a	127	
p. 109	119b-c	104b-c	削除	• 哲学的才能と哲学の学習について。
p. 109	119d	104d	128	
p. 109	120	105	129	
pp. 109-10	121	106	削除	• 哲学者と救いの言葉、誤りの相貌の模写の重要性について。
pp. 110-1	122a-c	107a-c	削除	• 理想の呪縛と理想誤解惹起相からの解放について。
p. 111	122d	107d	131	
p. 112	122e	107e	削除	• 独断主義と理想に関する誤解の例。
p. 112	123	108	削除	• 「対象」、「複合体」に関する『論考』の誤りについて。
pp. 112-3	124a, b	109, 1-4	削除	• 「文は名の連鎖である」という『論考』の主張の誤りについて。
pp. 113-4	124c	109, 5-7	115	
p. 114	125a, c(2)	110a, c	114	

付表2

MS142 頁	MS142§	TS220	PU	削除テキストの主題・内容、その他のコメント
p. 114	125b	110b	削除	• 意味と存在に関するプラトン（『テアイテトス』）からの引用。
pp. 114-5	125d-h	110d-f	削除	• 命題の一般形式に関する『論考』の誤りの本質が表現形式と対象の取り違えであったこと。それが一種の光学的錯覚であることと眼鏡の比喩。
p. 115	126a1-2	110g1-2	113	
p. 115	126a3, b	110g3, h	削除	• 理想に関する誤解が光学的錯覚であり、その表現が言語の形而上学的使用であること。
pp. 115-6	127a	110i	削除	• 『論考』における「対象」という語の誤用について。
p. 116	127b	110j	116a	
p. 116	128a	111a1	116b	
p. 116	128b-e	111a2-7	削除	• 語の形而上学的使用（誤用）の一例としてのヘラクレイトスの言葉。
p. 116	129a-b	111b	118	
pp. 116-7	129c	111c	119	
p. 117	130a-d	112a-d	120b-e	
pp. 117-8	130e	112e	121	
pp. 118-9	131	113	132(3)	
p. 119	132a	114a	133a	
p. 119	132b-c	114b-c	削除	• 「語の完全な使用規則」という概念について。
pp. 119-20	133a	115a	130	
p. 120	133b	115b	133b	
p. 120	134a-c	116a	133c	
pp. 120-1	134d-e	116b-c	削除	• 哲学における不安の源泉としての誤った哲学観とそれを転換することの困難さについて。

• *, **, ***は下書き等に用いられたページの内容・形状に関するコメントを示す。

(1)　付表1注5参照。

(2)　MS142, §125とPU114のテキストの微妙な違いについては付表1注8を見よ。

(3)　PU132ではMS142, §131の第一文が削除されている。付表1注9参照。

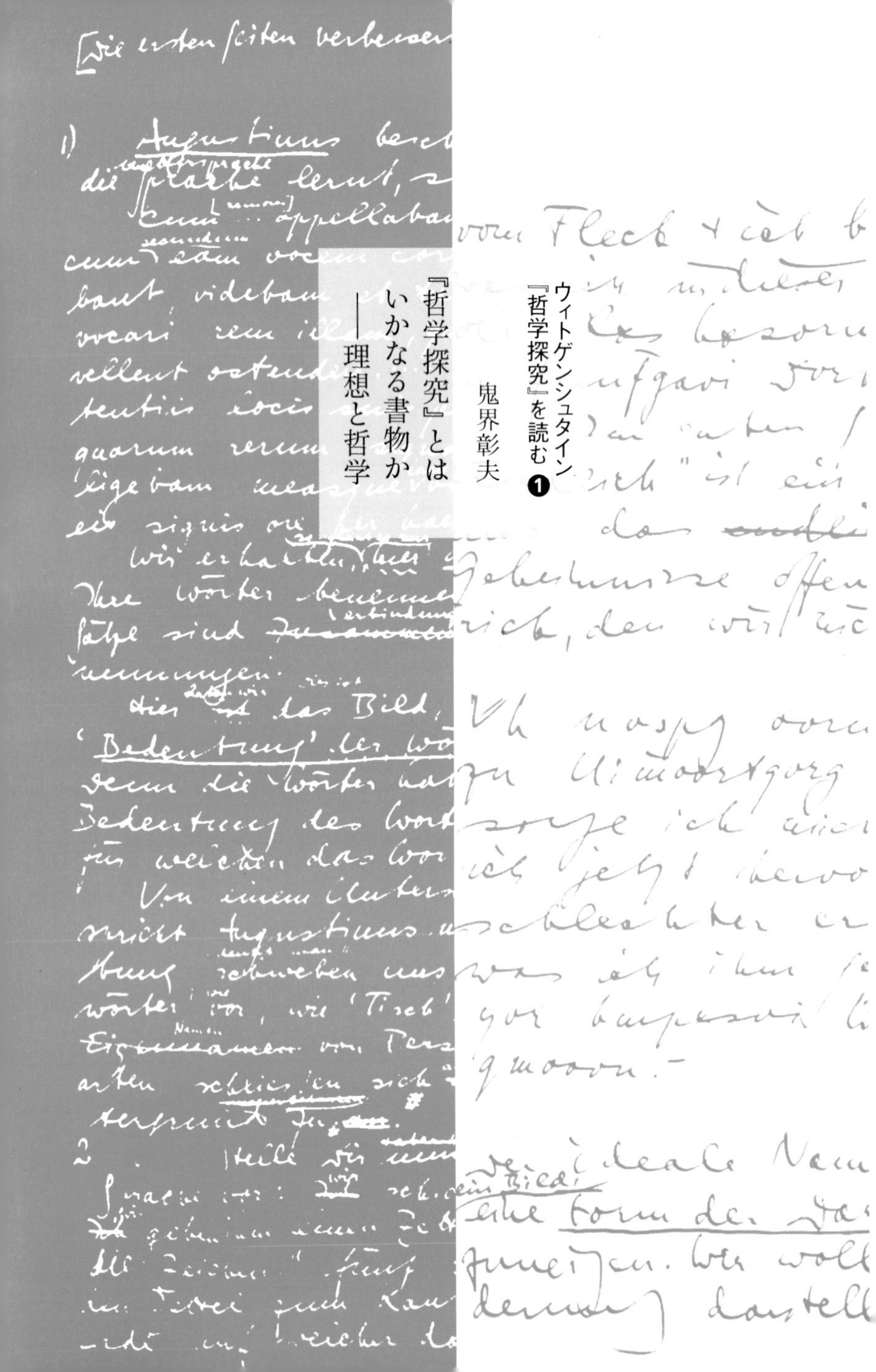

ウィトゲンシュタイン『哲学探究』を読む❶

鬼界彰夫

『哲学探究』とはいかなる書物か

――理想と哲学

カバー画像は
Wittgenstein Source Bergen Nachlass Edition (BNE)より。
MS142, 1(表), MS183, 162(裏)。

はしがき

本シリーズ（『ウィトゲンシュタイン『哲学探究』を読む』1、2、3）は過去十年余にわたる筆者のウィトゲンシュタイン『哲学探究』の研究成果を、専門的裏付けをおろそかにせず、同時に、哲学者ウィトゲンシュタインの本当の姿に興味を持つ幅広い分野の読者に理解可能な形で公にしようとするものである。

過去十年余とは、より正確に言えば、私がウィトゲンシュタインの「日記」[1]と出会ってからの時間を指す。この出会いは、自分のそれまでの『探究』理解が決定的に不十分だったこと、それ以前はほぼ諦めていたこの書の本当の姿を知ることが可能かもしれないことを私に教えるものだった。「日記」は『探究』の背後に隠れていた著者ウィトゲンシュタインの生を示すことにより、これらを私に教えた。興味深いが不可解であった建築物に実は隠された階が存在し、以前はそれが見えなかったためにこの建物が奇妙なものに見えたのだということを私は知った。以来私の『探究』研究は、この隠れた層と一体となったとき、それがいかなる姿を見せるのかを明らかにすることを目的とするように

なり、ようやくここに一つの答えを見出すに至った。その答えを示す場がシリーズ第一巻の本書である。『探究』が何のために書かれたのか、そこで示された「哲学」の姿とはいかなるものかを明らかにすることを本書は目的とする。シリーズ続巻では、その「哲学」が『探究』で実際にどのように実践されたのかを明らかにすることが試みられる。

『探究』が我々読者に謎として立ち現れるのは、この書物が言語とその意味、思考や感覚、といった現代哲学にとって重要な主題について様々なこと（著者の様々な見解）を語る哲学書という外見を装いながらも、「私の正体は実はそうではない」と小声でつぶやき続け、そのつぶやきに読者が魅せられてゆくからである。普通の意味での哲学書のようでありながら、本当はそうとは思えない、そしてそこが人を惹きつけるという捉えがたい二重性がこの書物には存在し、ある意味でこの二重性が、哲学と非哲学の二重性が、この書物の本質なのである。

このように『探究』が、それを必死に捕えようとする我々の手をすり抜け、「神秘的」という言葉が喉元まで出そうなほど解きがたい謎であるのは、本来同一の思考空間に存在しえない二つのものが、ある不思議な仕方でこの書物の中に同時に存在するからだ。二つのものとは、著者ウィトゲンシュタインの哲学的思考とその著者自身の生（好むとあらば「実存」と言ってもよい）である。前者がある書物の本文を占拠すれば、通常後者は「まえがき」や、「あとがき」や、あるいは欄外注や括弧の中に追い込まれざるを得ない。それに対して『哲学探究』ではこれら二つが同時に、しかも分かち難い形で存在している。通常は異空間に存在しているそれらが『哲学探究』では、メビウスの輪のように異

次元を通じて繋がっている。本書で我々が試みるのは、それらを繋いでいる異次元の露頭を見出し、それに光を当て、ウィトゲンシュタインの哲学的思考と彼の生がどのようにして高次の場で出会い、ふれあい、互いに変成しあいながら結ばれているのかを辿りつつ明らかにすることである。

『哲学探究』中のそうした露頭として我々が注目するのが、「哲学論」と呼ばれることもある同書§§89〜133である。これこそが『哲学探究』という高次思考空間の奇跡を可能としている幾何学的特異点だと私は考える。この特異点におけるウィトゲンシュタインの思考と生の触れ合いを探るために我々が用いる不可欠な「用具」が、このテキストを最終的に完成させるためにウィトゲンシュタインが書かなければなかったいくつかの手稿ノートであり、「日記」である。

これらの遺稿の幾つかは一九九〇年代になってようやく公になり、多くの先人による遺稿研究の結果初めて我々が容易に利用できるようになったものである。この点に止まらず、本書の試みは、この哲学者に深い興味を持ち続けた内外の研究者の様々な成果（本書で直接言及したのはそのごく一部にすぎない）に多くを負い、それなしには不可能なものであった。私がそうした先人から受けた恩恵に対し、改めて感謝の意を表したい。

科学と哲学に関する第五章の考察は、第四章までの『探究』解釈にいわば私が強く促されて行ったものであり、自分の知識と力の不足を痛感しながらも、あえて行わざるを得なかったものである。この考察は関連各分野の研究者の多くの仕事に助けられて初めて遂行することができたものだが、とりわけ近年我が国の科学哲学界でなされた戸田山和久、森田邦久、白井仁人、東克明、渡部鉄兵ら諸氏

の仕事から、基礎的なことを含めて多くを学ばせていただいた。改めて謝意を表する次第である。

『哲学探究』とはいかなる書物か　理想と哲学

目次

目　次

第Ⅱ部　読　解

第Ⅲ部　応　用

凡例と略号

一、引用文中の各種の強調記号は、特に断りがない限り、原著あるいは使用した訳書のものである。

二、引用文中の〔　〕内は、引用者による補足や省略部の要約を示す。［　］は原著者による記号である。

三、本書で引用するウィトゲンシュタインの著作、草稿、手紙、伝記の底本、翻訳、略号は以下の通りである。

・『論理哲学論考』　翻訳は次を用いる。ウィトゲンシュタイン『論理哲学論考』野矢茂樹訳、岩波文庫、二〇〇三。引用個所は命題番号を、(3.1) のように示す。

・『哲学探究』　原書底本は次の第四版を用い、翻訳は拙訳を用いる。L. Wittgenstein, *Philosophische Untersuchungen/Philosophical Investigations*, revised 4th edition by P. M. S. Hacker and Joachim Schulte, Wiley-Blackwell, 2009. 引用個所は略号と節番号で、PU105 のように示す。傍点は原著のイタリックに対応。

・「青色本」「茶色本」　底本は次を用い、翻訳は拙訳を用いる。Wittgenstein, *Blue and Brown Books*, edited by Rash Rhees, Basil Blackwell, 1958. 本書テキストへの言及は略号を用い、BB, p. 100 のように示す。

・「日記」　一九三〇～三二、一九三六～三七年に手稿ノートＭＳ183に書かれた日記。翻訳は次の拙訳を用いる。イルゼ・ゾマヴィラ編『ウィトゲンシュタイン哲学宗教日記』鬼界彰夫訳、講談社、二〇〇五。日記の書誌学的情報はイルゼ・ゾマヴィラ「編者序、編集ノート」同書、pp. 6-16 参照。引用個所は邦訳ページを、「日記」p. 106 のように示す。なお第三章で用いられる記号「ＮＲＧ」は「日記理想誤解論」の略号。詳細は第三章４－２参照。

・遺稿　邦訳の存在しない遺稿テキストはフォン・ライト番号で、MS142, p. 100、や、TS213, p. 20 のように示す。「MS」は手稿ノートを、「TS」はタイプ原稿を意味する。一部の手稿ノートで用いられている表記「p. 3r」、「p. 3v」はそれぞれ、第三葉表、第三葉裏、を意味する。底本は次を用い、WNBEE と略す。翻訳は拙訳を用いる。*Wittgenstein, Nachlass Bergen Electronic Edition*, University of Bergen and Oxford University Press, 2000.

・ケンブリッジの知人への手紙　底本は次を用い、翻訳は拙訳を用いる。*Wittgenstein: Cambridge Letters* edited by Brian McGuiness and Georg von Wright, Blackwell, 1995. 同書テキストへの言及は、Cambridge Letters, p. 12 のように示す。

・伝記　ウィトゲンシュタインの伝記的事実については、特に断りのない限り、次に拠る。レイ・モンク『ウィトゲンシュタイン1、2』岡田雅勝訳、みすず書房、一九九四。同書への言及は略号を用い、「モンク伝記」p. 234 のように示す。

第Ⅰ部　準　備

第一章　謎としての『哲学探究』とそれを解く鍵

1　『哲学探究』の難解さと謎

本章の目的は、一体いかなる意味で『哲学探究』（以下『探究』）が謎なのかを明らかにし、この書物に宿る根本的な謎の在りかと姿を明るみに出すことである。それはこの謎を解くためである。だがその前に、より一般的な意味においてもこの書物がいかに難解であるか、難解であると広く考えられてきたかを確認しておくのは無駄ではないだろう。

次に引用するのは、一九八〇年に出版が始まり一九九六年に完結した、現在なお最も権威ある『探究』の四巻からなる注解書、その第一巻の「序文」冒頭の文章である。

『哲学探究』は四半世紀前に出版された。ある人々はそれを「同時代第一の哲学者」の傑作とし

て熱狂的に迎え入れた。他の人々はそれを、おそらくは深淵な、しかしとにかく極端に不明瞭な洞察の無秩序な集積、とみなした。別の極端な例として、ラッセルはこの書物にいかなる価値も見出そうとしなかった。

明らかに哲学界には自分たちが何を受け取ったのかについての了解が存在しない。研究書、論文の文字通り洪水のような出現にもかかわらず、この書物の構成の大筋についてほとんど何の合意もないし、ましてや細部の解釈に関しては、という状況である。わかりやすく専門用語を使わずに書かれた個々の考察は、表面的には明瞭に（そしてしばしば無害で退屈に）見えるにもかかわらず、『探究』は極端に理解の困難な書物である。対立する解釈と相反する評価のひしめき合いは、哲学者たちがこの書物を不可解で不透明とみなしてきたことを証言している(1)。

ベーカーとハッカーのこの序文は、一言も付け加える必要のないぐらい雄弁に『探究』という書物固有の難しさを物語っている。一度でもこの本を真剣に読もうとした読者は、自分の体験が見事に代弁されていると感じるだろう。そしてこの文章はもう一つ重要なことを我々に伝えている。それは『探究』が一般の読者にとってだけでなく、哲学者、哲学研究者にとっても全く同じ仕方で難解な書物だということである。しかも出版以降三〇年近くに及ぶ専門的研究によっても、その難解さは一切解消されなかったということである。ウィトゲンシュタインのこの書物は、素人にも玄人にも等しく難解であり、玄人の専門的研究にもそれは全く歯が立たない種類のものだったのである（そして、にもかかわらず人々はそれを有意味とみなし読み続けている）。断簡や断片ならともかく、完結した書物でこ

うした現象が見られることは、普通まずない。ここにこの書物の特異さが如実に示されている。ハッカーたちの研究は他でもないこの特異な状況を解消するためになされたのである。

彼らの研究が完結してから二〇年以上が経過した今、この状況はどれぐらい改善されたのだろうか。第一に言えるのは、この序文では絶望的とみなされていた細部の解釈に関しては大きな前進があり、それはまさに彼らの研究の成果によるものだ、ということである。彼らの研究の最大の特徴は、各考察の解釈に当たって、その起源となるウィトゲンシュタインの様々な遺稿(2)ほぼすべてに当たり、それが元々どのような文脈と背景のもとで書かれたのかを明らかにしたことである。それを通じて彼らは、それぞれの議論でウィトゲンシュタインが考察の対象や論敵として想定していた人物や書物や議論を可能な限り明らかにした。『探究』の難解さのかなりの部分はこうした文脈情報の欠如によるものであり、それが解消された結果、個々の考察の内容に関しては、分かるはずのものは分かる、というところまで状況は改善されたのである(3)。

これに対して、書物全体の構成と筋についてはほとんど進歩は見られないと言ってもよいだろう。確かにハッカーらは彼らの注解本において書物全体を主題に応じていくつかの章に区切り、それぞれの章に解説を加えることにより、全体に対してある見通しを与えた。さらに彼らは各章内のそれぞれの考察が章全体の議論の中でどのような位置を占めているかを解析し、分析的に図示している。つまり『探究』に現れる様々な議論のローカルな構造は相当程度明らかになったと言ってもよいだろう。しかしこの書物の読者を最も悩ませるのは、そうした各々の議論が一体どのような結合によって書物全体を形作っているのか、この書物はそうした議論の並列的な集まりなのか、それともそれら全体で

何か一つのことを物語ろうとしているのか、という問題であり、それについてハッカーたちの研究はほとんど何も答えていないと言ってもいいのである。それゆえにこそ、彼らの記念碑的労作によって多くの問題が解決されたにもかかわらず、『探究』がなお謎として我々の前に立ち現れつづけているのである。

つまりこのことは、今もなお『探究』が謎であると我々が言うとき、謎として感じられているのは主として書物全体に関する謎だということを意味する。ハッカーらの偉大な研究の意図と価値に関して改めて述べるなら、それによって個々の考察や考察群に関わる多くの問題が解かれたにもかかわらず書物全体がなお謎としてとどまっているのは、そもそも彼らが書物全体の構成や物語に関して、自らの研究によって答えられるべき問いを立てなかったからに他ならない。これは彼らの研究の不十分さではない。単に彼らは書物全体の構成と物語を問題にしなかったのであり、それゆえそれに関していかなる答えも与えなかったのである。

彼らが作業を開始した状況を考えると、これは妥当な決定だったと言えるだろう。しかし我々にとって状況は違う。個々の考察に関する解き得る問題の多くが彼らによって解かれ、しかも彼らが利用できなかった重要な文書(4)が入手可能な時点に位置する我々にとって、立ち向かうべき謎、解くべき謎は『探究』全体に関わる謎、最終的には、『探究』とはいかなる書物なのか、という問いへの答えによってのみ解かれるこの書物の本質そのものに関わる謎でなければならない。『探究』全体を巡るこの謎を解くためには、それを漠然とした難解さにとどめておくのではなく、その姿をより明らかにする必要がある。漠然とした謎は、適切な問いによってのみその姿を明確にすることができる。我々が

直面している謎も、『探究』という書物の核心を突く問いによってのみ、その本当の姿を明らかにすることができる。我々にとってのそうした問いとは、『探究』と「茶色本」（あるいは「青色本」）は、一見するとよく似ているように見えるのに、どこが根本的に違うのか、という問いである。

2　『探究』という謎への鍵(1)
――『探究』と「茶色本」（あるいは「青色本」）との類似性

「茶色本」と「青色本」[5]は、一言で言うなら『探究』にきわめて類似した、しかし決定的に異なるその前駆体である。後で詳述するように、これら二書の内容の多くは様々な形で『探究』に受け継がれ、同様にそれらの内容の少なからぬ部分は『探究』において変化を蒙っている。つまり、両者の間には否定しがたい、そして強烈な「家族的類似性」が存在する。そればかりではない。特に「茶色本」に関しては、ウィトゲンシュタイン自身が当初それを来るべき『探究』の原型とみなしていたという動かしがたい事実が存在する。すなわち一九三六年八月、ウィトゲンシュタインはその後『探究』として実現する書物の作成に乗り出すのだが、彼の最初の計画は「茶色本」を「ドイツ語に翻訳し書き換え」[6]『探究』とする事であった。その後この試みは挫折するが、こうした試みが行われたこと自身、ウィトゲンシュタインが当初来るべき『探究』とは「茶色本」の発展したものであると、すなわち、両者が根本的に異質なものではないと考えていたことを示している。

このように両者の間には明白な類似性と類縁関係があるにもかかわらず、両者の決定的な相違は誰

の目にも明らかである。それは、『探究』に対して我々が抱く謎や難解さという感想を「青色本」や「茶色本」に抱く読者は皆無だという事実が何よりも雄弁に物語っている。そして両者のこの相違こそが、『探究』を特異な書物としているその本質に深くかかわっていることも明白である。しかしながら両者の相違が厳密に何なのか、「青色本」と「茶色本」とどのように異なっているために『探究』は『探究』となったのか、謎と魅力に満ちたあの書物となったのか、それを表現することは容易ではない。それを表現するのは、『探究』の本質を表現するのと厳密に同程度困難なのである。それゆえ、もし我々が『探究』と「青色本」、「茶色本」の「決定的だが捉えがたい相違」を少しでも明らかにできれば、謎に包まれた『探究』の本質に関する我々の理解は、それだけ前進することになるだろう。これこそが、我々が『探究』という謎への手がかりとして最初に行う作業である。両者の類似性と相違について、先ずは類似性について考察しよう。

2－1　構成上の類似性

あたかもウィトゲンシュタインが当初「茶色本」から『探究』を作ろうとしたという事実に呼応するかのように、両者は外面的な構成においてかなり類似している。「茶色本」はⅠ、Ⅱ、というローマ数字で示された二部からなる構成を持っており、各部はアラビア数字で通し番号が付けられた節から構成されており、第一部は七三の、第二部は二五の節を持つ。通し番号が付けられた節から成るという点において「茶色本」と『探究』の類似性はすでに明らかである。ただし「茶色本」の各節は全般的に『探究』のものより長く、内容的にも冗長である。

主題について言えば「茶色本」第一部は、言語とその意味、およびそこから派生する諸問題（例えば「規則」の問題）を扱っている。その考察では「言語ゲーム」という概念装置が全面的に使用されている。他方第二部は、類似性と概念、様々な心的概念（「信じる」、「考える」、「意図する」、「意味する」等）「相（アスペクト）」と「として見る」、といった主題を扱っている。全体を二部に分け、最初に言語とその意味に関わる問題を扱い、次に心的諸概念をはじめとするそれ以外の問題を扱うという「茶色本」の大構造は、表面から少し掘り下げれば『探究』においてもそのまま見いだせる。すなわち主題に関して『探究』は§242と§243の間で前後二つに分けることができる。前半の主題は「茶色本」第一部のそれにほぼ等しく、言語とその意味、およびそこから派生する諸問題である。他方後半は、感覚、思考、意志、信念などの心的諸概念を扱っている点で「茶色本」第二部と大きく重なる。ただし「茶色本」第二部で扱われた問題すべてが『探究』後半部で登場するわけではない。たとえば「茶色本」第二部で扱われた「相（アスペクト）」と「として見る」という問題はそこでは主題的には扱われず、旧『哲学探究』第二部の最大の主題として再登場することになる。(7)(8)

さらに『探究』と「茶色本」はその始まり方において酷似している。『探究』は極めて印象的なアウグスティヌス『告白』の引用から始まるが、それはアウグスティヌスが自分の言語習得過程を述べるくだりである。他方「茶色本」は引用こそないものの、アウグスティヌスの言語習得論への言及から始まる。その冒頭を引用しよう。

自分の言語習得を描写する中でアウグスティヌスは、物の名前を学習することにより自分は話すこ

とを教わった、と述べている。このように語る者はだれでも、子供が「人」、「砂糖」、「机」等の言葉を習得する仕方について考えていることは明らかである。(9)

「茶色本」を書き換えて『探究』にするために途中まで書かれた草稿(10)では、同様の書き出しにおいてアウグスティヌス『告白』がラテン語で引用されている（ただし分量は少なく、『探究』で引用されたテキストの最初の四行のみである）。それぞれの始まりを見る限り、これら三つのテキストは一つの進化系列を形成しているとも言える。

2-2　言語観と意味論に関する類似性

表面的な構造を離れ、その内容に目をやっても、まず目につくのは両者の類似性である。とりわけその言語観・意味概念においてそれらは類似している。一言で言うなら、それらは「使用意味論」とも呼ぶべき意味概念を共有している。このことは、それらがいずれも『論理哲学論考』（以下『論考』）の言語観を基準点として、それに対する批判に基づいて自らの言語観を形成していることを考えれば、ある意味当然である。『論考』の言語観の根底は、言語の本来の、そして唯一の機能とは、世界内の事実を、事実と文（命題）が論理形式を共有することによって表現すること（写像すること）である、という考えである。そのもとで、言語による世界の写像に使われる個々の言葉の意味とは、それが指示する（あるいは表す）世界の中の対象だと考えられる。この『論考』の言語観・意味概念に対して「青色本」、「茶色本」、『探究』が共有するのは、言語の働きは世界の事実を表現するこ

とだけではなく、人に何かを命令したり、約束したり、等、無際限に多く存在する、という考えである。この考えに立つなら、ある言葉の意味とは、その「使用」、すなわちそれが用いられる目的、それが果たす役割、その使われ方、なのである。そして、言葉の意味とはそれが指示する（表す）対象である、という『論考』の公式は、（まったくの間違いではないが）「名」と呼ばれる役割を持つ語のグループにのみ適用可能で、それをすべての言葉に拡張したことが『論考』の根本的な誤りなのである。以上の「使用意味論」とその帰結を『探究』は次のように述べる。

> それが用いられる大多数の場合について（すべての場合についてではないが）、語の意味とは言語におけるその使用であるという風に「意味」という語を説明できるだろう。
> 　そして時によって我々は、名の持ち主を指すことによって、その名の意味を説明するのである。（PU43）

この「使用意味論」は「青色本」において次のように表現されている。

> ある表現の我々にとっての意味は、我々がそれを用いて行う使用によって特徴づけられる。（BB, p. 65）

> 実践における語の使用が、その意味である。（BB, p. 69）

表1－1　『探究』と「青色本」「茶色本」の類似性の目立つ箇所

『探究』	「青色本」、「茶色本」の対応する箇所	パッセージの主題
PU1	「茶色本」BB, p. 77	アウグスティヌス『告白』の言語習得論
PU1	「青色本」BB, p. 16-7	「五つのリンゴ」の言語ゲーム
PU1	「青色本」BB, p. 69	同
PU2	「茶色本」BB, p. 77-8	「建築家と弟子」の言語ゲーム
PU11	「青色本」BB, p. 67	言語と大工道具の比喩
PU38	「茶色本」BB, p. 173-4	神秘的命名観
PU67	「茶色本」BB, p. 117	「家族的類似性」
PU74	「茶色本」BB, p. 163	「として見る」、立方体の例
PU185～7	「茶色本」BB, p. 141-3	奇妙な生徒を巡る数列のパラドックス
PP273	「青色本」BB, p. 72-3	「赤」などの色彩名の二義性
PU420	「茶色本」BB, p. 164	「として見る」、窓枠とカギ十字の例
PU596	「茶色本」BB, p. 127-9	「熟知性」

人間の活動の中での言葉の役割、働き、使われ方を意味するこの「使用」[11]という概念を説明するのにウィトゲンシュタインが作り出し、その著書で用いた概念が「言語ゲーム」であり、それは語が使われる場面、関与する人物、使われ方を劇の場面のように描写することにより、「語の使用」の中身をわかりやすく提示する概念的道具である。「茶色本」には「青色本」のような使用意味論に基づく意味の明示的定義は見いだせないが、その代わり第一部においてこの「言語ゲーム」という概念が叙述の道具として全面的に使用されている。言い換えるなら「茶色本」において使用意味論は語られず、概念として実際に使用されているのである。この点に注目するなら、「茶色本」はその言語観において「青色本」よりもさらに『探究』に近づいていると言えるだろう。こうした状況を象徴するのが「建築家と弟子」の言語ゲームである。これは『探究』§2において具体的な言語ゲームの実例として最初に登場するものだが、ほぼ同じ形で「茶色本」冒頭に登場する。[12]この辺の様子を見る限り、「茶色

本」と『探究』を別の本と呼んでいいのかという疑問すら湧くのである。

2-3　局所的なテキストの類似性

両者の類似性、類縁性は、こうした構造的なもの、大局的な言語観に関わるものに止まらない。両者を交互に読んでいると、時としてある種の既視感に襲われることがある。それほどそっくりなパッセージがいくつも両者には存在する。その一部はすでにこれまでの説明に登場したが（例えば「建築家と弟子」の言語ゲーム）、ここで両者のテキストの類似性が目立つ箇所をまとめて示そう（表1-1）。この一覧が示すのは、『探究』を構成する上で、「青色本」、「茶色本」のかなりの部分が、廃棄されず保存され、再利用され、最終的に『探究』の様々な箇所に組み込まれたという事実である。それは両者の強い関係を改めて我々に示すものである。

3　『探究』という謎への鍵(2)
――『探究』と「茶色本」（あるいは「青色本」）との決定的相違

これまでの考察によって、『探究』とそれに先行する「青色本」、「茶色本」の間に一方ならぬ類似性と類縁性が事実として存在することが、ある程度印象付けられただろう。これから我々に必要なのは、それにもかかわらず両者の間には決定的な相違が存在し、それが『哲学探究』という我々にとって最も重要な哲学書をそれたらしめている本質に深くかかわっていることを示し、この書物の本質を

探し求めるべき方向を明らかにすることである。先ずはこれらの書物が書かれた言語の問題から始めよう。

3-1　書物が書かれた言語

言うまでもないかもしれないが、『探究』と「茶色本」、「青色本」の最大の外面的相違は、それらが書かれた言語である。すなわち『探究』はドイツ語で書かれ、「青色本」、「茶色本」は、ウィトゲンシュタイン自身の英語による口述を弟子たちが記録したもので、結果的に英語のテキストとして存在している。明らかにこれは無視できない相違である。各自然言語が固有の語彙体系を持ち、それによって表現される固有の文化体系を背後に持つことを考えるなら、二冊の本にとって、いかにそこで表現されている思想が類似していても、それが書かれた言語の差が、決定的な差となることは十分に考えられる。もしそうだとすれば、今我々が問題にしている両者の決定的な相違とは、ウィトゲンシュタインが生まれ育ったドイツ・オーストリア語文化と、後半生に彼が哲学を講じた英語文化の相違に起因することとなる。すなわち、「茶色本」や「青色本」にはない『哲学探究』の固有性、後者を二〇世紀を代表する哲学書としている根源的な要因とは、英語文化にはないドイツ・オーストリア語文化の固有性、ということになり、『探究』の中で我々をかくも引き付けているものとは、ウィトゲンシュタインの個人的な資質や営みであるというよりは、ドイツ・オーストリア語文化に内在する特徴ということになろう。これは我々の望まない結論であるとともに、明らかに間違っていると思われる結論である。それゆえ両者の相違に関して我々が最初になすべきは、言語の相違という要因を重く

受け止めたうえで、『探究』と「青色本」、「茶色本」の間の決定的相違とは、両者の言語の相違とは異なるものであることを示すことである。

　実はウィトゲンシュタイン自身、ものを書く上での英独両言語の相違に関して語っている。しかも「茶色本」をドイツ語に書き換え『哲学探究』とする試みが挫折した、まさにその直後にケンブリッジのG・E・ムーアにあてた手紙で語っているのである。

　この手紙が書かれた状況を理解するためにも、ここで『哲学探究』の最初の完成原稿（それは完成した『哲学探究』の§§1〜188にほぼ等しい）が書かれた経過を簡単に整理しておこう。一九三六年八月、ウィトゲンシュタインは「茶色本」を元にして、自分の後半生の決定的な著作となるはずの、そして『哲学探究』と呼ばれるはずの著作を執筆するためにショルデン（ノルウェー）にある自身の小屋に赴き、一二月初旬までそこに滞在する。この作業は八月末に、その後フォン・ライトによってMS115という番号(13)を与えられた大型の手稿ノート上で開始された。この作業の始まりのページ（MS 115, p. 118）には、「哲学探究　書き替えの試み」という表題が記され、本文はアウグスティヌス『告白』第一巻第八章からの引用で開始されている。今我々が手にする『哲学探究』の始まりと同じ構成である。この作業はおそらく一一月初旬まで継続され、その時大体「茶色本」IIの「意志行為」に関する部分が扱われていた(14)。この作業をノートの二九二ページまで続けた後、その末尾に「一一八ページ以降のこの「書き換えの試み」全体は一切価値がない(15)」と書き込み、ウィトゲンシュタインはこの作業を放棄した。手稿ノートの残りの部分は空白のまま残された。そしておそらくその直後、書き替えではなく、もう一度初めから原稿を書き始める作業が別の新しい手稿ノート上で開始される。これ

がフォン・ライトによってMS142と名付けられた手稿ノートであり、結果的に『探究』の§§1〜188節の完成稿となった。その初めのページには「哲学探究」と表題が書かれ、その下に「一九三六年一一月初めに開始」と記されている。一二月初めにクリスマスでウィーンを訪れた後、翌一九三七年一月末にノルウェーに戻ったウィトゲンシュタインは四月末に再びウィーンに帰るまで、冬のノルウェーで思索を続けながらこのノート上で『哲学探究』を生み出していったのである。[16][17]

問題のムーアへあてた手紙は、「茶色本」の書き換えが放棄され、新しいノート（MS142）に『哲学探究』が書き始められてから二〜三週間たった一一月二〇日にしたためられたものである。ウィトゲンシュタインの執筆、思想、人間性、この三者に関わる大きな変化が始まったという状況が、手紙の内容にそのまま反映されている。この手紙には二つの重要なテーマがある。第一は彼の執筆であり、「英語」の問題はその中に登場する。先ずその部分を引用しよう。

親愛なるムーア

あなたの手紙を受け取りうれしく思いました。私の仕事の具合は悪くありません。手紙であなたに伝えたかどうかわかりませんが、こちらに来て私は、スキナーとアンブローズ嬢に以前に口述したもの〔「茶色本」を指す〕をドイツ語へと翻訳し、書き換えることを始めました。二週間ほど前に、これまで自分が書いたものを全部読み返したところ、そのすべて、あるいはほとんどすべてが私には退屈で人為的なものでした。というのも、英語版を目の前にすることで、私の思考が硬直してしまったからです。それゆえ私は最初からやり直す決心をし、自分の思考をそれ自身以外の何物にも

従わせないでおこうと決めました。――最初の一日、二日、それは困難でしたが、その後容易になりました。というわけで私は今新しいバージョンを書いているのです。そしてそれが以前のものより幾分ましと言っても間違いでないことを希望しています。(18)

「茶色本」の書き換えから、本来の『哲学探究』の創出的執筆への移行が、本人の口からはっきりと述べられている点で、これは極めて興味深い手紙である。「茶色本」の書き換えを断念し、あらたにMS142にドイツ語で『哲学探究』を書き始めて少し経った頃の状況がうかがえる。さらに興味深いのは、その移行の理由として、英語版である「茶色本」によって彼の思考が硬直した（“cramped”）ということが述べられていることである。言うまでもなく、自分の母語以外の言語で哲学的思考を表現したり、創出するのは誰にとっても困難であり、我々の思考のハンディキャップとなる。それゆえ手紙で述べられているように、「書き換え」においてウィトゲンシュタインがそうした要因によって本来の思考の自由さを妨げられていたことに疑問の余地はない。しかしここで問題とすべきは、我々が突き止めようとしている「青色本」、「茶色本」と『探究』の決定的な相違が、外国語による制約された思考と、母語による自由な思考の違いに尽きるのか、それともそうしたことをはるかに凌駕する他の決定的な要因が存在するのか、ということである。

従って我々は次のように考えなければならない。もし言語が決定的な要因であれば、「茶色本」を翻訳し、書き換えるという試みを止め、初めからドイツ語で書き直すという試みが始まりさえすれば、この作業は順調に進むことが予想される。同時に、この切り替えは、ウィトゲンシュタインの決断さ

えあれば可能であり、何か他の重要な出来事をその条件とするとは考えられない。他方、言語以外にそれをはるかに凌ぐ重要な要因があるなら、「茶色本」の書き換えから、本来の『哲学探究』の執筆への移行は、単なる言語の切り替えではないある出来事を待って初めて可能となるだろう。それによって、「青色本」、「茶色本」しか書けなかった者が、初めて『哲学探究』が書けるようになったある重要な出来事が、この移行に伴って起こったはずである。『探究』が書き始められた状況は、後者がより事実に近いことを我々に示しているように思われる。というのもこの前後に『探究』の成立に対して決定的な影響を与えたのではないかと考えられる出来事が起こっているからである。それが有名なウィトゲンシュタインの「告白」[19]である。実は、このムーアへの手紙のもう一つの重要なテーマがその「告白」なのである。この手紙は以下のように続く。

――それに加えてこのあらゆる種類のことが私の中で（心の中で）起こってきました。いまはそれについて書こうとは思いませんが、正月に数日ケンブリッジを訪れるつもりですので、その折にあなたにこのことについて話せることを神に願っています。そしてその際に、あるとても困難で深刻な問題についてあなたの助言と助けを求めます。――[20]

ここで「あるとても困難で深刻な問題（"some very difficult and serious matters"）」と間接的に表現されているのが、一九三六年一二月から翌年一月にウィトゲンシュタインがウィーン及びケンブリッジで家族、友人に行った「告白」[21]、および告白された内容であることに疑いはない。このことはウィ

トゲンシュタイン自身の別の証言によって確かめることができる。それは対人的な配慮を除外した彼自身のための証言、すなわち「日記」[22]である。この「日記」は一九三〇〜三二年と一九三六〜三七年の二つの時期から成るが、ここで直接関わるのは後半である。「日記」後半の記入が開始されるのは、まさにムーアへのこの手紙の前日、一一月一九日なのである。この日の日記の記入の全文を次に引用しよう。

一九三六年一一月一九日ショルデン
およそ十二日前、ヘンゼルに自分の家系に関する嘘についての告白を書いた。それ以来繰り返し、自分はどのようにすべての知人に完全な告白ができるのか、そして、すべきなのかについて考えている。それを私は望むとともに恐れている！　今日は少し具合が悪く、風邪気味だ。「困難なことが実現できる前に、神は私の命を絶とうというのか？」と考えた。ことが良くなりますように。
（「日記」p. 102）

ウィトゲンシュタインのこの記入内容は、現存する一九三六年一一月七日付のヘンゼル宛の手紙によって裏付けられる。（ちなみにこの「ヘンゼル」とは教育者ルードヴィッヒ・ヘンゼルのことで、第一次大戦末期、イタリアの捕虜収容所でウィトゲンシュタインと知り合い、その後終生の知己となった。）このヘンゼルへの手紙でウィトゲンシュタインは、「かつてイタリアの捕虜収容所で僕は、本当はその逆なのに、自分の出自は四分の一がユダヤ人で四分の三がアーリア人だと言って君や他の人々を欺い

た」[23]と書き、繰り返し許しを求めている。この後「日記」には、フランシス・スキナー（ウィトゲンシュタインと親密な個人的関係にあった彼の元学生）へ告白することの不安（一一月二〇日）、ヘンゼルから返事があったこと、姉ヘルミーネにより詳しい告白をしたこと（一一月二一日）が記され、一二月初めにウィーンに帰る直前、ウィトゲンシュタインの最大の関心事が「告白」であったことがうかがえる。こうした状況の真っただ中で書かれたムーアへの手紙が言う「あるとても困難で深刻な問題」が、ウィトゲンシュタインの「告白」であることに疑う余地はない。そして実際年が明けてウィトゲンシュタインはケンブリッジで、ムーアをはじめとする知人に「告白」を行うのである。

「茶色本」の書き替えによる『探究』の制作を断念し、再度ドイツ語で『探究』を一から書き始めるに至る過程を巡る以上の状況は、「茶色本」と『探究』の間に存在する決定的相違が、単に英独両言語がウィトゲンシュタインに対して持っていた意味合いの相違の反映などではなく、「告白」という彼自身の行為が哲学書の書き手としての彼にもたらした何らかの変化と深くかかわっていることを強く示唆しているように思われる。というのも、『探究』の再執筆と家族や友人への一連の「告白」がほぼ同時（一九三六年一一月初頭）にノルウェーで開始されたということが、単なる偶然の一致とはおよそ考えられないからである。更に、こうした過程を経て書かれた『探究』というテキストが、他ならぬ『告白』と題されたアウグスティヌスの著作のラテン語原文の長い引用から始まるという事実も単なる偶然とは考えにくいことである。

加えて、ウィトゲンシュタインの「日記」の記入の在り方自身が、我々の推測に対する更なる確証

を与えているように思われる。この「日記」は一九三〇〜三二年と一九三六〜三七年という二つの時期に記入されているが、ウィトゲンシュタインが初めに「茶色本」を書き換えて『探究』にしようと試みていた時期、すなわち一九三六年八月から同一〇月末にかけて「日記」は書かれていない。このことは「茶色本」から『探究』を作成する作業はウィトゲンシュタインにとって「日記」に記すべき主題ではなかったことを意味していると解釈できる。もし英語の「茶色本」のドイツ語への書き替えと、『探究』のドイツ語での一からの執筆の差異が、英語からドイツ語への翻訳と、ドイツ語による独立した執筆の差異に過ぎなかったのなら、新たな『探究』執筆も「日記」に記すべき主題とはならなかったのではないだろうか。『探究』の新たな執筆開始と「日記」の開始が単なる偶然の一致に過ぎないのであれば、「日記」には「告白」という個人的事件やそれに類する事柄に関する書き込みがなされても、執筆中の『探究』の内容に関する記入はなかっただろうと推測される。実際「日記」の前半部（一九三〇〜三二年に記入された部分）では、彼の個人的問題や文化論に関する記入はあっても、その時に彼が書いていた哲学的テキストの内容に関する記入は存在しない。それに対して一九三六年一一月に再開された後半部の記入では、「告白」をはじめとする個人的問題に関する記述と執筆中の『探究』の内容に関する記述が混在しているのである(24)（この点は第三章、第四章でより詳しく述べる）。このことは、彼の「告白」と再開された『探究』の執筆という二つの出来事に深い相関があり、その結果彼の個人的問題（実存的問題、といってもよい）と執筆中の哲学書（『探究』）の内容が相関し、結びつきあい、一体となり、ウィトゲンシュタインにとって分かちがたい一つの思考運動を形成していたのではないかと我々に推測させるのである。そうして不可分に混ざり合った思考の最初の定着の場

が「日記」であったと考えられるのである。

もし『探究』執筆の過程において、ウィトゲンシュタイン自身の生を巡る実存的問題と、執筆中の書物の内容となる哲学的問題が接近し、接触し、部分的に結合、融合したのだとすれば、その結果生まれた『探究』という書物が、こうした融合なく書かれた「茶色本」にはない深みと次元を持っているのは当然のことであり、それぞれの執筆の背景にあるこうした違いこそが、とらえがたいが明白な二冊の本の差異の源泉であると考えることができよう。こうした観点に立つなら、「茶色本」と『探究』の根本的相違とは、書物の哲学的内容に関する書き手の思考と、書き手自身の実存的問題に関する書き手の思考の間に、接触・融合が存在するか否かの相違だと言えるだろう。

3-2　「告白」と「日記」

このように、「青色本」、「茶色本」といった前駆体とは根本的に異なる書物としての『哲学探究』の成立（あるいは出現）と、その書き手としてのウィトゲンシュタイン自身の「告白」の間に、ある内在的な関連があることに疑問の余地はないように思われる。しかし『探究』の執筆とその著者自身の「告白」についてのこうした我々の知識は、すべて状況証拠に基づくもの、すなわち両者の相関を外から見たものにすぎない。それは、そこにどんなつながりが実際にあるかについては何も語らない。なぜウィトゲンシュタインには告白が必要だったのか、告白はどのように『探究』という書物を可能としたのか、それをどのような書物としたのか、あるいは、もし告白が必要なら、なぜ「茶色本」の書き換えを開始する前に行わなかったのか？　これまでのところ我々が手にしている証拠は、これら

の問いに一切答えない。しかし『探究』という書物の固有性を理解するために本当に必要なのは、これらの問いに答えることである。もし我々がここで立ち止まるなら、「告白」は「天才的哲学者」の謎に満ちた奇行として、『探究』は測りがたい書物として再度神秘化されるだろう。(25) しかし我々はここで立ち止まる必要はない。「日記」(MS183)をはじめとして、我々を助けてくれる材料がいくつか存在するからだ。

先ずは「告白」という観念がウィトゲンシュタインの中でどのように形成され、ここに至ったのかを、時系列を遡り可能な範囲で探ってみよう。ウィトゲンシュタインの伝記作家や知人の回想の中には、告白や自伝に関するいくつかの記述が見られ、そのあるものはアウグスティヌスの『告白』と結び付けられている。これらが我々の最初に利用できる手がかりである。その中で、おそらく時間的に最も早期であるがゆえに重要と思われるのが、レイ・モンクが伝えている一九二〇年のエンゲルマン(26)とのエピソードだ。

周知のように、一九一八年に『論考』を完成させた後、ウィトゲンシュタインはその出版を目指し奔走したが、この未来の「名著」の出版を引き受ける出版社は容易に見つからず、彼は次第に精神的に疲弊していった。中でも彼を落胆させたのが名門レクラム社に断られたことであった。(27)『論考』の出版計画をレクラム社から断られた後、ウィトゲンシュタインは精神的に自殺を常に考えるような状態にまで追い詰められていたが、その時友人のエンゲルマンが手紙で、かつて自分は困難な体験の中で「告白」(具体的にはこれまでの自分の行動を想起し、その全体を「見通して」(28) 将来の展望を得ること)という方法によって立ち直ったと伝え、ウィトゲンシュタインを励ました、とモンクは伝えて

いる。[29] エンゲルマンの手紙の助言・励ましの中で、おそらくウィトゲンシュタインの心に最も響いたのではないかと推測される部分をモンクの評伝から以下に引用しよう。

あなたが自殺の思いを書いていることに関して、私の考えはつぎのようです。

そのような数々の思いの背後には、他の思いにおけるのと同じように、おそらく高潔な動機といったものがあるのだと思います。しかしこの動機自体がこのような方法で示されること、つまり自殺の思いという形をとるというのは確かに間違いです。生きている限り、人間は決して完全に失われることはないのです。……[30]

ここで示されたエンゲルマンの「高潔な動機と誤った方法」を分けるという行為の見方は、その後のウィトゲンシュタインの思考に深く影響した可能性がある。というのも後に生じる彼の思想的な大転換において、明らかに同様の見方が大きな働きをしているからである。いずれにせよ、エンゲルマンの励ましの結果ウィトゲンシュタインは大いに助けられた、だがエンゲルマンの勧める「告白」という方法自体は用いなかった、とモンクは述べている。[31] だが果たして本当にそうであろうか。ここには若干の疑問の余地があるように思われる。この問題に関して我々が注目すべきは、エンゲルマンがウィトゲンシュタインに実行するよう勧めた「告白」にきわめて類似した内容の「覚え書き」が、ウィトゲンシュタインのもう一つの著名な伝記の著者マクギネスによって紹介されているという事実である。この「覚え書き」はおそらく遺稿中の断片であると考えられるが、二〇～三〇代に書かれたもの

としかマクギネスは述べていない。それが書かれた目的に関しては、「身内や友人に対する告白を用意していたのか、……精神科医のためにこれまでの生涯について説明を用意しようと思っていたのかは、定かではない」[32]と言われている。我々にとって興味深いのは、この「覚え書き」においてウィトゲンシュタインが、子供時代自分には性格の弱さに起因する人を喜ばせるような虚言癖があった、と述べるとともに、八～九歳当時の記憶のひとつとして、「アーリアの出自」を挙げていることである。この結果的にこれら二点は、後年彼が行うことになる実際の「告白」と深くかかわるものである。この「覚え書き」が書かれた時期を正確に特定することはできないが、『論考』完成から一九二九年に再度ケンブリッジに戻るまでの間であると推測される。この推測が大きく的を外れていないとすれば、エンゲルマンの助言との直接的な相関は別として、その方法と内容においてこの「覚え書き」は、ケンブリッジに戻り哲学を再開した時点でのウィトゲンシュタインの精神的状況に関する一つの背景知識を我々に提供していると考えられる。その中でも最も興味深い部分を引用しよう。

……

遡りうる限りでの記憶によれば、私は優しい子ではあったが、同時に性格が弱かった。

八歳か九歳の頃、私の将来のあり方を決めるようなとは言わないまでも、少なくとも当時の私の本性を示すような体験をした。どういう経緯だったかはわからない。ただ私は家の戸口に立って、「嘘をつけば有利になるときに、どうして真実を語らねばならないのか」と考えていた。嘘をついてはいけない理由は何も見いだせなかった。

……私は邪悪だったのではなく、私の嘘の目的は、他人の目に私をよく見せることにあった。それは臆病からでた嘘にすぎなかった。……[33]

ここでウィトゲンシュタインは過去の自分の一種の虚言壁について述べるとともに、当時自分はそれに対して罪悪感を抱いていなかったことを記している。もしこうした人間が、何らかのきっかけで自分の「嘘」が罪深いものであること（他人に対して、そして自分に対して）に気づいたとしたらどうであろうか。おそらくその人間の内部には、自分の「嘘」に対する罪悪感、それを隠していくことへの罪悪感、それを人に告白したい欲求とそれができない自分の弱さの認識、といった複雑な道徳的感情が生み出す強い葛藤が生じることだろう。そして現実にウィトゲンシュタインはこうした葛藤を体験してゆくことになる。それが「日記」が我々に語っていることである。こうした葛藤から後の「告白」の実行に至る、長く険しいひとつながりの道を、この「覚え書き」から想像することは決して困難ではないだろう。

この「覚え書き」が我々の考察にとって重要な意味を持っていることは、ケンブリッジに戻り哲学を再開して間もない時期の手稿ノートに、「自伝」の構想が書かれていることによっても確かめられる。なぜならそこにはっきりとした同一の精神の継続性を見ることができるからである。もともとモンクによって紹介された[34]テキストを、手稿ノートに立ち返って新たに訳して引用しよう。

自分自身に関する真実は、様々な精神によって書くことができる。最も上品な精神から、最も下品

な精神に至るまで。そしてそれに応じて、それが書かれるということが望ましくもなれば、不適切ともなる。事実、これまで書かれた本当の自伝の中にも最高から最低まで、あらゆる段階のものが存在する。例えば私は、自分自身より高貴な自伝を書くことはできない。そして単に伝記を書くということが、必ずしも私を高めるとは限らない。それどころか、それによって私がすでにそうである以上に汚れることだってありうるのだ。

自分の伝記を書き、自分に対してばかりでなく、他人に対しても私の生を明らかにするようにと、私の中で何かが語りかけている。私の生を裁きにかけるというよりは、とにかく明瞭さと真実を生み出すために。（一九二九年一二月二八日、MS108, pp. 46–47）

ここでは二つの極めて重要なことが述べられている。先ず、最初の段落では自伝とそれを書く人間の精神の相関についての彼の考察が述べられている。この考察の直接の対象は「自伝」という限定されたジャンルではあるものの、それは本質的には人の精神とその人が書くものの質的相関（精神と文の質的相関）に関する考察であり、広い意味での文体論に属する議論である。この考察が現在の我々にとって重要なのは、我々が今試みているのが、「茶色本」と『哲学探究』という二冊の書物の決定的相違を、それぞれを書いた人間の在り方の相違（具体的には、告白をする、しない、という相違）を通じて理解することだから、すなわち我々の今の考察が、本質的に文体論的考察に関わるものだからである。

一九二九年末にウィトゲンシュタインが示しているこの（自伝の）文体論によれば、より良き自伝

は自らの精神を高めることによってのみ書けるのであり、修辞力や様々な知識によって書けるわけではない。今仮にこの文体論を自伝というジャンルを超えて哲学書にまで適用するなら、そこからは、『探究』はウィトゲンシュタインの精神がそれまでにはなかった高貴さを身に着けることによって初めて「茶色本」とは（ある意味で内容が類似していながらも）決定的に異なる書となったのだ、という説明が導かれるだろう。そして『探究』の著者の精神をそうした高みに引き上げたものこそが、彼の「告白」という行為だった、ということとなろう。もちろんこれは事態そのものではなく、我々がここで仮に描いている「像」にすぎない。しかしこの像は、これから我々の考察の進むべき方向を示す大まかな地図としては十分役に立つだろう。そしてこの地図をより正確なものとするために必要なのが、文体論のさらなる洗練であることも明らかだろう。

第二の重要なことは続く段落で述べられている。ずばりそれはウィトゲンシュタイン自身による「自伝」の構想である。しかもその目的としてウィトゲンシュタインは、自分の生に関する「明瞭さと真実を生み出す」ことを挙げているから、これは以前エンゲルマンに勧められた、生の問題に対処する一つの方法としての「告白」を実現するプランであるとみなすことができるだろう。自分の生と行為を振り返り、それを見渡して新たな見通しを得なければならないような、どんな問題にウィトゲンシュタインがこの時点で直面していたかを厳密に知ることはできない。だがここに何かがあり、それが彼のこれまでの生の過程、行為と深くかかわり、そして将来の家族と知人への「告白」という行為や、それと結びついた『探究』の執筆・完成という行為と深くつながっていることは明らかだと思われる。すなわちこのテキストの背後には、単なる瞬間的な場面の継起ではなく、ウィトゲンシュタ

インの人生というゆっくり流れ続ける一つの河が存在している。

ではこの「自伝」の構想は実現したのだろうか。現在知られている限りにおいて、ウィトゲンシュタインの自伝と呼びうるテキストは存在しないし、そうしたものを彼が書いたことを推測させるようないかなる痕跡も見当たらない。従って、字義通りの意味でこの構想が実現しなかったことは明らかだろう。しかし、ここでウィトゲンシュタインが本当に自分自身に求めているのが、文字通りの意味での「自伝」を執筆すること自体ではなく、自分の生を振り返り、それをありのままに描写し、それを自分や他人に示すことだとしたらどうだろうか。その場合彼が求めているのは、自分の生き方に対する自己反省や、その他人への告白に近いものとなろう。このテキスト中の「自分に対してばかりでなく、他人に対しても私の生を明らかにするようにと、私の中で何かが語りかけている」というウィトゲンシュタインの言葉は、こうした解釈を積極的に支えるものである。そしてこうした解釈に立てば、ここで示された彼の構想は立派に実現されていると言える。[35]なぜなら「日記」(MS183)こそが、この構想の実現だろうと考えられるからだ。すなわち、一九二九年末、ウィトゲンシュタインは手稿ノートにおいて自伝の文体論を展開し、自伝の構想を(自らに)示した。そして翌年、自らの四〇才の誕生日である一九三〇年四月二六日に「日記」(MS183)の記入を開始するのだが、それは前年末の手稿ノートでの構想に直接対応する出来事であったと考えられる。そして「日記」の次の書き出しは、こうした解釈とぴったり呼応する。

一九三〇年四月二六日

いくばくかの勇気なしには、一度たりとも人は自分自身に関するまともな考察を書くことはできない。(「日記」p. 22)

こうして開始された日記は断続的に一九三二年一月二八日まで記入された後中断され、四年以上の空白を挟んで一九三六年一一月一九日に再開される。日記前半には文化論や近しい友人の様子なども記されているが、冒頭の文や、「お前が何なのかを暴き出せ」[36]といった言葉が象徴するように、書き手の関心の中心は自身の精神の自己分析、自己解剖である。「伝記」と「日記」という言葉の違いに惑わされなければ、そして「私の生に……明瞭さと真実をもたらすために」というウィトゲンシュタインが述べる目的に注目すれば、一九二九年一二月二八日の構想の実現がこの「日記」であることをあえて疑う理由はないように思われる。

しかし構想された「自伝」とこの「日記」の間には一つ大きな相違がある。この構想でウィトゲンシュタインは「自伝」の目的を、「自分に対してばかりでなく、他人に対しても私の生を明らかにする」ことと述べている。だが「日記」において彼が試みたのは「私の生を自分に対して明らかにする」ことであった。すなわちこの「日記」は自分以外の読者を想定したものではなかった[37]。すなわち「他人に対しても私の生を明らかにする」という当初の目的を脱落させることにより「自伝」が「日記」に変貌したのであり、まさにそのことによって、部分的にではあったが構想が実現したのではないかと考えられる[38]。

ではここでいったん脱落した「他人に自分の生を明らかにする」という課題はその後どうなったの

だろうか、自然消滅したのだろうか。そうではないと考えられる。「日記」の中にもいくつかの痕跡を残し、そして最終的に一九三六年一一月から翌一月にかけて実行された「告白」こそ、「他人に自分の生を明らかにする」というもう一つの目的を実現する手段だったのではないかと考えられる。「自伝」という元々の構想が「日記」と「告白」という二つの形で実現されたのである。こうした実現の結果、ウィトゲンシュタインの精神は高められ、品位を得、以前の自己（「茶色本」を書いた自己）には書けなかった『哲学探究』を書くに至ったのではないかと考えられる。以下において、こうした哲学書の潜在的書き手としてのウィトゲンシュタインの精神の変遷（成長）の軌跡を「日記」の中に辿りながら、書き手としてのウィトゲンシュタインの精神の差が生み出した「茶色本」と『哲学探究』の決定的相違の在りかを探ってゆこう。

3-3　「日記」に刻まれた精神の軌跡――「虚栄心」との格闘

マクギネスが引用した断片に綴られたウィトゲンシュタインの子供時代の性格的特徴は、成人となったウィトゲンシュタインにとって次第に乗り越えなければならない問題となっていったように思われる。我々は「日記」前半の記入から、このことを読み取ることができる。マクギネスの断片で振り返られていた性格的特徴は、⑴未熟な合理的思考に基づいた虚言癖（「嘘をついてはいけない理由は何も見いだせなかった」）、⑵虚栄心（「他人の目に私をよく見せる」）、⑶臆病さ（相手の期待に反するのが怖くて本当のことが言えない）であった。断片でウィトゲンシュタインはこれらを中立的に記述している、すなわち当時解決されるべきだった深刻な問題としては描写していない。そのころウィトゲン

シュタインが七～八歳だったことを考えるとこれは当然であろう。一般的に言ってこれら（特に虚言癖）は望ましくない性格的特徴ではあるが、矯正可能であり、それを八歳の子供が持つこと自身が重大な問題となるようなものではない。それに対して日記前半の記入が示しているのは、これらの性格的特徴が複雑に変容しながら成人したウィトゲンシュタインの精神の中で強靭に生き続け、結果として彼の中に深い罪の意識を生み出し、悩みとなっていったということである。その罪とは虚偽の罪であり、後日彼が家族、友人に告白したのは、他ならぬこの罪であった(39)。友人たちの証言から分かるように、これらの嘘の中には小学校での事件のように深刻なものもあるが、実に他愛のないものも含まれている(40)。このことは、嘘の内容もさることながら、嘘による欺きということ自身が彼の罪悪感の核心であったことを示しているように思われる。つまり、ウィトゲンシュタインを何より苦しめていたのは、自分の内部に偽りが存在し、しかもそれを自分が許容しているということ自体への罪悪感だったと思われる。なによりこの苦悩の解決のために「日記」は書かれたのだと考えられる。

自己の内なる欺きがこのようにウィトゲンシュタインにとっての重大な問題として現れてきた理由としては、彼の哲学への復帰以外に考えられないように思われる。哲学への復帰により、ウィトゲンシュタインは自らの『論考』の誤りを暴き、より正しい哲学を手に入れようとした。それは言葉の最も強い意味での「真実」を追い求める行為であり、それは必然的に欺きを排除する行為とならざるを得ない。こうした営みが真剣に行われる場合、自己の内なる欺きと哲学の営みとの対立は、自身が哲学と生の双方で誠実であろうとすればするほど耐え難いものにならざるを得ないだろう。ある意味でウィトゲンシュタインにとって「日記」とは、本当は見たくない両者（真実の希求と自己の内なる欺

き の許容）の決定的矛盾を次第に顕在化させ、自覚する過程であったとも言えるだろう。こうした葛藤を経て、自己の内なる欺きを友人たちに告白した後、ウィトゲンシュタインは日記後半において両者の関係を次のように厳しく正面から見つめている。

〔一九三六年〕一一月二三日
私の仕事（私の哲学的仕事）にも真剣さと真理への愛が欠けている。――ちょうど講義でも、何かが自分に明らかになってほしいと願っているとき、それがもう分かっているかのように述べることでしばしば嘘をついてきたように。(41)（一九三六年一一月二三日、「日記」p. 103）

これに対していまだ告白の実行には至らなかった日記前半では、内なる欺きの真っただ中で自分が格闘するさまが次のように綴られている。自分が欺きの中にいるがゆえに、いまだ欺きの全体を見ることができないウィトゲンシュタインがここにはいる。

「私はこうした嘘をつくことができる――あるいはこうした嘘もつくことができる――あるいは最高の方法としては、真実を全く率直に語ることによって嘘をつくことができる」。私はしばしばこのように自分自身に対して語る。（一九三〇年一〇月三一日、「日記」p. 83）

ここでウィトゲンシュタインは独白的記述で内なる欺きをすべて吐き出すことによって、罪の問題を

乗り越えようとしているように思われる。だが彼がそうすることによって罪の問題を乗り越えたかというと、全くそうではなかった。なぜなら、内なる欺きをすべて吐き出そうとしても、その吐き出し方自体に再度欺きが混入してきて、いかに自己省察・自己暴露を徹底しようとしても、自分の批判的な視線が知らず知らずに自分自身からそれて行き、結果として欺きが残り続けるからである。こうした状況をウィトゲンシュタインは、「私の正直さは、いつもある特定の地点で行き詰まってしまう[42]」と表現している。

この状況、一見すると奇妙に思えるこの状況を、ウィトゲンシュタイン自身の意志に反して常に作り出す力、それが彼の「虚栄心（Eitelkeit）」であった。もう一度マクギネスの断片を思い返そう。そこで彼は「私の嘘の目的は、他人の目に私をよく見せることにあった」と述べていた。幼い子に宿っていたこの「人によく見られたい」、そして「人によく言われたい」というありきたりの欲求が、ウィトゲンシュタインの場合、根絶しがたい、そして激しい原始的欲求として存続しつづけてゆく。彼の内面において、それは常に最も強い支配的動機として働き続け、それに対して彼がいかなることを試みようと、その行為自身が最終的にはこの原始的欲求の手段と化してしまう。日記をはじめとして、彼が真剣に書いたものすべてがこのことを物語っている。それは彼の宿痾とも呼びうるだろう[43]。例えば一九三二年一月一一日の記入では

私の自己叱責的な考察の中で、それでもやはり自分の欠点を自分で見つめるのは素晴らしいことだ、という感覚を全く抜きにして書かれているものは、ほとんど一つとして無い。（『日記』p. 96）

と書かれている。この時点で、「私はすべてを虚栄心で汚してしまう[44]」という絶望的な状況に彼は位置していたのである。精神の状態に関する限り、事態は「茶色本」の書き換えを開始したとき（一九三六年八月）も全く同じだったと思われる。

実は、知人らへの告白を彼は、日記前半を記入していた時期に一度試みようとしているのだが、それもまた虚栄心により中止されていた。この過程の痕跡を我々は、以下のように日記に見ることができる。ポイントは「告白するのを見送った」という言葉である。

自分の告白について考えるとき、「……もし愛がなければ……」という〔聖パウロの〕言葉の意味を理解する。というのもこの告白も、もしそれが倫理的芸当として為されるなら、私にとって何のためにもならないからである。しかし私が言いたいのは、単なる倫理的芸当では不十分だから告白するのを見送った、ということではない。告白するには自分があまりにも臆病だったのだ。（倫理的芸当とは、何が自分にできるのかを示すために私が他人に、あるいは単に自分（自身）に対して演じる何かである。[45]）（一九三二年一一月七日、「日記」p. 89）

このように日記前半の時期、ウィトゲンシュタインは哲学を行うために自己の内なる欺きを吐き出し浄化しようという営みの中で虚栄心という究極的な敵（あるいは障害物）に出会い、それに立ち向かうものの、そうした努力そのものが次々と自己の虚栄心に食い尽くされてゆくという絶望的な状況か

ら脱することはできなかった。自己の内における原始的な力としての虚栄心に支配され続けるという精神のまま、ウィトゲンシュタインはこの闘いをいったん終息させ、「青色本」、「茶色本」の作成、そして「茶色本」の『探究』への書き換えという哲学的活動に入って行ったのだと考えられる。このように日記の記入とはウィトゲンシュタインにとって、何より自己省察・自己暴露の闘いを意味していた。それゆえ一九三二年一月に日記が中断され、ヘンゼルへの「告白」直後の一九三六年一一月一九日まで再開されなかったということは、外面的には生産的に見えながらも、その時期彼の精神は深刻な内的問題を抱えながら、それに全く手を付けられなかったということを意味していると考えられるのである。

この精神（それは「告白」以前の精神である）に留まる限り、ウィトゲンシュタインが『探究』に至ることがいかに不可能であったのかを探る前に、この時期のウィトゲンシュタインの最後の抵抗と呼びうるものに目を向けておこう。それはウィトゲンシュタインの精神が自らの虚栄心に立ち向かおうとして、空しくもその支配に屈する、まさにそのプロセスを捉える作業である。このプロセスを捉えることによって自分の虚栄心から解放されるわけではない。しかしいつか再度闘いを挑むとき、どこを攻めればよいのかを知ることはできるのである。関連する記述は複数あるが、一九三一年一一月一一日の記述を引用しよう。

虚栄心を捨て去りたい、と私が言うとき、またもやそれが単なる虚栄心から言おうとしているのでないとは言い切れない。私は虚栄心が強い。そして私の虚栄心が強い限り、より善くなりたいとい

う私の願望も虚栄心に満ちている。そんな時私は、自分の気に入っている虚栄心のない過去の誰々のようになりたいと思うのだが、すでに心の中で虚栄心を「捨て去る」ことから得られそうな利益を計算しているのだ。舞台に立っている限り、何をしようとも人は役者にすぎないのだ。（「日記」p. 92）

自己省察に関する自己省察とも言えるこの考察のポイントは、「舞台」と「役者」という比喩である。すなわちウィトゲンシュタインはここで、虚栄心に支配されている限り、自分は真摯に自己省察を行っているように思っているが、外から見れば実はその時自分は「自己省察を演じている」のであり、自己省察をしているのではないことをようやく見抜いたのである。王であることと、舞台で王様を演じることの違いは子供でも分かる。しかし自分自身の内面が関わるとき、人はその区別が見えなくなり、虚栄心を克服することと、「虚栄心を克服することを演じる」こと、自分や他人に対して演じることを混同し、虚栄心に抵抗するつもりが、実はその手下となる。人がこのように善きものを演じるのは、それを虚栄心に満ちた実の自分（舞台ではなく観客席に座っている実の自分）[46]に見せ、喜ばせるためである。この段階でウィトゲンシュタインはようやく、高い精神にあることと、高い精神を演じることの違いに気づいたのである[47]。しかしこの段階の彼には、自らが自分の意志に反して高い精神を演じていることを知りながらも、なおそれを演じ続けるという誘惑に抵抗するすべはなかった。

この精神がいかに『探究』への道において躓き、再び立ち上がって『探究』へと至ったのか、「茶

色本」の精神と『探究』の精神の決定的段差がどのようにしてウィトゲンシュタインに突き付けられたのか、そして彼がいかにしてそれを乗り越えていったのかを、以下において見てゆこう。

3-4　告白に至る歩みと、精神と文体の相関

自己省察による一種の精神修練と解釈できるウィトゲンシュタインの「日記」は、こうした自己洞察をへて一九三二年一月二八日にいったん中断される。そこで彼の精神がたどり着いた地点とは、自己の根本的問題の根源に気づき、その解決の試みが挫折し続ける原因にも気づき、それでもなお失敗を定められた試みを繰り返す以外何もできない、という状態である。それは自己内面に関する絶望、自己そのものに関する絶望、すなわち本来の意味での絶望と呼びうる状態である。他方、外化された哲学的活動としては、この後の三年弱の間に、哲学復帰後の第一のまとまった成果と呼ぶべき「青色本」と「茶色本」が作成される。それは外的には豊かな時間であった。こうした観点から見るときにはじめて、「茶色本」の書き換えの挫折と放棄、そしてその後に実行された「告白」と本当の『探究』の書き出し、という謎に満ちた過程の真の意味が明らかになるように思われる。

「茶色本」を作成した精神は、続いて自分の哲学の真の主著をそれに基づいて書こうとした。おそらくは大いなる不安をもって。真の主著は「茶色本」よりも高き書であるべきだが（「茶色本」は、母語ならぬ英語で、しかも他人に口述筆記させたものだった）、そのために必要となる精神の高みに現にある自分（「絶望」の中にありながら無為無策な自分）が進み上がれるのか、という不安だ。「この「書き換えの試み」全体は一切価値がない」という手稿ノートへの書き込みは、この不安の的中を（おそ

らくは、しぶしぶ）認めた「告白」だと解釈することもできるだろう。

　こうした解釈に立てば、この後つづけさまに起きた出来後の意味もよりはっきりする。書きたい真の主著に今の自分の精神がなお及ばないことを自覚し、しかもその目的を放棄しないのなら、精神にとってすべきことは一つしかない。それは、自分で気づきながらも除去できなかった自己内部の根本的問題を解決することである。具体的には、それは自分に対して自分を演じることを止めることである。すなわち日記前半で行っていたような、自己内部での「自己省察」、「告白」といった「演技」（望ましいが現実の自分とはかけ離れた自己を演じること）を止めること、すなわち「魂の劇場」の外に出て、「飾り気がなく、平凡で、不愛想な大通り」[48]に出て行くことである。ウィトゲンシュタインにとって、一九三六年一一月から翌一月にかけて実行された家族、友人への「告白」こそ、こうした解決だったと考えられる。内容的にはいかに些末であっても（そうでないものも含まれていたが）、この告白がウィトゲンシュタインにとって決定的に重要だったのは、それが「魂の劇場から大通りへ出て行く」ことを意味したからである。単に自己内部（「魂の劇場」）で内省を続ける限り、際限のない自分への演技に巻き込まれざるを得なかった精神は、現実に他人に自分の過去の偽りを告白することにより、そうした演技がなされる余地のない場（「大通り」）へと自分を追い込み、それによって演技と内的矛盾から自らを解放した。これは彼の精神にとって決定的な一歩である。それによって何か素晴らしいことがもたらされる一歩でなく、舞台上の「善き」、「美しき」舞台装置を廃棄し、真に善きもの、美しきものを手に入れるための準備となる一歩である。それによって、はじめてすべてが始まり、それがないがために何も始まらなかった一歩である。すなわち、「茶色本」の精神世界から『哲

学探究』の精神世界へと移行する決定的な一歩である。この一歩が踏み出されると、精神を取り巻く風景は一変する。それまで美しく、見事な建造物に思われたもののすべてが、単なる見せかけの舞台装置として廃棄されるべきものとなる。いかにみすぼらしくとも、舞台で演じる自己ではなく、現に在り、生きる自己が生み出したものの真の価値が初めて認識される。そうしたもの（それは『哲学探究』と呼ばれるであろう）を生み出すために、まず見せかけの装置を解体、破棄する仕事がウィトゲンシュタインの前にあった。ヘンゼルへの告白直後の次の日記記入は、こうした精神風景を率直に描いている。

告白を一つ終えた今となっては嘘でこしらえた建物全体を維持することはもはやできないかのように思われる。それは完全に壊れなければならないかのように思われる。すでにそれが倒壊してしまっていたなら、どれだけよいだろうか！　そうすれば草原と瓦礫の上に太陽が輝くことができるだろうに。（一九三六年一一月二〇日、「日記」p. 102）

ここで我々本来の問題に戻ろう。以上の考察によってようやく我々には、「茶色本」を生み出した精神と『哲学探究』を生み出す精神の違いが明らかになった。ではこうした精神の違いは、二つの書物のどんな違いを生み出したのか。それらはどのように根本的に異なる書なのか。この問いに答えるためには、我々は、言ってみればもう一歩踏み込んだ文体論を必要とする。先にＭＳ108で示された文体論は、精神は自己の高みに応じた書しか書けないことを教え、ウィトゲンシュタインを「告白」

という重要な目的地へと導いた。しかしいわばこれは量的文体論（より高き書を書くためには、精神自身をより高めなければならない）であり、他方今必要なのは質的文体論、すなわち精神のどのような違いが、書にどのような違いをもたらすのか、を教える文体論である。

ある意味で驚くことに、そしてある意味では当然のことながら、そうした文体論を我々はウィトゲンシュタインの手稿ノートの中に見出せるのである。しかも今問題にしている危機的な時期（一九三六年一一月）から少しだけ時を経た一九三八年二月の手稿ノートの中に見出せるのである。この微妙な時間のズレは、「告白」を挟んだ「茶色本」から『哲学探究』に至る自己を見つめることと書くことを巡る苦痛と成果に富んだ体験を、それが落ち着いてから事後的に整理し言語化したものだという解釈を我々に示唆する。ウィトゲンシュタインの新しい文体論とは次のようなものである[49]。

> 自分自身について自分に嘘をつくこと、自分がまがいものであることについて自分に嘘をつくことは文体（スタイル）に深刻な影響を及ぼさざるを得ない。何故なら、その結果、自分の中の本物とまがいものを区別できなくなるからだ。マーラーのスタイルがまがいものであることは、こうして説明できるだろう、そして私にもその危険がある。
>
> 人が自分自身に対して演じるとき、文体（スタイル）はその表現とならざるを得ない。その時文体は自分のものではありえなくなる。自分自身を知ろうと欲しない者は、ある種のごまかしを書くのだ。

自分自身の中に、それが痛みを伴うという理由で、降りてゆこうとしない者は、当然のことなが

ら自分の書く物においてもまた、表層に留まらざるを得ないのである。（次善の物しか欲しない者は、善きものの代用品にしか手が届かないのだ。）（一九三八年二月一九日、MS120, p. 72v）

「嘘をつく」、「演じる」といった表現をはじめとして、ここでウィトゲンシュタインの思考を表現している重要な比喩、表現法のほとんどすべてが日記前半に登場したものであるという事実は、ここで描かれている不十分な精神の在り方（「自分に嘘をつく精神」）が、日記前半当時のウィトゲンシュタイン自身の精神そのものであることに疑う余地を与えないように思われる。すでに我々になじみ深くなった「嘘」「演じる」という表現以外にも、例えば、ここに見られる「自己の中の本物とまがい物」という像の原型を我々は日記の次の記述の中にはっきりと見出せる。

時々私は人間を球として想像してみる。あるものは全部本物の金でできている。別のあるものは表層が無価値な材質でできていて、その下が金になっている。また別のものは表層が紛らわしいニセの金メッキで、その下が金。さらに別のものは金メッキの下がごみとなっており、また別の者はそのごみの中に小さな本物の金の球がある等々、等々。

多分最後の種類が自分だと信じている。（一九三一年一〇月三一日、「日記」pp. 81–82）

この新しい文体論の後半で使われている「自分を知るために自分の中に降りて行く」という像も、「ここで私は自分の虚栄心の最後の根底（最深部、のことを言っているのだ）を全く暴露していない」(50)

という日記の記述にその原型を見出せる。さらに付け加えるなら、ここで示されているマーラーの音楽的スタイルの批判は、明らかに日記前半のマーラー批評[51]の興味深い発展形である。

新しい文体論が描いているのが日記前半の、すなわち「告白」以前のウィトゲンシュタインの精神そのものであるという我々の解釈が正しいとすれば、その精神によって書かれたものとしてここで鋭く批判されている文体とは、「青色本」、「茶色本」（そしてその書き替え）の文体に他ならないことになるだろう。こうした解釈に立脚するなら、ウィトゲンシュタインのこの新しい文体論は、それを書いた精神の未熟さ（自身を知らないこと）に注目した「青色本」、「茶色本」（そしてその書き替え）の文体論批判と解釈できる。それを通じて初めてウィトゲンシュタインに『哲学探究』が可能となった、「青色本」と「茶色本」の精神と文体の批判と解釈できる。この批判によれば、「青色本」、「茶色本」（そしてその書き替え）の根本的問題（＝『哲学探究』が克服しなければならなかった根本的問題）とは、その著者が本当の自分の姿を知らず（あるいは、あえて見ようとせず）、それなのに自分より高い精神（ある理由で自分が未だ実現できていない精神）を演じていたことにある。それらのテキストの著者は、現実の自分と違う自分を哲学書の中で演じているのだが、その演技性（虚偽性）が自ずから文体ににじみ出て、書かれた物（哲学書）が書き手の意図に反して「ごまかし」、「表層に留まる」、「代用品」という性質を帯びるというのである。「青色本」、「茶色本」（そしてその書き替え）はそうした性質を持っている、というのである。

簡単な例で考えよう。哲学者がいて、理想的な生き方について書くとする。彼自身はそうした生き方を現実に日々営むにはまだ未熟だとする。仮に彼が自分の哲学書の中で終始、そうした生き方をす

るのが当然であるかのごとく「……すべきである」といった口調で語るなら、彼は自分がいまだ及ばない高貴な哲学者（例えば、ソクラテス）を著書の中で演じ、その者であるかのように語っているのである。ウィトゲンシュタインのこの文体論のポイントは、こうした者がいかに高貴な哲学者を演じようとしても、演じていることが否応なく文体に現れる、ということである。ある意味でこれは哲学者にとって厳しすぎる評定であるように思われる。哲学を志す者は、必ずしも自分の精神が完成されているがゆえに志すのでなく、未熟だからこそ志すという側面がある。他方そうした者が書（哲学書）を著す場合、通常そこで問題になるのは、何が真実かであり、書き手としての自分の精神がどれぐらい成熟しているかではない。未熟な哲学者が自己の精神の品位を超えた真理に触れる可能性は、常に開かれているように思われるのだ。それゆえ自己の精神の品位を超えた真理を語ることを禁ずることに、我々の中に抵抗するものがあるのだ。

にもかかわらず、ここでウィトゲンシュタインが文体論を通じて示そうとしていることは、明らかに哲学の本質をついているように思われる。すなわち、哲学者が語る真理と、それを語る哲学者自身の在り方の離反は、他の学問においてはともかく、哲学という営みの本質に背くように思われるのである。この意味で彼がここで下している評定は「まがいもの」ではない。そして彼の評定の真実性を支えているのが、この厳しい評定を他ならぬ自分自身の哲学的過去、そして可能な哲学的未来に向けているということである（「そして私にもその危険がある」）。こうした観点から見るなら、ウィトゲンシュタインの新しい文体論は、我々の根本的な問い（『哲学探究』と「茶色本」、「青色本」との捉えがたいが明白な相違とは何か）に答えを与えるものなのである。それによれば、「青色本」と「茶色本」

が著者によってどこか「演じられた」哲学書であるのに対し、『探究』は著者の存在の延長としての真正の哲学書なのである。『哲学探究』全体にどこまで厳密に当てはまるかは細部の読解を待たなければならないが、彼自身の言葉から構成されたこの描写は、この書物とその文体の特殊性・固有性に関する我々の理解を大いに助け、その読解の重要な指針を与えるように思われる(52)。

3-5　『探究』「哲学論」の意味

謎としての『哲学探究』を巡る以上の考察によって、我々の問いの焦点はよりはっきりとしてきた。特別な書物としての『探究』の特別さ、その本質を我々は理解したかった。『探究』と「茶色本」の決定的相違に関する以上の考察は、その本質が、それを書いた精神の質、「日記」に記された厳しい修練の過程と、そこで陥った絶望的な行き詰まりを「告白」という行為によって打開しようとした精神の質そのものに由来することを我々に教えた(53)。それが精神の高さを反映した品性を持つ書物であることを我々は理解した。次に我々が知りたいのは、こうして高められたウィトゲンシュタインの精神が、具体的にどのような書物を書いたのか、その前駆体と類似した主題（言語、意味、心的諸概念、等）を扱いながらも、そしてそれらの主題に関してある意味で類似したことを語りながらも、その精神によって『探究』がどのように前駆体とは根本的に異なる書となったのかである。それは『探究』の具体的内容と語り口においてその特異性を理解することであり、言葉の本来の意味でこの書を理解することである。もちろんそれは『探究』全体の体系的な読解によってのみなし得ることである。しかしながら、こうした『探究』全体の読解に着手する前に、この根本的な問いへの答えを得るために

不可欠な過程として我々に為し得ること、そして為すべきことが一つ存在する。それは『探究』の「哲学論」の読解と意味の解明である。

「茶色本」と『探究』の間には、書かれた言語の相違以外にも、もう一つ明白な外的相違が存在する。それは「哲学論」と呼びうる部分の有無である。「茶色本」という書物は、言語や心的概念に関わる様々な主題を淡々と論じるのみで、そのように論じていること自身、すなわち哲学を主題化した考察を一切含まない。そこに哲学論は存在しない。それに比べれば「青色本」の事情は少し異なる。そこでは、そうした主題について論じる中で、そこで用いられている方法や問題に関して反省的な考察が折に触れて行われ、その過程で哲学という活動が間接的に主題化されることが時々ある[54]。しかし独立して哲学が主題化され、考察が行われることは、「青色本」でもやはりない。哲学について語られはするが、哲学論は存在しないのである。他方『探究』では、§§89～133までが、「哲学論」と呼びうるものであることは誰の目にも明らかである（そのように呼ぶのが最も適切かどうかは別として）。

『探究』のこの部分（それを本書では『探究』「哲学論」と呼ぼう）は、何より、その前後と主題的に明確に分離され、「論理（学）」と「哲学」の在り方に関する独立した考察から成っている。もしこの部分が「茶色本」に追加された新しい一主題なのであれば、つまりここで論じられている「哲学」という主題が、『探究』の他の主題と並列的に扱われているもう一つの主題にすぎないのであれば、この部分の理解が『探究』全体の本質の理解に特別な寄与することはないだろう。だが反対に、もし『探究』のこの部分で扱われている「哲学」という主題が多くの主題の一つではなく、『探究』全体に特別な関係を持つ特別な主題であるなら、この部分の理解は『探究』全体の根本的な理解に大きく寄

与するはずである。そればかりか、『探究』全体の理解にこの部分（『探究』「哲学論」）の理解は不可欠となるだろう。『探究』「哲学論」は、『探究』の理解の鍵ということになるだろう。

究極的にこのいずれの可能性が真実なのかは、『探究』全体と『探究』「哲学論」の関係を我々が完全に理解したときにしか、すなわち『探究』全体の読解が完了したときにしか決定できないのは明らかである。しかしながら、このいずれの可能性がより本当でありそうなのかを知ることは、『探究』を読解する際に我々にとって重要な指針となる。もし『探究』「哲学論」が『探究』全体と特別な関係を持っているのならば、それは「茶色本」と『探究』の決定的相違につながる重要な『探究』の特徴であり、『探究』の読解において我々が特別な注意を払うべきポイントとなるだろう。『探究』「哲学論」が『探究』全体の中で持つ意味に関して、蓋然的なものであれ、何らかの見通しを持つことの重要性は明らかである。本章の最後にこの問題について考えたい。

この問題に関して何らかの見通しを与えてくれる手がかりが幾つか存在するが、それらはすべて『探究』「哲学論」が、『探究』全体と特別な関係を持つ部分であること、『探究』全体を理解する鍵となるような部分であることを示唆している。第一の手掛かりは、『探究』「哲学論」の最も重要なソースとなる草稿が書き始められた時期である。詳しくは次章で述べるが、「日記」(MS183)と「哲学論」の草稿が書かれた手稿ノート(MS157a, b)を比較すると、『探究』「哲学論」の核心部の草稿が書き始められたのが一九三七年二月九日であることを特定できる。これは、ウィトゲンシュタインが家族・知人への「告白」と小学校時代の生徒への謝罪を終えて、ウィーンとケンブリッジを離れ、再び冬のノルウェーで単身、思索と執筆に没頭している真っただ中であった時期である。『探究』哲学

論の草稿がそこで初めて書き始められたということは、そこで考察されている問題が、彼の哲学への復帰以来考察され続けてきた様々な主題の一つではなく、「告白」を終えて『探究』という高みに上るために新たな精神を形成する中で生まれた主題であることを強く示唆している。だとすれば、それは『探究』を生み出しうる精神、すなわち『探究』的精神において初めて出会われる問題であり、『探究』的精神そのものに関わる問題、それゆえ『探究』全体に関わる特別な主題、ということになるだろう。

第二の手掛かりも、こうした推測を支持している。それは今述べた『探究』の「哲学論」核心部の手稿ノート（MS157a, b）の中に、哲学的考察に挟まれて、次のような個人的「考察」が記されていることである。

お前の誇りという建物は取り壊されるべきだ。そしてそれは恐るべき大仕事だ。（MS157a, p. 58r）

この個人的考察と、上で引用した「日記」の一九三六年一一月二〇日の記述の類縁性は改めて確認するまでもないだろう。「告白」により、ウィトゲンシュタインの精神が一切の哲学的「演技」を止め、本来の自己、偽りのない自己を回復させようとする過程で、それまで築いてきた「美しい」哲学的観念や言説すべてが取り壊される中で、そうした「見事な」哲学的言説（「青色本」、「茶色本」、そして何より『論考』）の源泉としての自己、「天才的哲学者」と呼ばれた自己、その自負一切が廃棄されねばならないことを、この文章は述べている。この作業、「恐るべき大仕事」と呼ばれている作業を、

文字通り実行するためには、これまで自負してきたあらゆる哲学的成果（その最大のものが『論考』である）をその根底から解体する必要がある。こうした決意の表明が、『探究』「哲学論」の草稿の真っただ中でなされているということは、その哲学論が、単に「哲学」という主題に関する考察なのではなく、ウィトゲンシュタインの哲学的過去を反省し解体するもの、その上に新たな哲学としての『探究』を築くための準備であることを強く示唆している。だとすれば、『探究』「哲学論」は、単なる新たな主題に関する考察であるどころか、それによって初めて『探究』が可能となるような決定的考察、しかもウィトゲンシュタインの哲学的過去を哲学的未来へとつなぐ決定的な考察ということになろう。これこそが、以下本書において我々が『探究』哲学論を解読してゆくうえでの根本的な視点、解釈の指針である。

この解釈が正しいとすれば、『探究』「哲学論」は、『探究』という書物として実現されつつある哲学者ウィトゲンシュタインの哲学的活動そのものに対する自己反省・自己省察という意味を帯びることになるだろう。その場合この「哲学論」は、哲学とは何かという一般的な問いに対する答えを求めた考察ではなく、現に『探究』という形で哲学的活動を実践しつつある者が、自分がこれまで哲学者として実践してきたこと（その中には当然『論理哲学論考』の著述という大きな出来事が含まれる）、現在自分が『探究』という形で行っていることを振り返り、反省し、評価し、今後の哲学的活動の指針とするための自省的・反省的考察となるだろう。我々の解釈によれば、『探究』「哲学論」とは、『探究』という哲学的営為そのものの自己省察なのである。[56]

以上の我々の解釈が妥当なものであれば、『探究』「哲学論」こそ、『探究』とはいかなる書物なの

か、その著者はそこにおいて何をしようとしているのか、という我々の根本的な問いに答えるものなのである。このことこそ、すなわち、『探究』「哲学論」の読解・理解を通じて『探究』がいかなる書物なのかという問いに答えることこそ、本書の以下の諸章において我々が行おうとしていることである。次の第二章では、『探究』「哲学論」のテキストの実相に照らして我々のこうした解釈が無理のないものであること、そして、むしろ妥当なものであることを示すとともに、「哲学論」の構成、その複雑なテキスト・ソースに関する基本的事実を示したい。同時に、『探究』「哲学論」を、「哲学」という主題に関する一考察としてでなく、『探究』という哲学的活動の自己省察的考察であると解釈する場合に我々が直面すべき諸問題を列挙し、「哲学論」の具体的読解に対する条件と指針を示したい。そして続く第三章と第四章で、そうした条件を満たす『探究』「哲学論」の読解を試みたい。

第二章　謎を解く鍵としての「哲学論」（§§89〜133）

――読解の手掛かり

ウィトゲンシュタインの『哲学探究』は我々にとって二重の謎である。第一にその正体、本質が不明である。それがどのような種類の書物で（例えば、『論考』と内容は異なるが、同一カテゴリーに属する言語と論理に関する哲学書なのか、否か）、何のために書かれたのかが謎に包まれている。第二に、この謎が何に起因するどのような種類の謎で、どのように解かれるべきものなのかが不明である。仮にこの書物が難解な概念や文章に満ちていれば、それらを解読することにより謎が解かれるだろうという見通しがつく。しかし文章は概して平易であり、そこから様々なメッセージを読み取ることも、決して容易ではないが、不可能ではない。しかし書物全体が何を目指し、何を語っているのか、何を示そうとしているのか（明らかに何かを語り、示そうとしているように我々には思われる）がまったく不明であり、何を手掛かりにそれを探ればよいのかが分からないのである。

こうした二重の謎に対して我々は第一章で、「茶色本」（および「青色本」）という、主題と内容にお

いて『探究』と類似しながらも、書物としては決定的に異なる前駆体との相違の在りかを探り、相違の本質を考察することによって接近するという選択をした。こうしたアプローチと考察の結果我々は、「茶色本」（および「青色本」）と『探究』の根本的相違は、それぞれの書物を書いた精神の相違、すなわち、それを書いた精神が、仮に痛みを伴うとしても、自分自身の中に降りてゆこうとするかどうか、という相違であるという大まかな見地に到達した。すなわち「茶色本」にはない『探究』の特異性・本質とは、それを記したウィトゲンシュタインの精神が、痛みを伴うとしてもどこまでも自分自身の中に降りてゆこうとしていることであり、その結果この書物とその文章は、まがいもの、ごまかし、表層的といった言葉でウィトゲンシュタインが形容する負の属性から可能な限り免れていることではないのか、という見通しに到達した。そしてこうした見通しに立って、「茶色本」（そして「青色本」）にはない「哲学論」の存在こそが、『探究』の本質的特性を象徴するものであり（哲学による自己省察としての哲学論）、それを正しく理解することは、哲学書を書くことにおいて可能な限り自己省察的であろうとしたウィトゲンシュタインの精神とそれが生み出した『探究』を理解する鍵となる、という結論に到達した。

しかしこうした見通しに立って『探究』の「哲学論」の体系的読解に乗り出す前に、我々には一つ確かめておくべきことがある。それは『探究』の「哲学論」が様々な主題の一つとしての「哲学とは何か」という問いに答えようとしたテキストではなく、『探究』を著すという哲学的実践を行いつつあるウィトゲンシュタイン自身の哲学的自己省察であることの確認である。というのも、『探究』の「哲学論」が多くの章の一つに過ぎないのであれば、『探究』全体に対する我々の上述の見通しは崩れ

去るからである。『探究』の「哲学論」が、様々な主題の一つとしての「哲学」を扱う章ではなく、『探究』という書物全体の本質にかかわる特別な位置づけを持つテキストであることを、それが書かれた状況や背景からではなく、その内容と文体から確認することが、本章の第一の課題である。同時に本章では、『探究』「哲学論」の複雑な成立過程をできるだけ明らかにし、我々の解釈に必要な文献学的基本情報を整理したい。

1　『哲学探究』における「哲学論」の位置づけと意味

『探究』「哲学論」の具体的読解に着手する前に、それが単に「哲学」という主題を扱った一章ではなく、書物全体の哲学的営為自身に対する自己省察という特別な位置づけを持ったテキストだということを、その内容に即して確認するという予備的作業のこうした提案に対して、次のような疑問が提起されるかもしれない。すなわち、そうした作業は無駄、あるいは、不可能ではないのか、という疑問である。というのも、もしこうした確認が可能だとすれば、それはテキストの内容の理解に従ってなされるはずだが、もしそうした理解が可能なのであれば、初めから予備的作業などせず、本格的な読解を始めるべきではないか。またこのテキストの理解が極めて困難なのであれば、その内容からその全体での位置づけを確認することなど、いかにしてできるのか、という疑問である。こうした疑問は書物全体（あるいはまとまったテキスト全体）を理解するというのがいかなることなのかに関する誤解に基づいている。今問題になっている「理解」とは全体の理解であり、全体の理解とは、全体を

構成する個々の部分の全体の中での位置を一つ一つ理解することであり、それは全体がどのようなものなのかに関するおおよその理解があって初めて可能となる。すなわち、いまだ理解しない全体を理解するために個々の部分を読み進めてゆく際、それぞれの部分が適切に関係づけられるべき全体がどのようなものであるかについてのおおよその理解が先ずなければ、個々の部分を何のどのような部分として読むべきなのか、という見当が得られず、結果的に部分の理解が全体の理解につながらないのである。そして問題となっている全体について、細部をある程度無視したうえで、その大まかな姿や方向を捉えることはしかるべき手順を踏めば現実に可能なのであり、それを行うことは各部分の体系的理解の準備として不可欠なのである。

ここでは、ウィトゲンシュタインの他の著作の読解の過程で筆者により開発された方法[1]を用いて、『探究』の「哲学論」の全体的性格・位置づけを確認することにしよう。ウィトゲンシュタインの思考の運動を捉えるために生まれたこの方法（スレッド‐シークエンス法）は、「ムーヴメント」、「シークエンス」、「スレッド」という三つの基本概念を用い、それらによって規定される。ムーヴメントとは重要な単一の主題（あるいはひとまとまりの主題群）に関してウィトゲンシュタインの思考が、問題の設定に始まり、その解決あるいは解消に至るまで連続的に運動する過程（および、そのテキスト上の記録）であり、それ自身で独立し、完結した思考の過程（およびそのテキスト上の記録）である。今の場合、『探究』「哲学論」はこの意味でのムーヴメントであるとみなすことができ、その思考運動全体を支配する主題をとりあえず「哲学」と呼ぶことができるだろう。こうした重要な支配的主題（あるいは主題群）についてウィトゲンシュタインが持続して自律的な思考過程を完結させるとき、

多くの場合彼の思考はいくつかの大きな区切りを伴って進行し、それぞれの区切りは支配的主題に関連した、あるいはそれから派生した下位主題（それを「スレッド」と呼ぶ）に関する相対的に独立した思考の流れを構成する。こうしたそれぞれの下位主題を扱う思考（そしてそのテキスト上の記録）のまとまりが「シークエンス」である。以上の概念を用いるなら、ある重要な支配的主題に関するウィトゲンシュタインの思考運動（ムーヴメント）は、支配主題に関連し、それから派生する幾つかの下位主題（スレッド）を扱う複数の総体的に独立した思考のまとまり（シークエンス）から構成されている、と言うことができる。

このように規定される「ムーヴメント」がウィトゲンシュタインのテキスト上で同定されたなら、以上の概念規定に基づいて、そこで展開されている思考運動を解析するための方法が我々には提供される。それが「スレッド‐シークエンス法」であり、具体的に次のような手続きからなるものである。先ずは支配的大主題を扱う「ムーヴメント」と想定される連続した一群のテキスト（今の場合『探究』の「哲学論」（§§89～133）がそれに相当する）をしかるべき数のシークエンスに区切り、同時にそのことによって各シークエンスが扱っている下位主題（スレッド）を確定する。これがシークエンス分析である。シークエンス分析は常に、ウィトゲンシュタインの思考運動の体系的理解のための最初の一歩である。

その後これに基づいて、各下位主題に関するシークエンスの思考が、全体としてどのような思考の流れと到達地点を持っているかを明らかにする。こうした手続きにより我々は、問題となっているムーヴメント全体においてウィトゲンシュタインの思考がどこから出発し、何を目指し、どこに到達し

表2－1 『探究』「哲学論」のシークエンス分析

シークエンスａ（§§89〜98）	「論理」を巡る『論考』の錯覚
シークエンスｂ（§§99〜108）	「理想」についての根本的誤解
シークエンスｃ（§§109〜118）	言語による悟性の魔法からの解放としての哲学
シークエンスｄ（§§119〜129）	哲学的問題と哲学の方法
シークエンスｅ（§§130〜133）	哲学の方法

たのかを理解することが（様々な要因によって我々に許されている範囲において）可能となる。「シークエンス」や「スレッド」といった用語を必ずしも常に用いるわけではないが、本書のウィトゲンシュタインのテキストの読解と分析はすべて、こうした方法によっている。

以下では、先ず『探究』「哲学論」をシークエンスに分割し、それぞれの下位主題（スレッド）を示し（シークエンス分析）、次いでそれに基づいてこのテキストが『探究』全体においてどんな特別な意味を持っていると考えられるかを示したい。『探究』「哲学論」のシークエンス分析は表2－1のとおりである。

次にこれら各シークエンスのテキストの主なソースを示したい。『探究』のような完成されたウィトゲンシュタインのテキストを理解するにあたって、それぞれの部分テキストのソースを知ることはしばしば重要な情報を我々に提供する。そもそも、現在我々の目の前にある『哲学探究』という書物は、ウィトゲンシュタイン自身によって完成されたタイプ原稿（TS227）に基づいているが、それを構成する六九三の「考察」は様々な時期に様々な手稿ノートやタイプ原稿に書かれたテキストに由来している。最終テキストのこうした源泉を各考察の「ソース」と呼ぶ。各考察のソースを知ることにより、我々はそれが最初に書かれた時期を特定し、そこで展開されている考察の背景と文脈を知ることができるため、

表2-2 「哲学論」の各シークエンスのテキストの主なソース

シークエンスa（§§89～98）	MS157a, b[3]
シークエンスb（§§99～108）	MS157a, b
シークエンスc（§§109～118）	MS157a, b
シークエンスd（§§119～129）	TS213
シークエンスe（§§130～133）	MS157b, MS115

各シークエンスのテキストの主なソースを知ることは、各シークエンスの思考とムーヴメント全体の思考の関係を理解する上で大きな助けとなり、今の我々の考察にとっても大きな意味を持っている。「哲学論」の各シークエンスの主なソースは表2-2のとおりである。[2]

先ほどのシークエンス分析とこのソース表から我々は、「哲学論」のテキストをそのソースに即して、シークエンスa、b、cから成る前半と、シークエンスd、eから成る後半に大まかに分けることができるだろう。すなわち、ソース表から読み取れるように、シークエンスa、b、cは同じ時期（一九三七年二～三月）に一組の手稿ノート（MS157a, MS157b）に書かれた、一つの思考の流れを表現する一体のテキストであるのに対して、シークエンス分析が示すように、シークエンスd、eは「哲学の問題と方法」という主題を共有する、様々な時期に書かれたテキストなのである。そして前半と後半のおおよその関係は、前半においてウィトゲンシュタインの思考が徐々に下位主題を変化させながら時間的に連続して進められた結果、最後に「哲学とは何か」という主題に到達し（シークエンスc）、その後、後半において彼の思考はこの「哲学」という主題に留まりながらさらに展開してゆく、というものであり、こうした一連の思考の主題的連続性によって『探究』「哲学論」は一体の思考運動を形成していると考えられるのである。

さてこの「哲学論」前半（シークエンスａ、ｂ、ｃ）の内容と文体に注目するなら、『探究』の「哲学論」が単なる哲学という（あるいは、論理、理想、といったそれ以外の）主題に関する考察ではなく、『探究』全体に対する哲学自身の自己省察という意味合いを持っているという我々の見通しが、少なくとも一定の信ぴょう性を持つものであることが明らかとなる。特に注目すべきはシークエンスａである。ある意味でそこでは「論理」が考察の主題であるのだが、そこで展開される考察は「論理とは何か」という一般的な問題ではなく、『論考』の「論理」に関する思考のどこに誤りがあったのか、そこにはどんな錯覚が潜んでいたのかを巡り展開されており、それは『探究』という哲学的営みを行いつつあるウィトゲンシュタインの精神にとって、自己の哲学的過去の省察・反省以外の何物でもないのである。そしてこの考察が「『論考』の誤り」という主題に関する一般的考察（そうした事がここで行われた可能性は存在する）ではなく、『探究』の著者による自己の哲学的過去の反省であることは、「哲学論」前半に特徴的な次のような過去形の使用の内にはっきりと示されている（傍線による強調は引用者）。

というのも特別な深遠さ――普遍的な意味――が論理にはふさわしいように思われたからである。（PU89）

現実の言語について詳しく考察すればするほど、それと我々の要求の対立はますます激しくなる。（実際のところ、論理の結晶のような純粋さが私に示されたわけではなく、それは一つの要求だったので

ある。）（PU107）

ある像が我々を虜にして放さなかった。（PU115）

『論考』の論理観を、単に一つの哲学的主題として論じるのならば、それが過去の書物だといって過去形を使用する必要はない。それは一般的に哲学書における哲学的考察において過去形が使用されないのと同様であり、さらに言えば数学の証明において過去形が使用されないのと同じである。それに対して『探究』「哲学論」においてウィトゲンシュタインが『論考』の思想について論じる際に、その決定的局面でこのように繰り返し過去形が使用されているということは、この考察がウィトゲンシュタインにとって自己の哲学的過去の反省、その誤りを単に理論的問題として論じるのではなく、それを自己の誤りとして受け入れ、その上で将来のために正す作業であることを示している。『探究』の「哲学論」から我々が感じる哲学的テキストとしての異質性は、その考察の持つこうした個人的・実存的側面に発するものだと考えられる。

2　我々の「哲学論」解釈が答えるべき問い

以上の『探究』「哲学論」のシークエンス分析と各シークエンスのテキストのソースに関する考察は、この「哲学論」が単なる「哲学」という主題に関する考察ではなく、『探究』という哲学的営為自身に関する哲学的自己省察であるという見方が、単に可能であるばかりでなく、より対象の本性に

即したものであることを我々に示す。しかしこうした解釈をとることにより我々は同時に、それによって必然的に突き付けられる新たな問題を解くことを迫られる。真っ先に我々が直面するのは、『探究』「哲学論」の前半と後半の関係をどのように解釈すべきか、という問題である。確かに前半は、「哲学論」が『探究』全体に対して自己反省的な関係を持ち、その限りでウィトゲンシュタインにとっての個人的・実存的な問題を扱っていることを示している。しかし、後半のテキストは少なくとも表面的には「哲学」を独立した主題として扱っているように見えるのである。前半の思考の末に示された哲学に関する考察（シークエンスc）と後半の考察がどう関係するのか、『探究』「哲学論」に関する我々の基本的見方が正しいのだとすれば、我々はこの問いに答えられなければならない。

第二の問題は前半の自省的考察で扱われる下位主題間の関係である。とりわけ、「論理」、「理想」、「哲学」という三つの重要な主題に関するウィトゲンシュタインの考察がどのように内的に連関し、続いているのか、が明らかにならない限り、我々は『探究』「哲学論」前半の考察が全体としてどのようなものかを把握した事にはならないだろう。言い換えるならこれは、シークエンスa、b、cの思考が、それぞれ相互にどのように関連しているのか、という問題である。

さらに『探究』「哲学論」が『探究』全体に対して特別な関係を持っているという我々の解釈は、他の解釈であれば無視できる次の二つの問いに答えることをも我々に迫る。先ず、この「哲学論」に至るまでの『探究』の思考の流れと「哲学論」がどう関係するのかという問題である。「哲学論」が様々な主題の中に一主題としての哲学を論じた場であるなら、こうした問題は存在しない。しかし「哲学論」が『探究』全体に対する、あるいはウィトゲンシュタインの哲学的営為そのものに対する

自己省察なのであれば、どういう思考の流れといきさつでウィトゲンシュタインがそうした反省的考察に着手するに至ったのか、あるいは、そもそもなぜ書物の冒頭でそうした営みが行われなかったのか、という問いが自然と湧き出るのである。同様に、「哲学論」とそれ以降の『探究』の考察の関係についての問いにも我々は直面せざるを得ない。もし『探究』の「哲学論」が、単に「哲学とは何か」に答える営みでなく、「『探究』で私が行っていることとしての哲学とは何か」という問いにウィトゲンシュタイン自身が答える営みであるなら、『探究』のそれ以降の考察は、ここで示された答えの例示、実践でなければならないだろう。従って我々は、いかなる意味で「哲学論」以降の『探究』の考察が「哲学論」で示された哲学概念の実践なのかを示す必要があるのである。

以上の四つの問いに、我々の「哲学論」読解は答えなければならない。

3　「哲学論」のテキストの成立過程とソース

すでに触れたように、『哲学探究』のような完成された著作[4]を著すのにウィトゲンシュタインは、一定の構想やアウトラインに基づいて連続的に書き下ろすのではなく、その時々に直面している哲学的問題を解決する自分の生きた思考を、その生成過程と共に先ず手稿ノートに定着させるという営みを相当の期間続け、その後満足のゆく解決的思考が出そろったと思われる時期に、そうした手稿を用いて最終的な原稿を編集するという方法（あるいは「習慣」と言うべきかもしれない）を用いていた。より詳しく言うなら、先ず手稿ノートに多くの第一次手稿が書き記され、次にそれらに基づいて最終

手稿が作成され、更にその後に最終手稿を元に最終タイプ原稿を作成するという過程をへて『論理哲学論考』や『哲学探究』といった著作は完成されたのである。例えば『論考』に即して言えば、主として第一次大戦中戦場で記されたＭＳ101、ＭＳ102、ＭＳ103が主たる第一次手稿ノートであり、「原『論考』」と呼ばれるＭＳ104がそれに基づいて作成された最終手稿であり、ＴＳ202と名付けられたタイプ原稿が『論考』の最終的なテキストであり、現在我々が『論考』と呼ぶ書物はそれに基づいて出版された。

こうした複雑なプロセスが背後に存在するため、『探究』のようなウィトゲンシュタインの完成された著作を理解するためには、最終的なテキストが彼の思考過程の生の記録である手稿ノートからどのような編集プロセスをへて制作されたのかを知ることは、その構成を知り、全体を理解するために有益であるばかりでなく不可欠ですらある。とりわけ『探究』「哲学論」のテキストは、『探究』の他のテキストに比較しても格段に複雑な成立過程と構造を有しており、そのことはこのテキストが『探究』という書物の中でも特別の謎めいた位置を持っていることを裏付けているとともに、この書物全体を通じてウィトゲンシュタインが伝えようとしたことを理解するためには、そのソースと成立過程に関する知識が不可欠であることを我々に強く訴えている。(5) 以下では『探究』「哲学論」の全体的理解にとって決定的意味を持っていると考えられるその成立過程とソースについて、我々が知るべき基本的事実を明らかにしたい。しかしながら、そうした話をする前に我々は『哲学探究』という書物のそもそもの成立過程に触れておく必要がある。なぜならこの書物は、以上のようなウィトゲンシュタインの特異な編集方法に加えて、それ固有の複雑な成立過程を持つからである。

3―1　『探究』の成立過程――戦前版、中間版、最終版

『哲学探究』という書物が極めて複雑な成立過程を有することは、ウィトゲンシュタインの遺稿管理人であるフォン・ライトによって初めて明らかにされた。『哲学探究』「哲学論」（§§89〜133）が、どのようなソースから、どのような過程を経て形成されたのかを明らかにする前に、フォン・ライトの歴史的論文(6)に基づいて『探究』の成立過程を簡単に振り返っておこう。フォン・ライトが我々に明らかにしたのは、『哲学探究』という書物をウィトゲンシュタインが一九三六年から一九四六年の間に三度書き、それぞれについてタイプ原稿が作成され、現在我々が『哲学探究』と呼んでいるのはその最終版のタイプ原稿（TS227）だということである。これら三つの版の関係は、古い版を書き直して新しい版ができたというよりは、全体が三回に分けて書かれたというのにより近い。一九三七〜三八年に完成した最初の版は戦前版と呼ばれ、前後半の二部からなり、現存するＴＳ220がその前半、ＴＳ221が後半である。ＴＳ220は『哲学探究』（TS227）の§1から§189の第一段落までに対応する。それに対して後半（TS221）は『探究』の最終版からは外され、少数の抜粋が『探究』（TS227）§§189〜197として残されたにすぎない。ＴＳ221自身は彼の死後に遺稿管理人によって他の手稿と一緒に出版された。すなわち『数学の基礎』(7)として現在我々が知る書物の第一部がＴＳ221であり、本来は戦前版『探究』の後半として書かれたものなのである。他方一九四四年に作成された中間版は『探究』（TS227）の§§1〜421におおよそ対応する。中間版のタイプ原稿は最終版を作成する作業の材料として用いられたため、そのままの形では現存しない。この中間版に『探究』のおおよそ§§422〜693

に相当するものを加えて一九四六年に完成したのが最終版（TS227）であり、これが現在我々の『哲学探究』と呼ぶもの（そしてかつては『哲学探究』第一部と呼ばれていたもの[8]）である。

3－2 「哲学論」の成立過程——MS142、TS220、TS227の関係

『探究』「哲学論」の読解を目指す我々にとって、以上の成立過程の中で特に注目すべきなのはTS220（戦前版『探究』）とTS227（現在我々の持つ『哲学探究』）それぞれの「哲学論」の関係である。今述べたように最終的な『哲学探究』（TS227）は戦前版『探究』前半（TS220）にその後のテキストを二回大規模に付け加えることによって成立した。そして『哲学探究』（TS227）§§1～189第一パラグラフまでには、戦前版『探究』前半（TS220）全体が対応している[9]。従って『哲学探究』（TS227）§§1～189第一パラグラフまでと戦前版『探究』（TS220）は一部の修正箇所を除いて、原則的に同じテキストなはずである。そして実際にこのことは大筋としては成り立っている。ただしそれには一つの例外が存在し、それが『哲学探究』（TS227）「哲学論」に相当する部分なのである。すなわち戦前版『探究』前半にも「哲学論」に相当する部分（TS220, pp. 66-93, §§86-116）が存在するのだが、戦前版の他の部分がそのまま最終版に受け継がれているのに対して、この部分だけが最終版においては大幅に書き換えられているのである。より詳しく言えば、「哲学論」と呼びうる部分の中で、『探究』（TS227）§§89～111に対応する部分はTS220とTS227で内容が同じなのに対して、『探究』（TS227）§§112～133に対応する部分では、両者のテキストが大きく異なっているのである（以上の詳細については巻末付表1、2を参照されたい）。

これが意味しているのは、ウィトゲンシュタインは一九三六〜三七年に現在の『哲学探究』の§§1〜189第一パラグラフに相当する部分を書き上げ、その後二回にわたる大規模な書き足しを行って最終的に一九四六年に現在の『哲学探究』を完成させたが、最初に書かれてその後の『探究』の基礎となった部分の中で唯一、「哲学論」に相当するところだけが最終原稿において大規模に書き換えられた、ということである。一九三六〜三七年に最初に完成してその後の『探究』の基礎となった部分の中で、唯一「哲学論」だけをウィトゲンシュタインは大規模に書き換えたのである。このことは「哲学論」が『探究』という書物の中で持っている独特の位置を改めて強く示唆している。さらにこのことは、戦前版『探究』前半（TS220）の下原稿となった最終手稿ノート（MS142）、すなわち一九三六年一一月初旬に家族・友人への告白の開始と同時に書き始められ、翌一九三七年四月までの冬のノルウェー滞在で書かれた手稿ノートをＴＳ220およびＴＳ227と比較するとき、より鮮明となる。

ＭＳ142の最終的に確定されたテキストとＴＳ220を比較するなら、両者の内容はほぼ一致する。すなわちＭＳ142において修正を経て確定されたテキストは、ほとんどそのままＴＳ220としてタイプされたのである。このように内容に即するなら、ある意味で両者はほぼ同一と言えるのだが、現実に記されたテキストとして両者を比較すると、そこにはＭＳ142には多くの書き直し、修正の痕跡が残されているのに対して、ＴＳ220にそうした痕跡はほとんど見られないという相違が存在する。ただしＭＳ142に見られるそうした書き直し、修正のほとんどは小規模な用語、文体に関するものである。しかしながら、ＭＳ142には一箇所だけ大規模な(10)（一〇ページ以上におよぶ）書き直し箇所があり、それが他ならぬ「哲学論」に相当する箇所なのである。すなわち、ＭＳ142で「哲学論」に相当する部分は

七六ページから始まり一二一ページまで続くが、その中で七七ページから九一ページ第二段落に及ぶ部分はいったん書かれた後放棄され、九一ページ第三段落から再度七六ページの書き出しの後が書き始められ、ようやく一二一ページで終了するのである[11]。

こうした点に着目してMS142、TS220、TS227を比較すると、三者の間の変異と関係は次のように描写できるだろう。一九三六年一一月初めに書き始められた『哲学探究』の最初の完成原稿であるMS142は、「哲学論」に相当する部分を除けば、大規模な書き直しなしに書き終えられ、最終的に確定した内容は、「哲学論」に対応する部分も含めてほぼそのままTS220として一九三八年までにタイプされた。そして「哲学論」を除く部分はそのままTS227に引き継がれた。それに対して「哲学論」に相当する部分は、そもそもMS142においても大規模な書き直しを経て初めて完成し、しかもそうして完成した内容は、『探究』最終版（TS227）を作成する段階で、MS142の他の部分がそのまま引き継がれたのに対し、再度大幅に書き換えられたのである[12]。

「哲学論」のMS142からMS220をへてMS227に至るこうした変遷は、『探究』を執筆するウィトゲンシュタインにとって「哲学論」がどのようなものであったかを我々に告げている。すなわち第一に、この主題（哲学）がウィトゲンシュタインにとって、『探究』で論じられる他の主題に比べて例外的に困難な主題であったこと、そして、一九三六年から一九四四年に至る彼の思考の成熟の過程（それは『探究』の完成として結実する）において、この主題（哲学）に関するウィトゲンシュタインの思考には最後まで揺らぎ、あるいは変容が存在したことを告げているのである。これは『探究』の「哲学論」が『探究』とウィトゲンシュタインにとって特別な意味と位置づけを持つ考察であるという我々

表2-3　MS142、TS220、TS227の「哲学論」の異同対照表

MS142		TS220		TS227	
§86（p.76）	=	§86（p.66）	=	§89	
|		|		|	三者同じ
§112-1pr（p.104）	=	§97-1pr（p.77）	=	§111	
§112-2pr（p.104）	=	§97-2pr（p.78）		§112	MS142とTS220
|		|		|	は同じだがTS227
§134（p.121）	=	§116（p.93）		§133	は両者と異なる

の想定を支持するものであるばかりでなく、それがウィトゲンシュタインにとって最後まで最も困難な考察であり続けた事を示し、「哲学論」の読解が『探究』全体の理解の鍵であることを改めて物語っている。最後に以上の考察の元となったデータである巻末付表1、2に基づいて、三つのテキストの「哲学論」の大まかな対応・異同関係を表2-3として示しておく。

3-3 「哲学論」テキストのソースについて

先に表2-2で我々は『探究』「哲学論」を構成する五つのシークエンスそれぞれの主なテキスト・ソースを示した。『探究』のような完成されたテキストをこうしたソースから作成するためのウィトゲンシュタインの手続きは、それぞれの重要主題に関して彼が行った決定的で最も重要な一連の思考を記した手稿ノート（こうしたノートを我々は「軸テキスト」と呼ぶ、表2-2で示されたのはこうした軸テキストである）から選りすぐった相当数の考察に、他の機会に同一あるいは関連する主題に関して書かれた様々な考察を加え、それらを最終テキストにふさわしい順に並べ替え、必要に応じて加筆・修正するというものである。このように作成された完成テキストの理解にとって、軸となる手稿ノートを同定し、それに由来する

考察が全体の中にどのように配置され、他のソースからの考察とどのように組み合わされているかを知ることはしばしば極めて重要であるが、同時に、テキスト・ソースに関して我々が知るべきことは多くの場合ほぼこれに尽きるといっても過言ではない。しかしながら『探究』「哲学論」に限って言えば、そのテキストのソースと成り立ちについてこれ以外にも我々の読解にとって意味を持つ重要な事実がいくつか存在する。それらを「哲学論」のソースに即した前後半のそれぞれについて、以下において示したい(13)。

3-4　「哲学論」前半のソースに関する重要な事実

ソースに即した「哲学論」前半（＝シークエンスa、b、c）のテキストの軸となる手稿ノートがMS157a、bであることはすでに示したが(14)、更に詳しく述べるなら、「哲学論」前半の元になったのはMS157a, p. 46rからMS157b, p. 17vにわたって連続的に記された一連の原稿である。このテキストが「哲学論」前半のベースであることは、その冒頭であるMS157a, p. 46rに「一九三七年二月九日」という日付が記され(15)、そこからそれまでの内容と異なるまったく新たな考察が始められていること、その初めの数文の内容が(16)『探究』§89冒頭（より厳密にはその第二段落）の内容とほぼ重なること、そして、ここから連続して続けられた考察がMS157b, p. 17vで終結し、それに続くテキストにはそれまでとは異なった主題に関する考察が記されていること、そしてこの一連の考察が『探究』「哲学論」前半（PU89-118）のテキストの最大のソースであるといった諸事実から、疑いの余地なく断定できる。

しかしながら我々にとって興味深いことに、「哲学論」前半のベースとなったこの一連の手稿テキストには、さらにその原型あるいは源泉と呼ぶべき別の手稿テキストが存在し、それを確実に同定することもできるのである。そしてこの源泉を確定する鍵が、MS157a, p. 46r の「一九三七年二月九日」という日付と、「我々はツルツル滑る氷の上に入り込んだのだ。……ザラザラとした大地に戻れ！」（PU107）という『探究』の有名な表現である。これらの手掛かりを用いれば、「哲学論」前半のソースであるＭＳ157ａ、ｂのテキストとその源泉の結びつきを次のようにして明らかにすることができる。『探究』戦前版前半（ほぼ、『哲学探究』§§1～188に等しい）の手書き完成原稿であるＭＳ142（これは様々なソーステキストを用いて書かれたが、その一つがＭＳ157ａ、ｂである）と同時に記されていた「日記」（MS183）の後半に、一九三七年一月二七日から、論理の崇高性、理想的な名、理想に関する誤り、といった主題に関するまとまった哲学的考察が断続的に記されているのだが、[17]日記上のこの哲学的考察は二月八日に終了し、その最後の言葉が「そして「ツルツル滑る氷の上へと」入り込むのである」[18]というフレーズなのである。そもそもこの「日記」において哲学的主題に関する考察が記されることはまれであり、一九三七年一月末から二月初めにかけてのこのまとまった記述に匹敵するものは皆無である。それが二月八日に終了し、翌二月九日から同様の主題に関する本格的な考察がＭＳ157ａ、ｂという手稿ノートにおいて開始され一か月あるいはそれ以上継続され、その考察が『探究』「哲学論」前半のベースとなったという事実は、「日記」（MS183）のこの一連の哲学的考察と、ＭＳ157ａ、ｂの考察が、単に主題・内容において類似しているのではなく、前者が後者の原型・源泉であったのではないかと我々に推定させるのに十分なものである。

そしてこれが単に我々の推測・想像ではなく、おそらく事実ではないかと思わせる更なる事実が存在し、それが上で引いた「我々はツルツル滑る氷の上に入り込んだのだ。……ザラザラした大地へ戻れ！」という『探究』の有名な表現の成立に「日記」（MS183）とＭＳ157ａ、ｂの双方が複合的にかかわっているということである。すなわち有名なこの表現の前半の起源は、上でふれたように一九三七年一〜二月に「日記」でなされた一連の哲学的考察の最後の文章である。そしてこの文で終わる考察に引き続き、直ちにＭＳ157ａ、ｂで同じ主題に関する考察が展開されたのだが、その一連の考察の終盤で「ザラザラした大地に戻れ！」[19]というフレーズが初めて登場するのである。すなわち「我々はツルツル滑る氷の上に入り込んだのだ。……ザラザラした大地へ戻れ！」という『探究』の有名な表現とは、ひとつながりになって進行したウィトゲンシュタインの思考運動が同時期に連続して通過した「日記」（MS183）と手稿ノート（MS157b）という二つの思考の場所に残した痕跡をつなぎ合わせたものに他ならないのである。それゆえ一九三七年一〜二月の「日記」に残された哲学的考察と、それに続くＭＳ157ａ、ｂの考察は、単に内容と主題の類似した二つの思考ではなく、単一の思考の流れの上流と下流、あるいは源流とそこから流れ出る河川、の関係にあると言うことができるのである。

両者がこうした密接な関係により結ばれているということは、『探究』「哲学論」前半の読解において我々が困難に遭遇した場合、とりわけウィトゲンシュタインの全体的意図が不明な場合、我々は単にそのソースであるＭＳ157ａ、ｂのテキストと考察に遡り、それを参照するのみならず、さらにその源流・原型である「日記」一九三七年一〜二月の哲学的考察に遡り、参照し、我々の読解と解釈の

表２-４　「日記」（MA183）の1937年１～２月の哲学的考察一覧

日付	暫定節番号	主題	ページ数（邦訳ページ数）
1月27日	§1	考察の対象の崇高性	p. 151（pp. 107-108）
1月27日	§2	語や命題の崇高性	p. 151（p. 108）
1月30日	§3	対象としての記号の崇高性	p. 158（p. 111）
1月31日	§4	「時間」という名の作用	p. 159（p. 112）
1月31日	§5	アダムの命名	p. 159（p. 112）
2月2日	§6	哲学的混乱の原因	p. 159（p. 112）
2月8日	§7	理想に関する誤解	pp. 162-4（p. 114）
2月8日	§8	普遍性を要求する像	p. 164（p. 115）
2月8日	§9	具体例からの遊離	p. 164（p. 115）

手掛かり、あるいは指針とする正当な権利を持っているのだということを意味している。事実我々は以下の読解においてそうした作業を行うだろう。ここではそうした作業のための基礎資料として、「日記」一九三七年一～二月の哲学的考察のテキストの一覧表を示したい。日記の記述中の空行の存在と前後の記述との主題の変化を手掛かりとすると、このテキストはその主題的同一性に即して暫定的に九つの節に分けることができるので、それらに1から9の節番号を暫定的に与えることとしたい。各節の暫定番号、日付、およその主題、ＭＳ183テキスト内のページ数を表２-４として示す。カッコ内は「日記」邦訳のページ数である。

３-５　「哲学論」後半のソースに関する重要な事実

ソースに即した『探究』「哲学論」後半（シークエンスｄ、ｅ）のテキスト・ソースについて特筆すべきことがらは、その大半がＴＳ213、すなわち「ビッグ・タイプスクリプト」[20]と呼ばれてきたタイプ原稿の「哲学」と名付けられた篇に由来するということである。そして『探究』「哲学論」後半にＴＳ213から採録されたこれらのテキストはすべて、一九三〇年から一九三二年に書かれたものである。

「哲学論」を除く『探究』全体のテキスト・ソースをみるなら、それらが書かれた時期は早くとも一九三三年であり、それ以前に遡るものはほとんど存在せず、特に『探究』にとって中心的なテキストの多くは一九三六〜三七年あるいは一九四四〜四五年の期間に由来するものである。このことは『探究』として表現されているウィトゲンシュタイン後半生の思想が一九三三年以降に形成され、徐々に成熟していったことを物語っている。それだけに、「哲学論」のテキストの起源が一九三〇年にまでさかのぼるということの異例さが際立ち、改めて『探究』「哲学論」が持つ特異な位置を浮き彫りにしている。

そればかりでなく、彼の後半生の思想の形成過程を考えると、『探究』として完成された書物の最終テキストに、「哲学論」においてのみ、極めて早期のテキストが大規模に採録されていることは、ある意味異様なことであり、ウィトゲンシュタインがあえてこうした選択と決断をしたということの背後には特別な意図や意味が存在したと考えない限り、理解しがたいことでもある。そしてその意味とは、「哲学論」という主題と一九三〇〜三二年という早い時期という二つの事柄の交点にかかわるものでなければならないだろう。こうした観点から、ＴＳ213から『探究』「哲学論」に採録された考察の手稿ソースを調べると、さらに驚くべきことが判明する。これらの考察は長短含めて全部で一七点あるが、一九三〇年と一九三二年に書かれたものはそれぞれ一点のみで、残る一五点はすべて一九三一年に書かれたものなのである。すなわちＴＳ213から『探究』「哲学論」に採録された諸考察とは、様々な時期にばらばらに書かれたものであるというよりは、限定された時期に集中的に書かれたものなのである。しかも一九三一年というこの時期は、彼の「日記」（MS183）前半の記入の主要な時期

でもある。

『探究』「哲学論」と「日記」の間に見られるこうした関係を、我々は単なる偶然と考えることはできない。ここで改めてウィトゲンシュタインが「日記」を書き始めた動機を思い返す必要がある。それは身辺雑記や備忘録としてではなく、自分自身を見つめ、自己省察を徹底することにより、うわべや偽りでない、真の哲学を自ら実現するためであった。そしてその日記は一九三〇〜三二年と一九三六〜三七年の二つの時期に書かれたのであり、言い換えるならこの二つの時期にウィトゲンシュタインは集中的に自己省察（自分自身の底を覗き見ること）を行ったのであった。加えて本書の考察によってこれまでに我々が明らかにした『探究』「哲学論」の意味とは、『探究』という哲学的営為自身の哲学的反省というものであった。つまり今我々の前に明らかになりつつあるのは、『探究』「哲学論」を形作っているテキストは、他ならぬこの二つの自己反省の時期に由来するものだということなのである。すなわち『探究』「哲学論」前半のテキストは「日記」後半で展開された哲学的考察を源泉とするものであり、後半のテキストは「日記」前半が記された時期に由来するものなのである。つまり、『探究』「哲学論」の前後半と、「日記」の前後半は見事に交差して対応しているのである。

我々は、これを単なる偶然の一致とみなすことはできない。『探究』「哲学論」というウィトゲンシュタインの哲学的営為の自己省察と「日記」というウィトゲンシュタイン自身の生の自己省察がいずれも二つの部分からなり、それらのいずれもが同じ時期に同時的になされていたということは偶然の一致とみなすことはできないのである。『探究』「哲学論」と「日記」の間には、深い内在的つながりがあると考えなければならないのである。すなわち、『探究』「哲学論」のテキスト・ソースの一覧を

表２－５　『探究』「哲学論」と「日記」の対応相関関係

『探究』「哲学論」		両者を繋ぐテキスト		「日記」(MS183)
前半（§§89～118）のソース	→	MS157a, b（の内容的原型	→	後半（pp. 151-164)）
後半（§§119～133）のソース	→	TS213「哲学」（と同時期	→	前半（pp. 1-142)）

表２－６　『探究』「哲学論」にTS213から採録された
テキストの手稿ソースと執筆時期一覧

『探究』節番号	手稿ソース	執筆時期
§111-4,5	MS110（p.164）	1931.5.3
§112-1	MS113（p.117r）	1932.5.17
§116-b	MS110（p.34）	1931.2.4
§118-1,2,3	MS112（p.115v）	1931.11.22
§119	MS108（p.247）	1930.7.30
§120	MS110（p.230-1）	1931.6.29
§122-3,4	MS110（p.257）	1931.7.2
§123	MS112（p.24r）	1031.10.14
§124	MS110（p.188）	1931.6.20
§126-a1	MS110（p.90）	1931.2.18
§126-a2,3	MS110（p.216）	1931.6.24
§126-b	MS108（p.100）	1931.5.13
§127	MS112（p.118r）	1931.11.23
§128	MS110（p.259）	1931.7.2
§129-1,2	MS112（p.117v）	1931.11.22
§129-3,4,5	MS110（p.2599	1931.7.2
§133-c	MS112（p.47r）	1931.10.25

表面的に見るだけでは「哲学論」の前後半それぞれはMS157a、bとTS213というまったくバラバラなソースを持ち、『探究』「哲学論」とはそれら無縁なテキストの奇妙な寄せ集めにしか見えないが、それらが最初に書かれた時期と場面にまでさかのぼれば、それらは彼が後半生において真剣に自己省察を試み、自己の真の姿を見つめようとした重要な二つの時期に由来するものであることが分かるのであり、それらは共に著者ウィトゲンシュタインの自己省察の成果であるという点で深いつながりを持つのである。こうした『探究』「哲学論」と「日記」の関係を図示すると表2－5のようになる。

それ故我々は『探究』「哲学論」と「日記」は不可分な二つのテキストであり、それらは同時期にウィトゲンシュタインという同一の精神が、一方で自分の行いつつある哲学という営みの本当の姿を見極めようとし、同時に他方で、自分という人間の真の姿を見つめようとした一体の過程の、相関連し、相補的な二つの記録と見なければならないだろう。それゆえ『探究』「哲学論」の読解にあって我々は、そのテキストを書きつつある精神が同時に自分を見つめた記録である「日記」の存在を常に心に留め置き、読解に行き詰まった時には真っ先にそのテキストと同時期の「日記」に手掛かりを求めるべきなのである。これからの読解において我々は、これらを実行してゆくであろう。

最後に以上の考察の基礎となったデータとして、『探究』「哲学論」に採録されているTS213由来のテキストの、元の手稿ソースと執筆時を一覧表にして示す（表2－6）。「§126-a」は第一二六節第一パラフラフを、「§126-b」は第二パラグラフを、「§129-1, 2」は第一二九節第一文、および第二文」を意味する。

第Ⅱ部　読　解

第三章　論理と理想──「哲学論」前半（§§89〜108）

　それではいよいよ『哲学探究』「哲学論」（§§89〜133）の読解を開始しよう。『哲学探究』という書物の哲学的自己省察であり、この書物を他ならぬ『哲学探究』という謎めいた書としているこの核心的テキストとそこに示されている思考を解読し、この書物を著したのがいかなる精神であり、その精神がこの書物において何を為そうとしたのか、そうした営みとしての新しい哲学とはいかなるものなのかを明らかにする作業に着手しよう。

　第二章の分析から我々は、主題に即するならこのテキストはシークエンスａ、ｂという前半とシークエンスｃ、ｄ、ｅという後半に分かれ、表面的に言うなら前半で論理と理想に関する思考が展開され、後半では哲学に関する思考が展開されていると言うことができる(1)。我々は先ず前半を読解することから、いわばそれが後半から独立したテキストであるかのように扱いながら読解することからこの作業を開始したい。言うまでもなく『探究』「哲学論」の望ましい、あるいは適切な理解とは、これ

ら二つの部分がどのように相関し、その結果としてこの書物全体の（そしてこの書物を著した精神の）哲学的反省と呼びうるものとなっているかを明らかにすることに存するし、それが我々の読解の目的である。しかしこのテキスト全体に対して直接、その前半と後半はどのように相関しているのか、という問いを適用しようとしても、我々はそれに対するいかなる手掛かりも得られない。それは巨大な密林の入り口に立ち、その出口がどこにあるのかを知ろうとするのに似ている。我々は先ず密林に足を踏み入れなければならない。そして注意深くその前半を踏破しながら、我々を必然的に後半へと導くような手がかりや流れを探りながら進まなければならない。

1　「哲学論」前半の読解の手順と手掛かりとなる背景的事実

すでに第二章で示されたことだが、「哲学論」前半（§§89～108）自体もシークエンスａ（§§89～97）とシークエンスｂ（§§98～108）という二つの部分を持ち、外面的にはそれぞれが「「論理」を巡る『論考』の錯覚」、「「理想」についての根本的誤解」という主題を持つ。それゆえ『探究』「哲学論」前半を独立した一体のテキストとして理解しようとする場合、我々がまず直面しなければならない問題とは、これら二つの部分の関係をどのように理解するか、どのようにしてその関係を明らかにするか、というものである。しかしこの点に関してシークエンスａとｂは我々に幾つかの問題を突きつける。第一にこれら二つのシークエンスの思考間の関係についての文脈言及的コメント（例えば、「……の結果こうなる」とか「……の問いはこのように解かれる」といった）は、ここには一切存在しな

い。いわば両者を直接つなぐような文言は一切存在しないのである。加えて両者の間には、ある種の反復のような現象が見られる。例えばシークエンスａで示された『論考』の誤りが、シークエンスｂでも繰り返される（§101）が、反復されたテキスト間の関係は一切説明されない。従って考えられる一つの可能性は、「哲学論」前半は一体性を持ったテキストではなく、「『論考』の誤り」という主題に関して異なる時期や場面において書かれた複数のテキストを集めた「考察集」ではないかというものである。ウィトゲンシュタインのテキスト編集においてしばしば用いられるこの手法がもしここで用いられているのなら、「哲学論」前半に一つの連続したストーリーを読み込もうとする試みは見当違いなものとなり、結果として『探究』「哲学論」全体に一つの重要な意味を見出そうとする我々の根本的な解釈戦略そのものが見直しを迫られることにすらなる。[2]

しかしながら、我々の作業にとって潜在的には深刻なこの疑念は、ａ、ｂ二つのシークエンスの元となったテキスト（ソース）に直接当たることによって解消される。第二章で示したように、これら二つのシークエンスのソースはＭＳ157ａ、ｂであるが、より詳しく言うならMS157a, 46r–54vがシークエンスａのソースであり、MS157a, 54v～MS157b, 9rがシークエンスｂのソースである。今ここでＭＳ157ａ、ｂのこれら二つの部分をそれぞれ「シークエンス１」、「シークエンス２」と名付けることとしよう。ＭＳ157ａ、ｂのソーステキストから我々は、次のことを知ることができる。⑴『論考』の錯覚に関する思考と「理想」に関する思考は元のテキストにおいて切れ目なく一体のものとして進められているということ、⑵シークエンス１において「［ともかく私は、我々がどんな錯覚の中にいるのかを述べ挙げたいのだ！］」[3]という進行中の思考自身に関するウィトゲンシュタインのメタコメント

が存在し、「哲学論」シークエンスａにおけるウィトゲンシュタインの意図した主題が「『論考』の錯覚」であることに疑いの余地がないこと、(3)同様にシークエンス２冒頭において、「[しかしここにはまだ、具体例の役割という糸が、あるいは理想の役割という糸が残っている][4][5]」というウィトゲンシュタインのメタコメントがあり、「哲学論」シークエンスｂにおいてウィトゲンシュタインが明確に「理想の役割」という主題について思考していること。

これらから我々が導くべき結論は明らかに、次のようなものであろう。すなわち、『探究』「哲学論」のシークエンスａとｂは同一あるいは類似の主題に関する様々な考察の寄せ集めではなく、一連の思考においてウィトゲンシュタインが連続して扱った二つの異なる主題に関する思考であり、それら二つの主題にどのような関係があるかを解明することにより、この一連の思考においてウィトゲンシュタインが解明しようとして狙っていたものが何かを明らかにすることができるのである。それゆえシークエンスａとｂのそれぞれの思考の間の関係とは何か、という問いは実在しない見当違いなものではなく、テキストの読解によって我々が明らかにすべき現実の問題なのである。我々の読解においてこの問題に答えるには、次のような手順が最も適切であると考えられる。我々は先ずシークエンスａから順に読み解いてゆかなければならない、しかしその過程で不断に、来るべきシークエンスｂの思考、すなわち「理想についての根本的誤解」を巡る思考やそれに関連する思考を先行して予示するようなテキストがないか、注目しなければならない。そしてシークエンスｂの読解に入ってからは、シークエンスａで示された思考につながるような内容、あるいはそれに何らかの形で言及しているようなテキストを注意深く探す必要がある。それぞれのシークエンスのテキストの内容をそれ自体とし

表３－１　『探究』「哲学論」シークエンスａ、ｂのサブシークエンス分析

サブシークエンス	主題
a_1（§89a）	「論理の崇高性」という問題の提示
a_2（§§89b〜92）	「論理」に対する妥当な要求から「完全な厳密さ」という錯覚への移行
a_3（§§93〜97）	その結果生じる「命題」、「思考」、「世界」についての『論考』の誤解
b_1（§§98〜102）	確定性の要求と理想の役割に関する誤解
b_2（§§103〜104）	理想誤解の本質と眼鏡の比喩
b_3（§§105〜108）	理想誤解による現実からの遊離と現実への回帰に必要なこと

て解読する中で、このようにもう一つのシークエンスとの関係を不断に探り、拾ってゆけば、結果として我々は、今の段階では不可視な二つのシークエンスの関係を見ることができるだろう。

テキストの具体的読解に入る前に、シークエンスａ、ｂのサブシークエンス分析を表３－１に示しておきたい。サブシークエンスとは、一つのシークエンスの思考全体を構成する下位のテキストの区切りであり、a_1、a_2のように表現する。表３－１のサブシークエンス分析は、シークエンスａがa_1、a_2、a_3という三つのサブシークエンスから、シークエンスｂがb_1、b_2、b_3という三つのサブシークエンスから成ることを示している。表内の「a_1（§89ａ）」という表記はサブシークエンスa_1が§89の第一パラグラフ[6]から成ることを、「b_1（§§98〜102）」という表記はサブシークエンスb_1が§§98、99、100、101、102から成ることを示している。それぞれのサブシークエンスは、シークエンス全体の主題に様々な形で関係する下位主題を扱い、全体として一つの主題に関する多面的思考を表現するものである。サブシークエンス分析とは、各シークエンスがどのようなサブシークエンスに区切られるか、そしてそれぞれのサブシークエンスがどのような主題についての

思考を表現しているかを体系的に示すものである。『探究』に代表されるウィトゲンシュタインの完成したテキストの全体性の理解には、こうしたサブシークエンス分析は事実上不可欠である。このサブシークエンス分析において各サブシークエンスの主題は、いわば具体的な読解に先だって提示されており、その具体的な意味、内容は来る具体的読解において初めて明らかにすることができるものであり、こうした方法的循環は『探究』のような見えざる複雑な構造を持つテキストの読解においては不可避な手順である。

今この分析に示された各サブシークエンスの主題を注意深く眺めると、シークエンスａ、ｂ、すなわち「哲学論」前半の構造に関して一つの重要な事実が浮かび上がってくる。我々は「哲学論」前半全体をシークエンスａとｂという二つの部分に分け、それぞれが「「論理」を巡る『論考』の錯覚」と「「理想」についての根本的誤解」という主題を持つと判断した。しかし今このサブシークエンス表を見るなら、「哲学論」前半全体は二つではなく、三つの部分に分けるのがより適切であることが分かる。というのもシークエンスａの中で「「論理」を巡る『論考』の錯覚」という主題に関わっているのはサブシークエンスa_2とa_3のみであり、サブシークエンスa_1は、それと無関係ではないものの、明らかに別の「「論理の崇高性」という問題の提示」という主題に関わっているからである。すなわち表現されている思考内容に即して判断するなら、「哲学論」前半はサブシークエンスa_1のみからなる第一部分、サブシークエンスa_2とa_3から成る第二部分、シークエンスｂから成る第三部分という三つの部分から成り立っており、その読解はこの三区分に即して行うべきものであることが分かる。従って以下の具体的読解において我々は、この三区分に従う。

サブシークエンスa_1（§89a）、すなわち§89冒頭の「これらの考察によって我々は、論理はどのような意味で崇高なものなのか、という問いが立ち現れる場所に立つことになる」、というテキストが、形の上では§89の一部でありながら、それに続くテキスト、すなわちサブシークエンスa_2（§89b〜92）とは独立したものであることは、このテキストの先行版であるMS142の当該部分から知ることもできる。MS142においてウィトゲンシュタインは、その冒頭から七六ページ末尾近くまで順調に現行の『探究』と実質的に同一のテキストを順に書き進めている。それはMS142のナンバリングでは§§1〜85という部分であり、現行の『探究』の§§1〜88に厳密に対応する。MS142でウィトゲンシュタインはこの後に現行『探究』§89冒頭に等しい「これらの考察によって我々は、論理はどのような意味で崇高なものなのか、という問いが立ち現れる場所に立つことになる」という文を七六ページ末尾に§86の第一節として書き、その後MS142でのウィトゲンシュタインの思考は二ページ近くにわたり中断する（それらの二ページにはMS142冒頭のテキスト（現行『探究』§§1〜2bに相当）が、まるで「写経」のごとく丁寧に筆写されている）。MS142全体においてこのように思考が中断され無関係な書き込みが一ページ以上にわたってなされるというのは極めて例外的な現象で、ここ以外には見られない。そればかりではなく、七八ページで再開された後もウィトゲンシュタインのテキストは試行を繰り返し、ようやく九一ページにおいて中断後初めて、「これらの考察によって我々は、論理はどのような意味で崇高なものなのか、という問いが立ち現れる場所に立つことになる」に続く最終稿が書き始められるのである[7]。それが現行『探究』の§89b以降のテキストである。

MS142に残された以上の痕跡は、『探究』「哲学論」の思考とテキストが生まれた原初的な思考生成

過程において、ウィトゲンシュタインは現行『探究』§§1～88に相当する考察の後、「論理はどのような意味で崇高なものなのか」という問題提起を自身に対して行い、その後かなりの期間の中断と思考の後に『探究』「哲学論」が生み出されたということ、すなわち『探究』§89の冒頭の一節は、内容的に§89の一部というよりは、「哲学論」全体がそれに対する応答であるとみなせるようなスコープの大きな意味をウィトゲンシュタインの思考において持っているということを我々に物語っている。MS142が我々に提供しているウィトゲンシュタインの思考とテキストの生成過程に関するこうした状況証拠は、以下の我々の具体的読解においても十分に考慮されるだろう。

2　「論理の崇高性」の問いの意味――§§89a

これらの考察によって我々は、論理はどのような意味で崇高なものなのか、という問いが立ち現れる場所に立つことになる。(PU89a)

『探究』「哲学論」の冒頭に位置するこの文は、極めて印象的であると同時に極めて謎めいており、ここまで『探究』を読み進めてきた読者をしばし立ち止まらせる力を持っている。(8) 前節で示したMS142のテキスト上の背景的事実から我々は、この文がそれに前後するテキストに直接に結び付くローカルなものではなく、そこに至るまでの全考察、全テキストを受けて我々に問いかけるものであり、同時に、続く『探究』「哲学論」の全体を応答として要求するものであることを知っている。しかし

ながらこうしたテキストに関する背景的知識（それは解釈作業上の一種の飛道具である）なしに、いわば素手でこのテキストに立ち向かい、すなわちこの文と、それに至る『探究』の全テキストのみを手掛かりとして用い、この文が突きつける謎にある程度まで迫ることが可能である。それがもし可能なら、それこそが本来の意味での『探究』の読解であろう。この道をどこまで進むことができるのか、とりあえず全力で試みることにしよう。

この文が我々に突き付ける謎とは、「論理はどのような意味で崇高なものなのか」という問いそのものである。すなわち、それが一体どのような問いなのかということ自体が我々にとって最大の謎なのである。この問いが論理に関する何をどのように問う問いなのか、どのような答えによって答えられる問いなのか、それが皆目見当がつかないのである。

この問いを謎としている第一の要因は「崇高な（sublim）」という言葉の突然の出現である。それまでの議論や文脈と独立に、突然使用されるこの言葉が我々を惑わせる。そしてこの言葉がこの文において担わされている一種の両価性がこの文を謎としている第二の要因である。「崇高な」とはそれ自体で正の価値を持つ形容語である。従ってここで提示される問いが、例えば、「論理はいかに崇高なのか」というものであれば、それは「論理」あるいは「論理学」の重要性、特別さ、素晴らしさを問うものであり、その問いの意味に我々が戸惑うことはなかったであろう。しかし実際にウィトゲンシュタインがここで自身に対して（そして間接的に読者である我々に）突きつけているのはそうしたストレートな問いではなく、「どのような意味で崇高なものなのか」というねじれた多重的なものである。この問い方が我々にほのめかすのは、論理の様々な見方に応じて、人は様々な意味で論理を

「崇高な」と呼ぶが、そのあるものは誤った仕方で論理を「崇高」と見ようとするものであり、論理の誤解であり、論理を正しく理解する人のみが正しい意味で論理は「崇高だ」と見ている、ということである。そして正しい意味で論理が「崇高な」と呼ばれるとき「崇高な」という形容は正の価値を帯びるが、誤った意味で論理が「崇高な」と呼ばれる場合、その「崇高な」という性質は正しい見方に立つ者から見ると、誤ったものであり、そうした誤った見方を示唆する言葉として「崇高な」という形容語は負の価値を帯びることになる。そしてこうした二つの立場の関係が『論考』の立場と『探究』の立場の間に存在しているとここではみなされていること、それがこの間接的な問い方が我々にほのめかしていることである。

　こうした見方に立脚するなら、『論考』においてウィトゲンシュタインの精神はある論理観を持ち、それに基づいて論理を「崇高なもの」とみなしていたが、現在の『探究』の視点からはその論理観自身が誤りであり、それゆえ『論考』的な意味での「崇高さ」は『探究』的視点にとっては批判的、ネガティブな意味を帯びざるを得ない形容語となっている、ということとなるだろう。実際に『探究』的視点において「崇高」という語がその本来の価値を逆転させて負の意味を持ち得ることは、PU38での議論がすでに実例をもって示している。すなわちそこで『探究』のウィトゲンシュタインは、『論考』がラッセルから借り受けた「論理的固有名」（すなわち直示的定義で指差しと共に用いられる「これ」）の概念を「奇妙な見方」として批判しているのだが、それについて、「この奇妙な見方は、我々の言語の論理を崇高化する傾向、と呼びうるものに由来している」（PU38, 傍線引用者）と述べ、『探究』的視点からは、「崇高」という言葉が『論考』的見方に関して用いられる場合は負の意味を帯

びることを示しているのである。

ＰＵ89の「論理の崇高性に関する問い」に内在する「崇高さ」の両価性に関する以上の考察が最低限の妥当性を持つとすれば、この問いは表面的には「論理の崇高性」を巡る問いではあるが、同時に「論理を巡る『論考』の誤りに関する問い」を内包するものであることになる。より具体的に表現すれば、それは「『論考』の論理観あるいは論理の理解はどのように誤っていたのか、どのように誤っていたので論理を誤って「崇高化」してしまったのか」というものである。そしてこの問いを前提して元の論理に関する問いを捉えなおすとそれは、「『論考』の論理理解が誤っていたのだとすれば、論理とは本来どのようなものであり、どのような意味で崇高なものなのか」となるだろう。すなわち以上の考察に基づけばＰＵ89の論理の崇高性に関する問いとは、一方で「論理」を巡る『論考』の根本的な誤りを巡る問いと、他方で論理の本来の意味、位置づけを巡る問い、という二つの問いが重層的に重ねられた問いなのである。そしてこの解釈がウィトゲンシュタインの意図を大きく外れたものでないことは、ＰＵ89のこの問いの提示に続くシークエンスａとｂにおいて、「『論考』の誤り」と「理想」に関する誤り」という、今あげた二つの重なった問いと密接に関連する主題に関してウィトゲンシュタインが思考を進めていることから判断できるだろう。

ＰＵ89の論理の崇高性を巡る問いに関する以上の考察と解釈から我々は、シークエンスｂの解釈作業に対する一つの指針をも得ることができる。シークエンスｂの解釈が困難なのは、そこで扱われる「理想」という主題が唐突に出現し、『探究』の他の諸考察とどのように関連するのかが捉えにくいからである。しかし『探究』「哲学論」全体に提示されている問いが、「『論考』の論理観がどのように

誤っていて、本来論理とはどのようなものか」ということであれば、「理想」を巡る考察は、この誤りを解析する過程で生まれたと考えられるのであり、そこで示されている「理想」を巡る思考が『論考』の論理観の誤りの解明にどのように寄与するかという観点から読解を進めるなら、我々の解釈にははっきりとした展望が生まれることが予想されるのである。

本節の考察の最後として、ＰＵ89の論理の問いの内に『論考』の根本的な誤りに関する問いを読み込む以上の解釈の妥当性を、そこに至るまでの『探究』の考察において展開された『論考』批判との整合性によって検証しよう。もし我々の解釈が的外れなものでなければ、『探究』§§1～88で展開された『論考』批判は不十分なもの、すなわちそれはいまだ『論考』の根本的な誤りには触れていないものとウィトゲンシュタインによってみなされているはずである。他方、もしその批判が完結した十分なものとして扱われていれば、ＰＵ89冒頭においてウィトゲンシュタインが改めて『論考』の誤りについて問いを立てる理由はないのだから、我々の解釈は過度な読み込みと判断せざるを得ないだろう。どちらがより『探究』の内実に即しているのかを、ＰＵ88に至るまでの『論考』批判の議論を振り返ることによって調べよう。

ＰＵ1～88においてなされた『探究』の立場からの『論考』の批判を理解し吟味する上で、我々には先ず確認しておかなければならないことがある。それは『探究』が『論考』と共有する「論理」の概念とは何かということである。それはこうしたものが存在するに違いないからである。というのも、もし『探究』が「論理」という概念そのものの妥当性・正当性を否定し（あたかも我々が「魔術」と

いう概念の非比喩的な意味での妥当性・正当性を否定するように）、そうした立場から『論考』を批判しているのであれば、『探究』による『論考』批判とは、「そもそも「論理」などという概念を使用し、それに立脚したことが根本的な誤りだ」というものとなるはずであり、だとすれば『探究』にとって「論理」とは常に「　」の内で語られるべきものであり、それについて「論理とは何か」、「それはいかなるものであるべきか」といった直接的問いは意味を持たないものであるはずである。つまり、もしそうであれば、『探究』においてPU89の「いかなる意味で論理は崇高なのか」という問いは出現しないはずである。「論理」などという概念を非比喩的な意味で使用すべきではないと考える者は、こうした問いを真剣に立てはしないのである。

　つまりPU89の論理に関する問いは、『探究』において「論理」という概念はいまだ無意味ではないことを示しているのであり、ある意味でウィトゲンシュタイン自身によるそのことの確認、自己宣言とすら解釈できるのである。（何故なら、そこに至るまでの議論で、『論考』の様々な論理的概念が徹底的に批判され、読者には『探究』のウィトゲンシュタインは「論理」という概念そのものを放棄したのではないかという疑念すら浮かびかねないからである。）こうした観点から「哲学論」のテキストを点検すると、こうした共通の「論理」概念に言及していると思われる次のようなテキストがPU92に見つかる。これは「論理」に関する『論考』の錯覚を指摘した後で、『論考』のそうした考えが次のような問いに対する答えとして存在していることを述べるくだりである。

　言語、命題、思考の本質を問う問いが表現するのは、こうした考えなのである。――というのも、

もし我々が今この探究において言語の本質――その機能、構造――を理解しようとこころみるとしても、それはこの問いが求めているものとは異なっているからである。（PU92）

ここでの「言語、命題、思考の本質を問う問い」に対する『論考』の答えとは、いかにして言語（そして命題）が世界（事実）の論理像なのか、そしてなぜ言語によって我々が世界を捉えることができるのかという仕組みの説明であり、それこそが『論考』が「論理」と呼ぶものであり、その内容は今日「論理学」と呼ばれる研究がカバーする事柄と相当程度重なる。いわばそれは狭義の「論理」であり、『論考』が考える「論理」である。しかしこの文章が示しているのは、そうした狭義の「論理」とは、より大きな問いに対する一つの答えなのだということである。そしてそのより大きな問いとは、「言語の本質――その機能、構造――とは何か」という問いである。この問いにおいて問われている「言語の本質――その機能、構造――」こそ広義の「論理」なのであり、『探究』が『論考』と共有しているのは「言語の本質」としての、あるいはその探究としての「論理」という概念なのである。そしてこの文章は、『探究』がこの問いに対して『論考』とは異なる答えを持っていると述べている（「もし我々が今この探究において言語の本質――その機能、構造――を理解しようとこころみるとしても、それはこの問いが求めているものとは異なっているからである」傍線引用者）。それゆえに『探究』のウィトゲンシュタインはPU89において「論理はいかなる意味において崇高なのか」という問いを立てることができたのである。広義の概念について問われた「論理（言語の本質）とは何か」という問いに対する『論考』の答え（「それは世界と言語が共有する論理構造であり、それを介して

言語が世界を写し得ることである」）こそが、狭義の「論理」の内実なのであり、『探究』が『論考』を批判するというのは、前者が言語の本質（広義の「論理」）は狭義の「論理」ではない、と考えているということに他ならない。このように『探究』においても「論理」という概念はなお生きているのである。彼は自分が従事している考察をこの意味で「論理的」とも「文法的」とも呼ぶのである。[9]

「論理」に関する以上の考察に立脚するなら、『探究』において展開されている『論考』の言語観の批判とは、「論理とは何か」という問いに対する『論考』の答えの批判と、それに対する『探究』自身の答えの提示であると理解できる。以下こうした観点に立ってＰＵ１〜88の『探究』による『論考』批判の思考の流れをたどり、ＰＵ89の直前において広義の「論理」を巡る『論考』の思想に対する『探究』の批判がどのようなものであり、それがどのような不十分さを抱えていたとウィトゲンシュタインが考えていたのかを確認し、先に我々が立てた問いに答えよう。

『探究』冒頭から展開される『論考』の言語観批判のポイントは、狭義の論理が言語の本質であるという『論考』の考えが、本来多様である言語の機能を世界（事実）の記述に限定している点で狭すぎ、不十分であるということである。[10]そして『論考』が見損なった言語の働きの多様さを描写する概念が「言語ゲーム」であり、それは『探究』の『論考』批判に不可欠な中心的概念である。この概念を用いて『論考』の核心的概念（例えば、「名」、「分析」といった概念）に対する批判を展開した後、[11]ＰＵ65においてウィトゲンシュタインは一転して、この「言語ゲーム」という概念の十全性の検討に乗り出す。[12]すなわち、そこでウィトゲンシュタインは、『論考』を批判してきた『探究』の立場に対して（すなわち自らに対して）次のような問いを突き付けるのである、「君は考えられる様々な言語ゲ

ームについて語っているが、言語ゲームの本質とは何か、つまり言語の本質とは何かを、どこにも述べていない」。言語ゲームの本質とは何か？　言語の本質とは何か？　これは広義での「論理とは何か？」という問いに等しい。そしてウィトゲンシュタインが自身に対してこの問いを突き付けるのは、極めて妥当な（確かに、極めて厳しくはあるが）ことである。何故なら、「論理（言語の本質）とは何か？」という問いに対する『論考』の答えを批判するということは、当然、ではそれに対する正しい答えは何か、という問いに直面することであり（「論理とは何か？」という問いを無意味なものとして拒否するのでない限り）、『探究』にとってそれは自らが批判において使用している「言語ゲーム」という概念を規定し、説明することに他ならないからである。そうしなければ、他人の答えは批判するが、自分自身の答えを持っていない、という状態に陥ることになるだろう。

ＰＵ65冒頭の言葉は、『探究』のウィトゲンシュタインが、自らにそうした状態を認めないという彼の思考の厳しさを示している。しかしながら、こうして自らに突き付けた問いに対して『探究』は間接的な答えしか示さないのである。すなわちかの有名な「家族的類似性」（PU67）という概念を持ち出し、「言語」も「ゲーム」もそれを構成する成員間の家族的類似性によって成り立っている概念であり、厳密な定義は不可能であることを主張するのである[13]。ここで当然出てくる疑問は、こうした答え方によって「ではお前は言語の本質とは何と考えるのか？」という先の問いは答えられたことになるのか、こうした答えしか提供できない者が展開した『論考』批判は妥当なのか、というものである。これは微妙な問題である。先ず、「論理（言語の本質）とは何か？」という問いがあり、『論考』はそれに対して確定的で厳密な答えを与えた、それに対して『探究』はその答えを批判したが、明ら

かにその批判は『論考』の答えが確定したものであったことに大きく依存している、つまりはっきりとした答えはより批判しやすいのである。そして『探究』は、自分の答えは、と問われて、「家族的類似性」という道具を持ち出し、言語の本質の明確な規定はできない、と答えたのである。このように答えた者の『論考』に対する批判は、どこまで妥当なのだろうか。両者のどちらがより正しいのだろうか。もし『論考』が、おそらくは不本意ながら、家族的類似性という武器を使用したなら、『探究』の批判は無効化されるのではないだろうか。とすればこれまでの『探究』による『論考』批判は、その論理観の誤りの核心をいまだとらえていないのではないか。

こうした思考が交錯する場所に我々は今立っている。家族的類似性を用いたあいまいな勝利に満足し、ここで立ち止まることも、『論考』の真の誤りと「論理」の本当の姿を求めて思考をさらに掘り下げることも我々には可能である。『探究』がそれまでのウィトゲンシュタインの思考と決定的に異なるのは、ここで立ち止まらなかったことである。この後『探究』のウィトゲンシュタインは、「言語ゲーム」という概念の核心を構成する「(ゲームの)規則」という概念に関して鋭い考察を加え、それを一から規定しようとすると、規則に従っている状態とそうでない状態の区別が消滅すること、すなわちそのようにしようとする場合、この概念は矛盾を内包することを示す。これがいわゆる規則のパラドックスである(PU84-88)。言語ゲームという概念に不可欠な「規則」という概念に内在するパラドックスを示したウィトゲンシュタインが位置していたのがPU88であり、それはまさに「論理の崇高性の問題」が提示される直前の場所なのである。従ってこの問題を提起したとき、ウィトゲンシュタインの思考は次のような状態にあったと考えられるのである。自分は「言語ゲーム」という

概念を用い『論考』の論理観の批判をしてきたが、明らかにその批判は『論考』の誤りの核心を突いたものではなかった。『論考』の真の誤りとはおそらく、『探究』自身がいま「言語ゲーム」や「規則」といった概念に関して犯しかねない誤り（規則のパラドックスがその存在を示している）と共通のものなのではないか。「論理（言語の本質）とは何か？」という問いに、「言語と世界の共通の論理構造」という概念を使った答えから、「言語ゲームとその規則」という概念を用いた答えに転ずることによってはその誤りから逃れることはできないのではないか。それは誤りから逃れたつもりで、同じ誤りを別の形で犯すことなのではないか。論理をどのように理解したときに、その誤りから逃れられるのか。

PU89の「論理はどのような意味で崇高なのか」という不透明な問いにはこれらの問いが、それまでの『探究』の思考の末にウィトゲンシュタインが抱えざるを得なかったこれらの問いが圧縮されて詰め込まれているのである。それらは明らかにそれまでの『探究』の思考の境位においては解答不能な問いである。『探究』§§1〜88の思考が未だ閉じ込められているある場所・空間から飛び出し、これまで見ることのなかったものを見ることのできる場所に到達しない限り、それらは解かれない。PU89冒頭の問いの提示とは、そうした場所を求めて、どこでもないような場所に迷い込む危険を承知で、未知の思考領域に足を踏み入れようとするウィトゲンシュタインの精神の決意表明と解釈することができる。それは自らが未だ直視した事のない自己の思考の誤りの最深部まで降りてゆこうという決意の表明である。この決意によって、そしてそれを実行する思考によって、『探究』はそれまでのどの著作とも異なる特別な書となるのである。

3　「論理」を巡る『論考』の錯覚――§§89b〜92と§§93〜97

3-1　『論考』の誤りに関する新しい語り方と『探究』の多声的文体

今論じたPU89aを除くシークエンスaの残りの部分（PU89b〜97）は、「「論理」を巡る『論考』の錯覚」を主題とする連続したテキストである。そこで論理に関する様々な思考が示されるが、それらは『論考』の見解やその背後にある見解の復元であるとともに、それを「錯覚」や「誤解」と形容するものであり、全体として「論理」に関する『論考』の根本的誤り（『探究』の精神にとってもまだその全貌が把握できない誤り）を明らかにし、それとの決定的な決別のための第一歩となるものである（この決別は続くシークエンスbとcにおいて完結する）。『探究』のこれ以前の部分では、著者ウィトゲンシュタインが自らの過去の著作である『論考』の誤った見解に言及し、批判する場合、それを現在の自分の思考とは完全に切り離された対象として、あたかも他人の著作であるかのような態度が取られて来た。例えば『探究』の始めの方で言語ゲームの多様さを論じ、そうした言語の機能の多様性を見逃した『論考』について言及する際、ウィトゲンシュタインは次のように語っている。

――言語が持つ様々な道具とその使用の多様さ、そして語と文の多様さを、論理学者が言語の構造について述べてきたことと比較するのは興味深いことである。（そして『論理哲学論考』の著者が述べたことと。）（PU23）

こうした語り方は、『探究』の思考がいかに『論考』のものと異なっているかを、その革新性を強調する効果を持っている。それは『探究』の著者が、自身の現在の思考が過去の思考の誤りを克服した強力なものであることに十分な自信を持っていることを示している。そして『探究』の読者はPU89に至るまで、著者のこの自信に後押しされた一種の思想的高揚感を感じて来たはずである（「いかなる問題をも解決する強力な新思想！」）。そうした読者にとってPU89からウィトゲンシュタインが『論考』の誤りについて語る語り方は、控えめに言っても型破りなもの、おそらくは、理解しがたいものと映るだろう。というのも、そこで語られる『論考』の様々な見解は、「我々」によって「我々の」見方・見え方として語られるからである。もちろん最終的にこの「我々」は『論考』を著した精神を代表するものであることが誤解の余地なく示されるのだが、そこに至る過程ではこの「我々」と現在『探究』を書き進めつつある精神が体現する「我々」がどう関係するのか、両者は同じなのか、違うのかが、しばしば極めて不明瞭になるのである。ここで語られていることを『探究』の著者は肯定しているのか否定しているのか、という疑問（通常は生じない疑問）に読者は何度も駆られるのである。こうした奇妙な現象が起こるのは、同一の主題について語られている連続したテキストにおいて、それを語る同一の「我々」の中に複数の声が存在し、それらの関係が文脈に沿って変化してゆくからである。単純化して言えば、ここに登場する「我々」の中には『論考』の声と『探究』の声の双方が存在し、それらの関係と声の大きさの比率が文脈に沿って変化してゆくのである。この意味で『探究』「哲学論」シークエンスａ、ｂ、ｃの文章は多声的文体（ポリフォニックスタイ

ル）で書かれているということができる。ウィトゲンシュタインによるこうした文体の選択が意図的なものであることは、『探究』がそれまで単声的文体で書かれて来たことを考慮すれば疑う余地がないだろう。彼は『探究』を単声的にも書けたのだが、その「哲学論」前半を多声的に書いたのである。そればかりではない。これ以降『探究』には多声的文体がしばしば登場し、次第にその主たる文体となってゆくのである（その典型的な箇所が所謂「私的言語論」（ＰＵ243～315）である）。従ってウィトゲンシュタインがいかなる意図をもって「哲学論」前半を、それまでと異なって、多声的文体で書いたのかを理解することは、『探究』の核心的部分である「哲学論」の理解のためにも、そしてそれ以降の『探究』の理解のためにも不可欠なのである。この特異な文体を特異なものと感じ続ける限り、『探究』は我々にとって謎であり続けるだろう。

ここでウィトゲンシュタインが『論考』の誤り（自らの過去の思考の誤り）を多声的文体で語る理由に対して、大きな手掛かりを与えてくれる考察を彼自身が一九三一年に手稿ノートに書いている。それは同時期に書かれた他の考察と共にＴＳ213の「哲学」の部に収められており、その後ＭＳ142において『探究』の第一稿の一部として採用され、[15]『探究』の最終稿（TS227）からは除外されたものである。それを次に引用しよう。

　我々の最も大切な仕事の一つは、すべての誤った思考過程の特徴を、読者が「そう、まさに私はそのように考えたのだ」というくらい的確に捉えて表現することである。すなわちそれぞれの誤りの相貌（Physiognomie）を模写することである。

というのも人がある表現を自分の感覚の本当の表現と認めない限り、我々は他人に誤りを認めさせることなどできないからだ。（MS110, p. 229–230; TS213, p. 410）

この考察のポイントは、人がある誤りを克服するためには、その誤りを（誤りから免れている）外的な視点からではなく、誤りの中にいる人自身の内的な視点から描写する必要があるということである。そしてそうした内的視点から、その誤りがどのように誤りであって、どのようにすればそれを克服できるのかが示された場合にのみ、人は自分の誤りを克服できる、そうした事をこの文章は示唆している。誤りが単純な場合（例えば、計算間違いのような）、こうした内的な描写はおそらく必要ではないだろう。誤りの指摘だけで、誤りを改めるのに十分だろう。しかし根本的なものの見方や価値観の場合、単に外的にそれが間違っていると指摘されても、おそらく我々はそれを誤りと認識できず、単なる服従として行動を変えることはあっても、誤りを克服することはできないだろう。それゆえこの考察は、根本的な哲学的誤謬の克服に関する指針としては適切なものと考えられる。そしてこれは他人に対してのみならず、自分自身の誤りに関しても同様にあてはまる。

今これを『探究』における『論考』の誤りに関する記述に当てはめて考えるなら、ＰＵ23における誤りの指摘が完全に外的だったのは、「言語の多様性の無視」という『論考』の誤りが、『探究』の精神にとってはもはや深刻なものでなかったこと、それがすでに克服されていたことを意味していると考えられる。他方「哲学論」前半で、「論理」に関する『論考』の誤りが「我々」によって、多声的に語られているということは、この誤りを誤りとしてウィトゲンシュタインが認識し、克服するとい

うことが、決して些細な、あるいは自明なことではなかったこと、すなわち『探究』のウィトゲンシュタイン自身がまだこの段階でこの誤りから完全に自由でなく、真剣にそれと向き合って克服する必要があったことを意味している。すなわち「哲学論」前半で『論考』の誤りが「我々」によって多声的に語られているということは、そこにおける記述が、すでに克服された過去の誤りの記述なのではなく、現にその著者がなお捕らわれている誤りを克服する思考過程そのものであることを意味している。つまり「哲学論」前半でウィトゲンシュタインは誤りとその克服法を多声的文体で描写しているのではなく、誤りについて「我々」として多声的に考え、語ることによって、自らがまだその中にいる誤りから脱出しようとしているのだと考えられる。そこにおける多声的な語りは、ウィトゲンシュタインにとって記述ではなく、自らの誤りから脱出する行為、哲学的行為そのものなのだと考えられるのである。だとすれば、そうした語り方、そうした書き方、そうした行為は、ウィトゲンシュタインが自らの哲学に対して求める自己反省性を最も高い度合いで実現していることになる。語ることにおいて行為することによって、語る内容と、それを語る主体の在り方が一致するのである。「哲学論」前半のこうした書かれ方＝在り方、すなわち、そこでの著者の語り方と在り方の不可分性が、『探究』をそれ以外の書と異なる特異なものと感じさせる大きな要因であると考えられる。そして同様のことが、この部分に倣ったこれ以降の箇所での「我々」による多声的な語りにも言えるだろう(16)。

3-2　プラトン過程――§§89b〜92

これから読解しようとするサブシークエンスa_2をその一部とする『探究』「哲学論」前半は、「論

理」や「理想」を巡る様々な見解や誤解、それらの批判が次々に登場し、それら相互の微妙な関係の把握が困難な、それゆえ全体として極めて難解なテキストとして我々の前に立ち現れている。しかし前項の考察は、このテキスト全体の目的あるいは性格が、（通常の哲学的テキストのように）様々な哲学的見解を批判したり、提示したり、分析したり、評価するというものでなく、「我々」と名乗る哲学的主体の見解と意識の変遷を読者自身がその主体の視点から辿りつつ、追体験することを促すような性格を持つものとして解釈すべきものであることを示唆している。いわば一種の「我々」の教養小説（ビルドゥングスロマン）として、もしくは「我々」による自己解放あるいは悟りの軌跡としてこの一連のテキストが読まれるべきことを示唆している。そして以下に示されるように、そのように読むときこのテキストは、微妙に異なる多くの哲学的見解の謎めいた連続ではなく、「我々」という精神がいかにして「論理」を巡る大きな誤りに陥り、いかにして自らの哲学的思考によりそこから脱却するのかという精神遍歴のリアルタイムの記録として我々の前に出現するのである。簡略に述べるなら、サブシークエンスa_2、a_3は「我々」がいかにして無垢な出発点から「論理」を巡る『論考』の誤解・錯覚に陥ったのか、の当事者の視点からの記録（再現）であり、シークエンスbはその「我々」がいかにその誤りから、自らの思考により脱出するか、の記録である。こうした観点に立ち、サブシークエンスa_2の読解に進むことにしよう。

無垢な出発点――§89b～c

サブシークエンスa_2の「我々」の遍歴は、「というのも特別な深遠さ――普遍的な意味――が論理

にはふさわしいように思われたからである」(PU89b) という一文から始まる。この文は、『論考』の精神と『探究』の精神が「論理」に関して共有する前提、「我々」がこれから始まる回顧的考察の出発点において立つ無垢な立場を示していると考えられる。論理が普遍的な意味を持つという点で特別なものであることに関して、結果的に誤りを犯してしまった『論考』の精神と、その誤りをこれから見出し、正そうとする『探究』の精神は一致し、それがこれから『論考』の誤りの探索を共に進めて行く共通の出発点であるということをこの文は示している。「思われたからである。」という過去形は、結果的に「我々」は『論考』において誤った意味で論理を崇高と考えてしまったが、その出発点における論理への敬意において「我々」は誤っていなかったという、自らの過去の誤りの探究を開始する「我々」の思考感情を巧みに表現している。論理という探究の特別さ(正しい意味でのその崇高性)の具体的内容として、この出発点では、(1)事物の本質の探究(「論理学はすべての学問の根底に位置しているように思われたのである。というのも論理的な考察は、あらゆる事物の本質を探究するものなのだから」PU89b)、(2)探究の非経験性(「それは自然科学的な事実に対する興味から生まれるのでも、因果的連関を把握する必要から生まれるのでもない。……それによって何ら新たな事を知ろうと欲しない、ということが、おそらくは我々の探究にとって本質的なのである」PU89b)、の二点が挙げられている。これらの特質は『探究』のこれ以降の考察で、「この考察は文法的考察である」と言われるときの「文法的」という言葉の意味として生き続けるものであり、『探究』の論理観(あるいは文法観)を規定するものである。

続いてPU89cではアウグスティヌスの議論を範例とし、論理の非経験性の拡張として論理的探究

の想起性（論理的探究とは、我々がすでに知っていることの想起から成り立つ）について述べられる。それは『探究』の論理観を理解する上では極めて重要な考察ではあるが、「我々」[17]の過去の誤りの探索という話の主線からは外れるので、必要に応じて後でまた立ち返ることにしよう。

誤りのきっかけとしての実践的目的の忘却——§§90〜92

論理に関する『論考』の思考の誤りの発端あるいはきっかけが、続く二節で示される。語られている事柄自身は、一見すると些細な事にも見えかねないが、ここを素通りすると、その後すぐに『論考』の「命題と思考の形而上学」と呼びうるものの全貌が示され、それこそが『論考』の錯覚であると断罪されるという具合に話が進むから、ここで立ち止まり、この発端とその機序をしっかり理解することが論理を巡る『論考』の誤りの本質を理解する上で決定的に重要である。

先ずＰＵ90ｂで、「我々の考察」が文法的な考察であり、それは「誤解を取り除くことにより我々の問題に光を投げかける」と、そしてこの誤解が「言葉の使用に関する誤解であり、とくに我々の言葉の様々な領域の表現間に存在するアナロジーによって呼び起こされる誤解[18]である」と述べられる。これはほぼ『論考』3.323、3.324、3.325の内容に相当するものであり、そこで『論考』は自身の論理学を「誤謬を排した記号言語、すなわち論理的文法——論理的構文論——」（3.325）と呼び、日常言語のあいまいな構造に由来する「誤謬を避けるために……論理的文法……を忠実に反映した記号言語を用いなければならない」（3.325）と述べている。『論考』のここでの叙述で重要なことは、『論考』の内容の重要な部分を成すその論理学は、言語に関する我々の誤解を除去するという目的を持ってい

るということである。言い換えれば『論考』の論理学（論理的文法）とは言語を巡る我々の誤解を除去するための手段、あるいは道具だということである。そればかりではない。言語を巡る誤解を除去するというのは『論考』という書物そのものの目的なのである。これまでの哲学的問題がこうした誤解に起因するので、そうした誤解を解消し、哲学的問題を消滅させるというのが『論考』という書物の（少なくとも表向きの）目的なのである。(19) これは我々にとって有意味な実践的目的である。つまり『論考』とは本来実践的目的をもって書かれた書だったのである。

『論考』の根本的な誤りを明らかにしようとする「我々」の考察は、「分析」という概念を契機として、この本来の実践的目的が別の目的（それを我々は理論的とも形而上学的とも呼べる（我々の議論にとって両者はほぼ同義である））にすり替わること、言い換えれば本来の実践的目的が忘却されるプロセスを我々読者に次のように示す。すわわち、『論考』が解消しようとしている言語を巡る誤解は、ある表現を別の表現で置き換えることにより、例えば混乱した自然言語の表現を論理的文法に従った記号言語で置き換えることにより除去できる（PU90）。「我々」は、この過程を「分析」と呼ぶことができる、と言う（PU90）。「しかし」、と「我々」は続ける、「そうすると今度は、我々の言語形式の最終的な分析といったものが存在するかのように、つまり表現の完全に分析された形式が存在するかのように見えてくるのである」（PU91）。ここで「我々」が「……かのように見えてくる」という言葉で表そうとしている事態が一種の錯覚であることを確認することは決定的に重要である。論理学の記号言語や日常言語、日常言語の中でも話し言葉や書き言葉、我々は様々な表現形式を持ち、それぞれはそれぞれにふさわしい文脈や目的のために用いられ、それらの評価、優劣はそうした目的や文

脈に相対的にしか意味を持っていない。しかし何らかの機会に、自然言語の文を論理学の記号言語に置き換えて何らかの誤解を解消した（例えば数学において）者が、その威力に感銘し、記号言語の表記が最も優れていると思い込むことはあり得ても、それはその者の錯覚であり、表現形式間の優劣はそれが用いられる目的に相対的にしか意味を持たないのである。つまり、「我々」がここで語ろうとしているのは、『論考』（あるいはその著者）がそうした錯覚に陥り、その結果この書物が（本来の目的を忘れて）誤りに陥った、ということなのである。

「我々」の言葉は更に続く、「すなわち我々が慣用している表現の形は、本当はまだ分析されておらず、その中には何か明るみに出すべき何かが隠されているように見えてくるのである。そしてそれがなされれば、表現は完璧に解明され、我々の課題も解決されるように見えてくるのである。」（PU91）。こうして、論理学的な記号言語に対応する何か（それを『論考』は「論理形式」と呼んだ）が言語の中に存在しているかのように見え、ついにはその何かを明るみに出すことが「我々」の探究の目的のように見えてくるのである。「しかしそうすると今度は、我々がある特定の状態を、完璧な厳密さという状態を目指しているかのように見えてくるのである。そしてこれこそが、我々の探究の本来の目的であるかのように見えてくるのである」（PU91）。こうして「我々」の探究は、すなわち『論考』は、その本来の目的を見失い、自分は一切の言語使用・実践から独立した、言語の中に潜む何か（本来の言語形式）の解明を目的としているのだと錯覚するのである。

こうした目的、実践（人間の行為）との一切の繋がりを欠いた目的を理論的と、そしてそうした理論的目的を持つ探究を理論的探究と呼べるだろう。今ここで『論考』に起こっているのは、その著者

が、自らの探究の本来の実践的目的を忘却し、結果として探究自身が実践的意味を失い理論化するということである。これから次第に明らかになるように、この過程（当初の実践的目的の忘却による探究の理論化）こそが『論考』の根本的な誤りの始まりなのである。この過程は哲学史において、歴史的にソクラテスからプラトンへの移行において生じた過程でもある（ソクラテスのように自身の良き生を求めることではなく、良き生を求める手段として考えられた様々な言説（それはプラトンのように「説話・神話」という形をとることも、アリストテレスのように「理論・観想」という形をとることもある）をそれ自身として「完成」させることが哲学という活動の目的となった過程）ので、ここではプラトン過程と呼ぶこととしたい。プラトン過程により哲学は理論化し、世界の究極の真理を追い求めることになる。このことが『論考』で起こったのである。『探究』「哲学論」のウィトゲンシュタインの思考が目指しているものは、プラトン過程によって生じた根本的誤解を理解し、そこから脱却することなのだ。

　こうした当初の実践的目的の忘却としての理論化により、『論考』には、いわば第二の目的が生じることになる。それは、言語、命題、思考の本質を明らかにすることである。その序文において明示的に目的として掲げられていないにもかかわらず、『論考』の思考全体が最も強く向けられている問いとは「言語、命題、思考の本質とは何か」というものであり、この問いに答えることが、言語に関する誤解を除去する、というこの書物本来の目的を凌駕してゆくのである。ＰＵ91においてこうした目的のすり替わりの説明をした後、「我々」はＰＵ92冒頭で、「言語、命題、思考の本質を問う問いが表現するのはこうした考えなのである」と語るが、この言葉は、『論考』において自らの精神が経験

した理論化（すなわち、当初の実践的目的の忘却）の過程を一種の皮肉の苦みをもって想起するものである。『論考』において「我々」がこの問いを問うことにより『論考』の思考の本来の目的からの逸脱は完成し、そこからさらに大きな誤解と錯覚の連鎖が生じる。一言で言えば、この問いは、それを問う「我々」を言語と思考のアプリオリな本質の探究へと駆り立てるものである。この問いへと「我々」を駆り立てた思考は次のように語られている。

> ……この問いは本質の内に、表面の下に存在する何かを見るのである。……
> 「本質は我々から隠されている」、かくして我々の問いはこうした形をとる。我々は問う、「言語とは何か？」、「命題とは何か？」、と。そしてこれらの問いに対する答えは、一挙に、そして、将来のいかなる経験とも独立に与えられるべきものなのである。（PU92）

この後、「我々」の探究は完全に理論化し、その完成形が「命題と思考の形而上学」と呼びうるものであり、その全貌と、それに内包される誤りの根源の解剖が、続くサブシークエンスa_3の主題となる。

3-3　『論考』の形而上学の出現と誤りの根としての論理の世界性——§§93〜97

こうして「我々」の前に立ち現れた言語と命題の隠れた本質のアプリオリな探究が真に「形而上学」と呼びうるものになるためには、もう一つの契機が必要である。別の言い方をすれば、言語と命題（あるいは文）に関する「我々」の誤りが真に重大なもの（誤りとして重大であるとともに、それに

対する引力も大きく、誤る本人にとって「重大な真理」と思われる、という二重の意味で重大なもの）となるためには、「我々」の思考に何か別の要素が加わる必要がある。それが「論理の世界性」ともいうべきものであり、論理が世界性を持つという錯覚を抱くことにより、「我々」の誤りは、いわば、完成し、結果として『論考』が示す壮大な理論体系（それは誤る者にとってはこの上なく魅力的で、誤りとしてはこの上なく重大である）、形而上学と言ってもよい、を生み出すのである。『論考』の理論体系の核心は、言語は思考を介して世界の論理像となり、それをその本質的形式（論理形式）に即して写すというものであるが[20]、思考と言語によるそうした世界の写像を可能とするのが、我々の思考と言語は世界と論理形式を共有する、ということである。このことによって、我々が言語を用いて世界の事実を描写するとき、我々の描写は世界の根本的な論理形式に沿ったもの、世界の在り方に即したもの、すなわち世界の有り様をそのまま描いたという意味で真なる描写となりうる。それゆえ、それは我々が望みうる最高の科学基礎論（なぜ科学が可能なのか、なぜ科学は世界の有り様を正しくとらえられるのか、の根拠）、もちろんそれが正しければの話だが、を提供することにもなるのである[21]。これこそが『論考』の思想の核心であり、その魅力の核心に他ならない。

「我々」は、この核心こそが誤りの根源であると言おうとしているのである。「我々」がこれから苦闘を通じ行おうとするのは、いかにして「我々」の思考に「論理の世界性」という誤解が生じたのか、それはどのような誤りなのかを、徹底的に明らかにすることである[22]。それゆえ「我々」がこれから示そうとすること、すなわち『探究』固有の思想は、『論考』的な科学基礎論を抱く者（それは今日においても依然少なくない）にとっては、潜在的に自らの思考の根底を否定するという重大な意味を持

つものなのであり、それに対しては「無意味」として視野に入れないか、それを受け入れ自らの思考の根底を覆すしかない。『探究』「哲学論」が科学に対する我々の態度にとっていかなる意味をもつのかについては、第五章で改めて論じたい。ここでは、論理の世界性が加わることにより「我々」の思考がフルに展開された形而上学となる過程を、サブシークエンスa_3の叙述に沿って追うことにしよう。

ＰＵ93～95においてウィトゲンシュタインは、言語と思考の世界性、すなわち論理の世界性という思考に取りつかれた精神の思想的高揚感、思想感情を、その一人称の表出を通じて表現し、論理の世界性という思考の内容ではなく、その思考が思考者に及ぼす強い力、思考者を誤りへと引き込むその誘惑の強さを巧みに表現している（それは誤りの起源を突き止め、それを克服しようという『探究』のウィトゲンシュタインの目的に適った表現法・文体である）。論理の世界性の思考感情の第一の表現が、「命題――それは何か極めて不思議なものである！」（PU93）という叫びである。『論考』の執筆過程で自らが発した（に違いない）この叫びに対して「我々」はまず一定の理解を示す。文（命題）は我々の生活において測り知れない重要な役割を果たしているから、それに対する感嘆の表出である限りにおいて、この叫びは理解可能なのである。しかしそれだけで人はこのように叫ばない。このように叫ぶのは、命題（文）がとんでもないこと（そして、とんでもなく素晴らしいこと）をしていると思い込んでいるからである。そしてそのとんでもないこととは、すでに述べたように、世界とその中で生じる事実を、それと論理形式を共有することにより描写すること、世界とその中の事実をその成り立ち本来の形に即して描写することである（我々自身が世界と言語の両方を創造したのでなければ、どうしてこんなことが可能となろうか?）。「我々」をこの思い込みへと導くのは論理に関するある誤解

（「言語の論理に関する誤解」）、あまりにも深く、その中にいる者がその中にいることに気づかないような誤解、そしてそこから論理の世界性という思考が湧き出るような誤解である（この誤解の正体はシークエンスbで暴かれる）。こうした過程をウィトゲンシュタインは次のように描写する。

> なぜ我々は、命題（文）は何か不思議なものである、と言うのか？　一方でそれは文が持つ途方もない重要性のせいである（そしてこれは正しい）。他方で、こうした重要性と、言語の論理に関する誤解にそそのかされて我々は、文とは何か特別なこと、しかも比類のないことを行っているに違いないと考えるのである。（PU93、傍線引用者）

このように言語（論理）の世界性の虜になっている者は、必ず言語を構成する文と世界の事実の間に「思考」という仲介物の存在を想定する。言語の世界性が思考という存在者を求めるのは、文があまりにも物質的だからである。同じ事実を表す文を人は様々な筆跡で書く、それらは「同じ事実を表す」という共通の意味を持っているのだから、それらに共通する意味とはこうした筆跡の違いから独立なものであるはずである。そればかりでない。その同じ事実は日本語によってもドイツ語によっても表されるのだから、同一の事実を表す諸言語の文に共通な意味とは、言語の外的、物質的な性質から独立した、抽象的な存在でなければならない。逆に言えば、こうした文の意味という抽象的な存在としての「思考」[24]の存在を想定する者は、必ず論理の世界性を前提としているのである。

人がこうした「思考」の存在を想定するとき、人は言語を世界の同型の相関者とみなしているので

ある。これが言語と論理の世界化であり、ＰＵ94でウィトゲンシュタインはそれを「崇高化」と呼ぶ。こうして「論理はいかなる意味で崇高なものなのか」というＰＵ89の問いに対する答えが出されるのである。論理は、言語と世界に共通の根本秩序とみなされるとき（すなわち世界化されるとき）、誤った意味において崇高なものとなるのである。以上の思考をウィトゲンシュタインは次のような考えられないほど圧縮された文で表現する。ここに『探究』というテキストの真の恐ろしさがある。

「命題（文）、この不思議なもの！」、すでにここにすべての叙述の崇高化が存在している。文の記号と事実の間に、純粋な中間的存在を想定する傾向が。あるいは同様に、文の記号そのものを純化し、崇高化しようとする傾向が。（PU94）

この同じ節でウィトゲンシュタインは、こうした誤解の結果我々が「怪物（キメイラ）狩りに駆り立てられる」と言うのだが、この表現に過度の重要性を見出してはいけない。確かにウィトゲンシュタインはここで、こうした誤解の結果我々がその存在を追う「思考」や「論理形式」を「怪物」と呼び、そうした存在を追う者を嘲笑している。しかしそれはこうした誤解を経験し、その後その誘惑を克服した立場から用いられている形容であり、誤解の引力（論理の世界性の引力）を知らない者（＝その引力に捕えられたままの者）が「怪物」というラベルによりそれを誤りとして簡単に見下すならば、その者は誤りの力を知らぬまま形の上で何かを誤りと分類しているにすぎず、必ず将来その誤りの虜となるか、すでに捕らわれている誤りから永遠に抜けられないだろう。ここで我々に求められている

のは、先ず誤りの誘惑力の強さを十分理解することであり、それは必ずしも容易ではない。しかしより難しく、そして本当に我々に求められているのは、その誤りの力を正当に理解したうえで、その誘惑（それは科学を世界の真なる像とみなす誘惑と等価である）を拒否することである。[26]

続くPU95では、論理の世界性の虜となり、思考というそれを可能とする存在者の働きに対する「我々」の感嘆の表出、「思考は何か比類のないものでなければならない」が提示される。と同時にここで論理の世界性という考えから生まれる「思考」という概念に「否定的思考のパラドックス」と呼ぶべきものが、小さな、しかし取り除けない棘として含まれていることが指摘される。[27]

そしていよいよ続く二節で、論理の世界性という根本的な錯覚から発した様々な思考、様々な派生的錯覚が全体として織りなす一つの物語が描かれる。それは『論考』の形而上学と呼ぶにふさわしいものである。まずPU96で論理の世界性という根本的な錯覚が、「こうして思考と言語は世界の比類なき相関者、その像であるように見えてくるのである」と簡潔に表現される。そしていよいよ続くPU97で論理の世界性という観念に基づく『論考』の形而上学の核心が、むき出しの形で（引用符の中ではなく）示される。ただ最初の文（「思考は光輪に取り囲まれている」）だけが、このテキストの書き手がこの叙述をアイロニカルな意味で行っていることを示している。それゆえ以下では、その冒頭の文をとばしてこの叙述を引用する。我々は科学の形而上学としてそれが持っている（すなわち『論考』が持っている）引力を正当に感じなければならない。

思考の本質たる論理は一つの秩序を描写する。それも世界のアプリオリな秩序、すなわち世界と思

考に共通しているはずの可能性の秩序を描写する。しかしこの秩序は最高度に単純でなければならないように思われるのだ。それはすべての経験に先立つ、それは全経験を貫いていなければならない、それ自身にはいかなる経験的な不透明さや不確実さも付随していてはならないのだ。——それは最も純粋な結晶の秩序でなければならないのだ。しかもこの結晶は抽象ではなく、具体的な何か、それどころかもっとも具体的で、いわば最も硬いものに思われてくるのである。（『論考』5.5563）（PU97）

この「美しい」物語が『論考』の全思考、全形而上学の核心をなす。このことを『論考』の全思考の最上位の部分（論理と世界の関係）を描写する次の命題によって確認しよう。[28]

> 論理はすべてを包括し、世界を映し出す。（5.511）
> 論理学の命題がトートロジーであることは、言語の、すなわち世界の、形式的——論理的——性質を示している。（6.12）

ここで「我々」により演じられている思想的ドラマ、すなわち「我々」がいったん深い誤りに陥り、再びそこから脱出するという物語の真の意味を理解するためには、『探究』の「我々」（＝ウィトゲンシュタイン）にとって、この『論考』の形而上学の核心（科学の形而上学）を温存することは、全く考えられないことではない、ということを理解する必要がある。『探究』においてこれまでに（PU

88以前に）示された『論考』の最大の誤りとは、言語の機能の多様性を無視し（あるいは見誤り）、事実の記述をその唯一の（あるいは本質的な）機能だと考えた、ということであった。この否定しがたい批判を受け入れ、その上で『論考』の形而上学を温存することは十分可能なのである。すなわち言語には様々な機能があり、事実や世界を叙述するのはあくまでもその一つに過ぎない。しかし言語がこの事実叙述機能を持つのは、言語と世界に共通の論理的秩序が存在するからであり、それが科学により我々が世界の真の在り方を認識できる根拠なのである。このように考えることに何の問題もないのである（そしておそらく今日多くの哲学者・科学者がこのように考えていると思われる）。しかもこのように考えると、我々の知識の範囲はさらに拡大することになる。すなわち言語の機能（それを用いて人間が行う行為の種類）を統括的に記述する理論的概念が「言語ゲーム」であるとすると、それは人間の行為、行為の状況、行為の目的、行為の主体、といった諸概念を必然的に内包することになり、言語ゲーム理論が完成したなら、それは人間の社会的行為を記述し説明する根本的理論となるはずであり、社会諸科学の基礎理論となるはずである。しかもそれはその下位理論として含まれる狭義の論理学の基礎たる『論考』の形而上学とも両立するのである。こうした夢のような計画を放棄するどんな理由があるのか。『論考』を書き、言語ゲームという概念を生み出し「茶色本」を口述筆記させた精神に、こうした理論の誘惑の声が響かなかったとは、およそ考えられない。

こうした声に何回も晒され、それが実現するかもしれない知的理想郷の誘惑を感じたうえで、なおそれを拒否したということは、その中に潜む根本的な問題（それは錯覚、誤解、等と呼ばれる）にウィトゲンシュタインが気づいたということである。言い換えるなら、今自分が『論考』の誤りを回避

してより良き道を目指すために為そうとしていること（より良き理論の探究）、実はそれこそがかつて『論考』において自分が犯した過ちの本質であり、今違う道を歩まなければ、自分はこれから、過ちを正そうとして同じ過ちを永遠に繰り返さなければならない、このことを彼が悟ったということである。それゆえにこそ、ウィトゲンシュタインは『論考』の形而上学の核心を以上のようにむき出しで再現し（その誘惑を無害化せず）、同時に、その直後に次のように「我々」が今置かれている危機的な状況を描写するのである。

> 我々は次のような錯覚の中にいる。我々の探究の、特別さ、深さ、我々にとっての本質的なものとは、それが言語の比類なき本質を把握しようと努めているということの内にあるのだという錯覚である。言語の比類なき本質とはすなわち、命題、語、推論、真理、経験といった諸概念の秩序である。この秩序はいわば、超概念間の超秩序なのである。（PU97）

しかしここではまだ『論考』の科学の形而上学に惹きつけられる「我々」が錯覚の中にあるという事しか述べられていない。それがなぜ錯覚なのか、どのような錯覚なのか、はいまだ述べられていない。従って、ここで「我々」はいまだ錯覚から自由ではなく、自分がその中にいる錯覚の姿を暴かない限り、そこから脱出できないのである。論理が探究する秩序はここで「超秩序」という一種の皮肉をもって描写されているが、その負の評価を自らの思考を経ずにただ真に受けることは、先ほどの「怪物狩り」という言葉と同様、我々を錯覚から解放するのでなく、錯覚の恐ろしさから目を背けさせる効

果しか持たない。この錯覚からの本当の脱出が試みられるのがシークエンスｂである。

4　「理想」についての根本的誤解——§§98〜108

錯覚の源としての「理想」との誤った関係の自覚へ

自己の過去の誤りの根源をつきとめ、そこから自分を解放するための哲学的遍歴を続ける「我々」はシークエンスａの末尾（PU97）で魅惑的な像に逢着した。それは美しく、もし真実であれば、我々が科学によって世界の真の姿にたどり着くことを保証する最も望ましい根拠を我々に提供するものである。しかし「我々」はその魅力に屈せず、それを「錯覚」と呼んだ——それがいかなる錯覚であり、何が真実かを知らないままに。目の前にある、世界と言語に共通のアプリオリな秩序という壮麗な論理像に圧倒されながらも、「我々」が今、『論考』の当時と異なり、この像を錯覚として拒否しようとしている根拠は、おそらくパラドックスの存在であろう。『論考』の体系固有の「否定的思考のパラドックス」と、言語に関する「言語ゲーム」理論の一部に『論考』を組み込んだ際に生じる「規則のパラドックス」の存在が、「我々」の抱える根本的な問題は、「我々」の理論を改良、拡張、精密化、することによっては解決できないこと、そうした解決のプロセス自体が問題であることを「我々」に感じさせるからであろう。

今はそのように感じているにすぎない根本的問題の正体を暴き出し、自分たちが今その中にいる錯覚からの脱却を「我々」が試みるのがシークエンスｂである。シークエンスｂにおいて「我々」は、

自分たちが今その中にいる論理に関する『論考』の錯覚を、「理想」との関係という視点からもう一度捉えなおそうとする。そしてその作業は、『論考』の中ですでに存在していた問題、現実の言語（日常言語）以外に理想的な言語が存在するのか、という問題を再度取り上げるところから始まる。PU98で着手されるこの考察は、一見するとシークエンスaの最後の考察と無縁であるかのように見えるが、そこには隠された深いつながりが存在する。PU97で「我々」は『論考』が追い求める論理的秩序が抽象的な存在ではなく、具体的な何かであると述べる際に『論考』5.5563という場所を指し示していた。事実そこでは、「（我々の問題は抽象的なものではない。むしろ、あらゆる問題の中でも、もっとも具体的な問題であろう。）」と述べられている。しかしこの5.5563という命題の中心は、じつはその前にある以下の文章なのである。

　我々の日常言語のすべての命題は、事実それがあるがままで、論理的に完全に順調である。[29]——我々がここで与えなければならない、あの最も単純なものとは、真理をほのめかすものではなく、欠けるところのない真理そのものなのである。（5.5563）

この文章の中に潜んでいる、当時「我々」にははっきりと意識されなかった「理想」との関係、「理想」に対する態度がシークエンスbの冒頭で吟味され、「我々」の錯覚の正体を探る手掛かりとなってゆくのである。

4-1 「理想」に対する『論考』的態度の吟味と理想幻覚――§§98～102

『論考』における理想に関する錯覚の生起――§§98～99

サブシークエンスb_1の考察を開始するPU98はまず、「我々の言語のあらゆる文が「そのままで問題がない」こと」を確認する。これはシークエンスaの末尾で触れられた『論考』5.5563の中心的テーゼの再確認である（それは『論考』では「論理的に完全に順調である」と表現されていた）。と同時にそれは、ラッセルが『論考』の出版に際して寄せた「序文」（出版された書物でそれはウィトゲンシュタイン自身の「序文」の前におかれた）において明らかとなった『論考』に対するラッセルとウィトゲンシュタインの理解の相違、そして、その相違が示す二人の言語観の相違の確認でもある。ラッセルの「序文」によって浮き彫りとなった両者の見解のズレによって、「理想」という言葉が始めて「我々」（ウィトゲンシュタイン）の考察の重要なタームとして登場したと言ってもよいだろう。[30] この「序文」でラッセルは、『論考』においてウィトゲンシュタインは「論理的に完全な言語が持つべき条件に関わり」、それは、「言語が我々の要請する理想言語に接近するに比例して、言語はその機能を果たすのだ」[31]ということを意味する、と述べている。これは現実の言語は不完全であり、論理学の目的の一つが理想言語の構築である、という主張を『論考』が内包していることを示唆しているが、先に触れたように『論考』は「我々の日常言語のすべての命題は論理的に完全に順調である」と宣言しているのである。『探究』「哲学論」のこの地点でウィトゲンシュタインが、「我々」の過去の哲学的誤謬の回顧的検討という形ではあれ、あえてラッセルとの対立点を改めて考察の焦点として持ち出しているのは、これ以降の「我々」の考察から明らかなように、「我々」が『論考』から無自覚なままで

引き継いでいる錯覚の正体は、「我々」の「理想」に対する態度を吟味することによってのみ明らかにできると「我々」が確信しているからである。そうした吟味の第一歩として、現実の言語を不完全とみなして理想言語を求めているのでない点で、「我々」（『論考』の精神）は正しい（正しかった）ことを「我々」はまず確認する。しかし、皮肉なことに、この正しさこそが、より重大で、そして隠れて見えない誤りの契機となったのである。

「我々」は、現実の言語のすべての文（命題）は「論理的に完全に順調」と考えた。ここに「我々」が全く気づかない誤りへの入り口が存在する。我々の言語のすべての文（命題）が「論理的に完全に順調」とは、それらの使用において誤解や矛盾といった問題が生じず、それらは言語として十全に機能しているということを意味している。すなわち我々の言語が実践的に十全であることを意味している。この点を強調するため「我々」は『探究』「哲学論」においてこのテーゼの表現を、「そのままで問題がない」（PU98）と改めたのだと考えられる。[32] しかし『論考』の「我々」には、この実践的十全性が同時に、我々の言語が現実にある秩序を内包していることを意味すると思えたのである（そして、『論考』の科学の形而上学に惹かれ続ける「我々」にも、今なおそのように思えるのである）。この秩序は、言語の論理を描写するのに『論考』が用いる諸概念（「名」、「対象」、「命題」、「事態」、「論理形式」、「真理」等）によって表現される秩序である。[33] ここでこれらの概念は我々がそれを日常的に使用する意味において（例えば、「対象」という概念）使用されてはおらず、『論考』の論理描写のために理想化された概念であり、この意味においてウィトゲンシュタインはそれらをこれから「理想」と呼ぶのである。それらは「理想を目指す」という場合の「理想」ではないが、（幾何学の概念のよう

に）概念として理想化されている点で、そうした実践的理想と共通しており、この点においてウィトゲンシュタインの語法は特異ではあるが十分に理解可能である[34]。このように「我々」には、我々の言語が実践的に十全であることが同時に、そこには理想化された概念が描き出す秩序（「完全な秩序」）が潜んでいることを意味するように思われたのである。明らかにここで、重大で根本的な誤りにつながる一歩が踏み出されている。しかし「我々」には、自分たちが誤りに向かってそのように進んでいることは、想像すらされないのである。（だからこそ重大な誤りへの第一歩が踏み出せるのである。）自分たちが抱きつつある見解（「完全な秩序があるはずだ」）は、当然で、素晴らしいものに感じられていたのである。当時の「我々」のこうしたリアルな思考と意識をＰＵ98は次のように描いている。

すなわち、日常のあいまいな文は完全で欠陥のない意味というものをまだ備えておらず、先ずは完全な言語が構築されなければならないかのような事情でないことは明らかである。――しかし他方で、意味が存在する所には、完全な秩序がなければならないことも明らかなように思えるのである。――かくして最もあいまいな文においてすら、完全な秩序が潜んでいるのでなければならないということになるのである。（PU98）

ここで「我々」が抱いている思考とは、現実（世界）に対する要求あるいは願望である。現実（世界）に対して、自分たちの理論的概念が規定する秩序（理想的秩序）を持て、持っていてほしい、という要求、願望である。それゆえそれは、その持ち主によってある種の情熱をもって表出される。

「我々」がこのように表出しているのが認識でなく要求であることは、後のＰＵ107で「(実際のところ論理の結晶の様な純粋さが私に示されたわけではなく、それは一つの要求だったのである)」と自覚的に語られる。しかしここでは、そのことはまだ「我々」に自覚されておらず、思想的欲求が無自覚に表出されているにすぎない。その表出と、それに対する現在の「我々」(自分たちの思考が要求・願望であることをすでに知る「我々」)の注釈が続くＰＵ99で示される。[35]

すなわちＰＵ99ではこの思想的要求の『論考』での表出が、「文は一つの決まった意味を持っていなければならない」[36]と繰り返され、同時に自らのそうした思考要求の源流として、フレーゲの概念観への間接的な言及が行われる。[37]ここでその全文は引用しないが、ＰＵ99はこのように読まれるべきなのである。

理想に関する錯覚の拡大――§100

続くＰＵ100では別の主題に関する同様の要求・願望の表出が示されるが、このことは展開中のウィトゲンシュタインの考察にとって大きな意味を持つ。というのも別の主題に関する同種の思考感情の表出がもう一つの例として示されることにより、「哲学論」でいま展開されている思考が、単に『論考』の根本的な誤りに関するものでなく、『論考』の誤りがその一例であるような、様々な領域においてみられる「理想」に関する普遍的で根本的な誤りに関する思考であることが自動的に示されるからである。それゆえここでウィトゲンシュタインは単にシークエンスａで示された考察を反復しているのではない。ここで誤りのもう一つの例として示される思考の表出とは、他ならぬ「規則」と「ゲ

ーム」に関する次のようなものなのであり、ここでの考察が、「言語ゲーム」という概念に関してウィトゲンシュタインが犯し得る誤りをもその射程に入れたものであることを示している。ＰＵ88に至るまでに提示された「規則」に関する問題と思考は、すべてこの考察につながるのである。

「もし規則に少しでもあいまいさがあるなら、結局それはゲームではない」。――しかし本当にそれはゲームではないのか？　――「確かに、君はおそらくそれをゲームと呼ぶだろう。だがいずれにせよそれは完全なゲームではないのだ。」すなわち、それはその場合不純になっているのであり、今私に興味があるのは不純にされたものなのだ。（PU100）

こうして表出された思考に対して我々は家族的類似性をもって答えることもできる。すなわち、「ゲーム」と「規則」という概念は家族的類似性を通じて構成された概念であって、それに厳密な規定を与えることができないのに、ここで思考を表出している者（かつての「我々」）はそれを無視して、それらに厳密な概念規定が可能であることを前提に議論を進めており、それゆえ誤っている、という応答である。事実これは「茶色本」でウィトゲンシュタインが与えた解答[38]であり、『探究』においてもＰＵ65～80で一旦試みられかけた解答である。この解答の不十分性、あるいはより直截に言えば、その弊害ははっきりしている。何故なら、ここで示された思考に対してそのように答えることは、その思考者が「言語ゲーム」や「規則」という「理想」（理論的概念）に対して犯しつつある根本的誤りを見えなくするからである。『論考』が内包する問題を、「言語ゲーム」という概念あるいは「言語ゲ

ーム理論」によって解決しようとすることは、その問題の解決ではなく、同じ問題の異なる形での再現であるということを覆い隠すからである。

それに対しウィトゲンシュタインはPU100の続くテキストで、問題の本質が「言語ゲーム」という概念の厳密さやあいまいさではなく、それが『論考』における「対象」や「名」と同様の「理想」（理論的概念）であり、それに対する「我々」の誤った関係（態度）こそが問題の本質であることを明確に示す。このことによって彼は「茶色本」やPU88までの『探究』においていまだ抱かれていた思考とはっきりと決別すると言ってよい。言い換えるなら、ここにおいて初めて、『探究』を特別な書とする精神が明確な姿を現すのである。この決定的な思考を表明する「私」こそ、『探究』固有の精神であり、PU100はその精神の覚醒の過程の記録である。この決定的な思考は次のような言葉で表現される。

しかし私は言いたい。我々は、理想が我々の表現の仕方において果たしている役割を誤解しているのだ、と。つまり、我々は本来そうしたものも「ゲーム」と呼ぶのだが、ただ理想に目がくらんだがために「ゲーム」という言葉の本当の使用をはっきりと見ていないのだ、と言いたいのだ。
（PU100）

ここで触れられた理想に関する誤解の正体の解明が行われるのがサブシークエンスb_2である。しかしその前に、この誤解と「我々」の関係、すなわち、「我々」がいかに深く、強くこの誤解に捕らわれ

ているのかが、更に描き出される。

理想誤解への没入と理想幻覚——§§101〜102

我々の言語はそのままで問題がないという認識から、それなら言語には完全な論理的秩序がその表面の下に隠されているはずだ、それが存在しなければならない、という要求・願望に移行しても、「我々」はそれが要求・願望であることにすら気づかず、ただ言語に関する目の前にある真理を見ているだけだと思い込んでいる。ひょっとすると自分が誤りの中にいるのではないか、という可能性にすら考えが及ばないほど「我々」は深く誤りの中に埋没している。それはこれが今まで誤りとしてあまり聞いたことのないものだからである。この深い誤りから抜け出るために必要な第一歩は、自分が誤っていることに気づくことであるが、そのためには誤りの中にいる自分をそれとして見る必要があり、それは誤りの中にいる限り不可能なのである。従って己の誤りに気づくには、何らかの手段が必要である。「我々」がそこで用いる手段が比喩なのである。自分の状況を比喩を介して捉えることにより、「我々」は誤りの中にいながら、同時にその外に出ようとするのである。そして我々が誤りの中から自力で（他人に指摘してもらい、助けてもらうことによってではなく）脱出しようとする限り、おそらく比喩は不可欠で他に替えられない手段であると考えられる。それゆえ、「哲学論」での「我々」の考察が、次第に自分たちの誤りからの脱出を目指すにつれて、そこにおける比喩の役割は増大してゆく(39)。それらはいずれも「我々」の誤りからの脱出、自己解放にとって決定的意味を持つ重要な比喩である。ＰＵ101ではそうした一連の自己解放的比喩の第一として「の中で暮らす」という比

喩が登場する。それは「我々」が全く無意識に発している「……でなければならない／であるはずだ」という思考感情の表出において、実は我々が自分でも全く意識しないある誤りの中にいるのだということを（その可能性を）「我々」に考えさせる比喩である。

論理にあいまいさはあり得ない、と我々は言いたくなる。その時我々は、理想は現実の中に見出されなければならない」、という観念の中で暮らしているのだ。どのようにそれが見つかるかも、この「なければならない」の本質もまだわかっていないのに、人はそこで暮らしているのだ。（PU101）

このように、かろうじて比喩を通じて「我々」は誤りの中にいる自分をその外から眺めているのだが、もちろんその外をまだ知らず、正直に言えば、自分は「理想」（理論的概念）に対応する実体を現象の背後に見ている、とまだ思っているのである。すなわち、真に外から見れば、幻覚とも呼びうるような「思い込み」にいまだ「我々」は捕らわれているのである。ＰＵ101の末尾で「我々」は再度そうした思い込みを当事者の立場から描写する。

理想は現実の中に潜んでいるはずだと我々は思い込んでいる。なぜなら、すでにそれをそこに見出したと思い込んでいるからだ。（PU101）

サブシークエンスb1の末尾で、ウィトゲンシュタインは、「理想」を巡るこの誤りの真っただ中にいる「我々」のヴィジョン（幻覚）を（『論考』の「我々」が抱いたヴィジョンを、そして『探究』を書きつつある「我々」がなお不断に抱きそうになるヴィジョンを）、現在形で再現する。おそらくそれは、これから本気でこの誤解を理解し、そこから脱出しようとするに際して、その誤解に最大の敬意を払うためであろう。誤りを過小評価する者は、決してそれから逃れられないのだから(40)。そのヴィジョン（幻覚）は繰り返し次のように描かれる。

論理的な命題構造の厳密で明晰な規則が、背後にある何かのように、悟性という媒体の中に隠されている何かのように我々には思われるのだ。（媒体を通してではあるものの）私はそれを今すでに見ているのだ。というのも私は記号を理解し、それによって何かを意味しているのだから。（PU102）

4－2　理想誤解の正体の解明――§§103〜104

PU104の難解さとそれを克服する手段

無邪気な発想から出発した「我々」（それは『論考』の「我々」であると同時に、『探究』において「言語ゲーム」理論を打ち立てるという誘惑に常にさらされている「我々」でもある）が知らず知らずのうちに陥った錯覚、混乱した表面の現象の背後に理想的秩序が存在するに違いない、そして自分は現にそれを見ているのだという錯覚（それは理想幻覚（ヴィジョン）(41)と呼ぶべきものである）の背後にある根本的な誤解、理想に関する誤解（「理想が我々の表現の仕方で果たしている役割」に関する誤解

（PU100））の正体を明らかにし、自らは気づかぬままその誤解に捕らわれている「我々」に脱出への根本的契機を提供するのがサブシークエンスb_2であり、なかでも誤解の正体が直接描写されるのがＰＵ104（第一文）である。従ってＰＵ104は全「哲学論」の核心と呼ぶことができる。

この誤解の解明において「我々」に誤りから脱出するための光が差し込むのであり、思想的遍歴の反転のきっかけとなる。しかしこの核心部は極端に難解である。なぜならそれは、今述べた根本的な誤解の解き明かしとして、「我々は描写の仕方に属することを、事物に関することとして述べているのだ」（PU104）という余りにも簡潔な一文を我々に提示するだけだからだ。今我々が直面している問題（「理想幻覚の背後にある理想に関する誤解の正体は何か?」）に対する答えとして、この文に様々な解釈を施すことは可能である[42]。しかしながら、そうした解釈のどれがウィトゲンシュタインの意図に最も即したものなのかを決めるための材料は、『探究』の読者に与えられたテキストの中には存在しない。何よりこの文章が（我々が求めている答えとして）難解である根本的な理由は、ＰＵ98以降、『論考』に関する「我々」の誤り（それは論理の世界性を前提したことであった）の根源が「理想」に関する誤解として語られて来たのに、肝心なＰＵ104で「理想」という言葉が登場せず、それまでの考察との関係が不明なことである。何らかの補助や前提があれば、この一文が求められている答えとしてどのような意味を持つのかが明瞭となるのだろうが（そして書き手であるウィトゲンシュタインはそうした前提のもとに思考しているのであろうが）、その前提が読者に示されていないため、この文は意味不定と映るのである。さらに付け加えるなら、ＰＵ104の答えは、難解であるばかりでなく、読者を大いに混乱させるものである。というのもＰＵ104のこの第一文と内容的に類似し、関連した、しか

し同一ではない思考がＰＵ114とＰＵ131において繰り返し与えられ、しかもそれら相互の関係については一切何も語られないからである。それらの関係をどう解釈すべきか、と読者は（先ほどとは逆に）著者の過剰な情報に悩まされるのである。このように「理想を巡る根本的な誤解とは何か？」という問いに対する答えは、いわば「哲学論」全体に分散的に提示されるのだが、情報の配分があまりにも不均衡であり、読者は混乱し、理解に苦しむのである。

こうした語り口の不均衡さの一つの理由は、このテキストが「我々」の視点からの「我々」の誤りの生成とそこからの解放の物語として組み立てられていることにあると考えられる。ＰＵ104で我々読者が求める説明的な叙述は、この枠組みにうまく収まらないのである（「我々」は読者にではなく自分に語りかけているのであり、そこに読者から見れば一種の独善性があるように映るのである）。とはいえ我々としては、今遭遇している問題（ＰＵ104の解釈）を、テキストの文体にかこつけて放棄することはできない。この窮地から我々を救出する手掛かりはないのだろうか。

それは存在する。ＰＵ104及び「哲学論」（とりわけそのなかでも「理想」に関する考察）の思考の源泉となり、場合によってはテキストの直接のソースとなりながら、全体としては『探究』テキストの最終形態に登場しない思考の隠れた源が存在するのである。「哲学論」の理想に関する考察（それを「理想誤解論」と呼ぼう）のこうした隠れた思考の源泉は二つ存在する。すなわち、「日記」の一九三七年二月八日の記入（MS183, pp. 162-4）と、『探究』§§1～188の最初の完成手稿であるＭＳ142の§122～127[43]である。二つの中では、明らかに前者が「哲学論」の理想に関する考察の真の起源であり、同時期に同じ主題について書かれた様々なテキストは、すべてここから派生したものだと考えられる。

ＭＳ142の当該部分について言えば、それはＭＳ183の内容に基づいて（あるいはそれを展開するために）書かれたＭＳ157ａ、ｂを元にして、新たに書き下ろされた叙述的文章（「我々」の自己省察という文体では書かれていない）であり、ＭＳ157ａ、ｂの様々なテキストがその中に貼り付け操作によって埋め込まれている。(44) ＭＳ142のテキストは、明らかに前後の繋がりを重視した叙述的文体であり、分かりやすさの代償としてＭＳ183のテキストに表現されている一人称的視点によるウィトゲンシュタインの思考の緊迫した当事者性に基づく力を十分に反映していない。それゆえ『探究』「哲学論」で展開されている理想誤解論を正しく解釈する上で何より参照すべきなのは「日記」の一九三七年二月八日の記述であり、以下の我々の解釈においても「日記」を主な手がかりとし、必要に応じてＭＳ142の当該テキストを参照することにする。そして「日記」の二月八日のこの記述を、本章の以下の叙述では特に「日記理想誤解論」と呼び、ＮＲＧと略すこととしたい。(45) 日記理想誤解論は空行で区切られた三つのパラグラフから成るが、それぞれをＮＲＧａ、ｂ、ｃと、第一パラグラフの、例えば、三番目の文（拙訳で原文の各文は句点で区切られている）をＮＲＧａ３のように表記する。(46) 因みに日記理想誤解論の最終段落の最後の文、すなわちＮＲＧｃ４が、「そして「ツルツル滑る氷の上へ」と入り込むのである」、という有名なフレーズである。以下ＰＵ103から順に読解を進めてゆこう。

理想誤解の正体と起源――§103と§104

ＰＵ103では、「理想が、我々の思考の中に、動かしがたくしっかりと座り込んでいる。君はその外には出られない。……その外部は存在しない」、と述べられ、「我々」にとって現在の誤りの外に出る

こと、すなわち『論考』の場合なら、「我々」が「命題」、「名」、「論理形式」といったものが現実の言語の深層に実在するという考えに疑いをはさむ余地すらないことが強調される。この考えの外に出られないこと、それを否定するなど思いつかないという強い思考感情が、「その外には生きてゆくための空気がないのだ」（PU103）という言葉で表される。この考えから出られないのは、その中にいる限り、その誤りを自分に示したり、伝えたりするものが存在せず、すべてがこの考えに合致するように解釈され、説明されるからである。そこから逃れるためには、何らかの方法で自分の姿が外からはどのように見えるのかを、知る、あるいは想像するしかない。そしてそのためにウィトゲンシュタインは再び「我々」に比喩を提示する。今回は「眼鏡」の比喩[47]である。この考え（論理の世界性、あるいは理想の実在性）からどんな事をしても「我々」が抜けられないのは、「我々」が意識することなくこの考えを通して世界を見ているからで、自分がその考えを通して世界を見ていることすら思いつかないのだ、というのである。ウィトゲンシュタイン自身の言葉は次のようなものである。

> この思い込みは、いわば眼鏡のように我々の鼻の上に乗っているのだ。そして我々は見るものを、それを通して見ているのだ。我々は、それを外すという考えに思い至らないのだ。（PU103）

続くＰＵ104で「この思い込み」を引き起こす根本的な誤解（理想に関する誤解）の正体が暴かれるのだが、そのためのウィトゲンシュタインの言葉は次のように、極端なまでに簡素なものである。

我々は描写の仕方に属することを、事物に関することとして述べているのだ。(PU104)

先述のように、この文章は、それ自身が「理想」と、あるいは「理想」に関する誤解と、どう関係するのかについて何も語っていない。我々読者は、ここで言われる「描写の仕方」と「理想」がどう関係するのかがつかめず、戸惑うのである。

しかしここで説明が欠けている思考の一部は、実はこれまでの「我々」の考察の中で、テキストが表す思考に内包された問いという、読者には見えにくい形で、すでに静かに登場しているのである。それが先に引用したPU100後半部の「私は言いたい、我々は、理想が我々の表現の仕方において果たしている役割を誤解しているのだと」(傍線引用者)という言葉である。ここで言われる「表現の仕方」とPU104の「描写の仕方」はほぼ同義と考えてよいだろう。この言葉が表現する思考において、「私」は先ず「我々の表現/描写の仕方において理想はどんな役割を果たしているのか?」という問いを提起し、同時にその問いに対する「我々」の答えが誤っていることが「我々」の誤解の正体あるいは本質だ、と断じているのである。その誤解とは、PU93で「我々は言語の論理の誤解にそそのかされて、文は何か特別な、比類なきことを行っているに違いないと考えるのである」と言われたときの「誤解」であり、『論考』において「我々」を論理は世界性を持つという錯覚へと導いた誤解に他ならない。

従ってこれまで展開されて来た「我々」による『論考』の根本的誤謬の本質を明らかにするという考察になお欠けている思考のピースとは、「「論理学や自然科学での我々の表現・描写の仕方における、

理想（理論的概念）の役割は何か？」という問いに対する『論考』の誤った答えとは何で、何が正しい答えなのか」ということなのである。我々にとって難解であったＰＵ104とは、この空白を埋める最後の、そして最も重要な思考のピースなのであり、そのようなものと理解することによってのみ先行するテキストと一体のものとなるのである。そして、まさにここにおいて、日記理想誤解論が我々のＰＵ104読解を助けるのである。なぜなら日記理想誤解論の思考は、ＰＵ104がそれに対する最終的な答えであるはずの「理想の役割」という問いを巡る考察によって開始されるからである。我々の考察に直接関係する最初の部分を次に引用しよう。

理想的な名とは一つの理想である、すなわち一つの像、我々の好む描写の形式である。我々は破壊と変化を要素の分離と組み換えとして描写したがる。今こうした観念を崇高なものと呼ぶことができよう。我々が世界全体をそれを通じて見ることにより、それは崇高となるのである。（NRGa1-4, MS183, pp. 162-3;「日記」p. 114）

ここで「理想的な名」と呼ばれているのは、『論考』の論理体系において命題の構成要素となる、「単純記号としての名」である。この「名」は、『論考』の論理体系において、世界の構成要素である「対象」を名指す記号であり、そのことを通じて（言語のこうした論理的構造を介して）我々は世界の有り様と変化を、（とりわけ自然科学において）その本性に即した形で言語を使用して記述できると考えられた。そうした科学の記述の仕方が、ここで「破壊と変化を要素の分離と組み換えとして描写す

る」と呼ばれているものである。つまりここでは、潜在的に『論考』の全論理体系（そしてそれに基づいた科学基礎論）が反省的考察の対象となっているのである。そしてそれについてこのテキストは、『論考』の「我々」にとっては夢想すらできないことに、それは「我々の好む描写の形式」であると述べているのであり、それにより、『論考』の根源的な誤りとは、「理想」（理論的概念）とは本来我々が事物を描写する形式・方法であるのに、それを誤解して、別の役割（事物そのものの本質、という役割）を果たしているという観念に陥ったことだ、と示唆しようとしているのである。それは、以下において明らかになるように、ＰＵ104がより一般的な形で述べようとしていることに他ならない。しかも、こうした誤りの結果、論理体系とそれを構成する諸概念が「崇高なもの」と見えてくる、とこのテキストは述べている。つまり、この短いテキストは、極端に圧縮された形で、これまで我々がたどってきたＰＵ89に始まる『探究』「哲学論」の考察と、我々が直面しているＰＵ104の思考内容の全体を語っているのである。

それゆえ、このテキストが『論考』の思考の核心をどのような誤りととらえているのかを具体的に理解することが、我々にとっては依然あいまいに映るＰＵ104（及びそれに関連したＰＵ114、131(48)）の内容をより明確に理解する鍵となるだろう。それゆえここで少し立ち止まり、このテキストの思考の背後にある『論考』理解（＝『論考』の根源的な誤りに向き合おうとしているウィトゲンシュタイン自身の『論考』理解、「理想的な名」という言葉の背後にある『論考』理解）を改めて確認することにしよう。

『論考』形而上学の核心

『論考』が、「名」、「対象」、世界と言語の関係、自然科学、について、何をどのように述べたのかを再度確認しよう。それは『論考』形而上学の核心的内容の再確認に他ならない。『論考』は最終的に、言語と世界の間にある関係があり、その結果言語による世界の描写である自然科学が世界の有り様をそのまま写す像となっている、と主張する。この主張は言語（及び命題）に関するものと、世界に関するものと、両者の関係に関するものの三群の主張からなるが、第一群の主張の核心が「名」という概念であり、第二群の主張の核心が「対象」という概念である。それぞれに関する『論考』の核心的叙述を追い、その後で言語と世界の関係に関する『論考』の第三群の主張を再確認しよう。「名」については次のように述べられている。ここで言われる「思考」とは命題の意味内容である。

事実の論理像が思考である。（3）
思考は命題で表現される。そのさい、思考に含まれる諸対象に命題の諸要素が対応する。（3.2）
この要素を私は「単純記号」と呼ぶ。（3.201）
命題において用いられた単純記号は名と呼ばれる。（3.202）
名は対象を指示する。（3.203）
命題の総体が言語である。（4.001）

以上の叙述は「名」、「単純記号」といった言語に関する基礎的な概念の規定であり、普通の意味で「我々の描写の形式あるいは仕方」の説明であると言うことができる。しかし『論考』が『論考』と

なり、それを信奉する者（当時の「我々」）に比類なき魅力を発するのは、この説明が「対象」という概念を介して、世界の構造と直接結びつけられるからである。上で「名は対象を指示する」と言われた。その対象は世界の構成元に相当するものとして、次のような形で『論考』の体系に登場する。

対象は単純である。（2.02）
対象が世界の実体を形作る。（2.021）
対象の配列が事態を構成する。（2.0272）
成立していることがら、すなわち事実とは、諸事態の存立である。（2）
世界は事実の総体であり、ものの総体ではない。（1.1）

『論考』はこうした言語に関する基礎概念と世界に関する基礎概念を結合することによって、言語が「世界の比類なき相関者、世界の像」（PU96）であることを次のように主張し、自然科学による世界描写に対して考えうる最大の意味付与をする。

命題の総体が言語である。（4.001）
命題は現実の像である。（4.01）
現実の全体が世界である。（2.063）
真なる思考の総体が世界の像である。（3.01）

真なる命題の総体が自然科学の全体である。（4.11）

かくて『論考』は、自然科学とは世界の真なる像である、すなわち、世界の成り立ちの根本構造に即してそれを写す真なる像である、という結論を導くとともに、その論理的基礎を与えるのである。こうした『論考』の叙述内容は、『論考』自身の立場からすれば、「我々の描写の形式」の説明と呼ぶことはできない。『論考』にとってそれは、自然科学が世界の真なる描写であることを保証する言語と世界に共通するアプリオリな秩序の描写であり、科学の真理を保証する超真理の描写、「真理をほのめかすものでなく欠けるところのない真理そのもの」（5.5563）である。これこそが『探究』の「我々」が皮肉を込めて「超概念間の超秩序」（PU97）と呼んだものである。そして世界と言語の論理構造に関するこうした「描写」は、世界の様々な変化を、その中で不変な単純な要素（例えば、「原子」、「素粒子」）の分離と結合として捉える（描写する）物理学を中心とする近代自然科学の思考法に、「名」と「対象」の論理的規定を通じて根拠を与えるものである。『論考』の次の命題はこうした捉え方において誤って実在すると想定されている「超秩序」の「描写」である。

対象とは不変なもの、存在し続けるもの、である。対象の配列が、変化するもの、移ろうものである。（2.0271）

『論考』の理想誤解の本質――§104前半

「日記」のテキスト（「理想誤解論」）が、『論考』に示された変化のこうした捉え方について、「我々は破壊と変化を要素の分離と組み換えとして描写したがる」（傍線引用者）、と述べているということは、「日記」のウィトゲンシュタインが、『論考』が与えた科学に対する以上のような論理的・形而上学的基礎づけは、世界と言語に共通する論理構造そのものの記述（超真理の記述）ではなく、「名」、「対象」、「不変の単純者」といった概念（それらは理想化された理論的概念であり、その意味で「理想」と呼べる）を用いた一つの描写方法（世界の描写方法、および、世界と言語の関係の描写方法）、しかも我々の好みの描写方法の記述であると考え、主張していることを意味する。それは『論考』が言語と世界に共通のアプリオリな秩序と見なしたものを、言語と世界を描写する一つの描写の方法と見なすことに他ならない。それは『論考』の体系を、その建築家の意図に即して最も根底から覆す行為、それだけは決して覆してはならないとその作者が考えたであろうことを覆す行為である。PU104の「我々は、描写の仕方に属することを、事物に関することとして述べているのだ」という言葉は、『論考』の根底に存在していた理想誤解に対するこうした根本的批判の、最も簡潔で凝縮された表現に他ならない。

『論考』の思想のこうした根底的転覆の根源には、明らかに、『論考』の「対象」という概念への冷静な反省が存在すると思われる。「日記」のウィトゲンシュタインは、この概念の使用を否定しているのではない。ただ、それが世界の根本的な成り立ちに即した概念であるということを否定しているのである。「対象＝不変な構成元」という概念は、世界に根差したものではなく、世界を探究する物

理学者、科学者、あるいは哲学者が好む描写の仕方、描写の形式なのだ、と主張しているのである（「我々は破壊と変化を要素の分離と組み換えとして描写したがる」、「我々の好む描写の形式である」傍線引用者）。「我々」は世界の中に現実に「対象」を発見したのではなく[49]、このように見れば、このように世界を記述できる、と想定しているにすぎないのだと主張しているのである。そう主張する中で、これ以外にも様々な描写形式が存在し、そのいずれがより優れているのかは、我々がそれらを用いる目的に依存するのだ、ということを暗示しているのである。

科学における理想誤解

日記理想誤解論のこうした主張をよりよく理解するには、化学で用いられる化学式の使用とその背後にある前提を考えてみればよいだろう。物質の化学式では、元素（原子）を表す記号が表記の最終単位（『論考』の「名」）であり、それによって表される構造を持つ物質の構成要素である元素（『論考』の「対象」）の分離と組み合わせにより化学的変化を表現する。そして化学反応と呼ばれる現象において、この記述の仕方は変化をうまく描写し、説明する。しかしそのことはこうした描写方法が世界の究極の構造に根差したものであることを意味しない。例えば原子内部の諸状態や変化（例えば、原子による光の輻射）にこの描写方法は使えない。しかし、だからといってこの描写を偽なる理論として排除したり、将来補正されるべき暫定的な理論として留保する必要はない[50]。そのようにしようとするのは、多くの中から我々が選んだ描写方法を、世界自体に根差した何か、世界の超秩序に対応する何かと不当に考えるからにすぎない。これが「理想」に関する根本的誤解、「日記」の、そして

『探究』のウィトゲンシュタインが『論考』の中に読み取り、そして乗り越えようとしている誤解の正体なのであり、ウィトゲンシュタイン自身がこうした例を念頭に置いていたであろうことは、PU104の後に挿入されているファラデーに関する補節からも読み取れる。そこでウィトゲンシュタインはファラデーの『ロウソクの科学』から「水は水であり、変化するということはない」[51]という文章を引用しているが、その意図は、ウィトゲンシュタイン（哲学者）が犯した「描写の仕方に属することを、事物に関することとして述べる」という誤りが、ファラデーのような科学者たちによっても（おそらく、しばしば）犯されていることを示すことにあるのではないかと考えられるのである。

像としての「理想」

この誤解において「我々」は、自分たちが使用している「理想」（科学的描写などに用いられる理論的諸概念）が、多数存在する描写形式の中から自分たちが選んだ一つの（おそらくは様々な利点を持った）形式であることを忘却し、世界に対して唯一適合する実在の形式であるかのごとくに世界に対して押し付け、同時にそのように押し付けていることに全く気づかない。それゆえ「我々」は経験と自分の記述が一致しないとき、その根本的描写形式（例えば「存在の不変な構成要素」）を決して譲らず、「……でなければならない」として、表層の現象をいわば否定するのである。自分の論理体系、概念体系が世界に根差していることを疑えず、世界を、対象を見続けていると信じているのである。それゆえ、PU104の言う「描写の仕方に属することを、事物に関することとして述べる」という事態が起きるのである。こうした『探究』の観点に立てば、「理想」（理論的概念）とは我々が世界の現象を描

写するとき、それに当てはめる型紙、ものさし、比較の対象とみなされる。「日記」の（そして『探究』の）ウィトゲンシュタインは、こうした比較の対象を「像」と呼ぶ。それは『論考』で命題や思考が「像」と呼ばれたのとは違った意味での像、一種のモデルとして機能する像的描写である（それに対して『論考』の「像」は事態の写像、真なる描写、を意味する）。

『探究』「哲学論」において今後こうした意味での「像」やその類義語がたびたび登場し、「我々」の誤りを描写する上で重要な役割を果たす。そうした「像」という概念[52]が、『探究』固有の思想的立場を表現するために使用された最初の場所と思われるのが、我々が今検討している日記理想誤解論なのである。日記理想誤解論では先に引用した文（NRGa1-4）に加え、次の文でも「像」という語が同様の使われ方をしている。これは理想に関する誤解の正体を最も明快に語る文でもある。

だが我々がこのように問うのは、ただ理想というものをそれが本来属する場所におこうとすることにすぎないのだ。というのも理想とは、我々が現実をそれと比較する像、事態がどうなっているのかを我々がそれを使って描く像であるはずだからである。それに従って我々が現実を反証する像であってはいけないのだ。（NRGa9-11, MS183, p. 163;「日記」p. 115）

ここで用いられている「それに従って我々が現実を反証する像」という表現は、我々が自分の選んだ描写の方法に固執し、それに適合しない現象に遭遇しても譲ろうとせず、何とかそれを正当化しようとする有り様、すなわち自分の描写の方法を世界に押し付けながら、それを押し付けていることに全

く気がつかない我々の状態を、誤りの当事者の視点を生かしながら巧みに描写するものである。

「崇高化」の真の源泉

最後に、先に引用した日記理想誤解論のテキスト（NRGa1-4）に、もう一つコメントを加えておきたい。その末尾でウィトゲンシュタインは「理想」について、「今こうした観念を崇高なものと呼ぶことができよう。我々が世界全体を、それを通じて見ることにより、それは崇高となるのである」、と述べている。ここに、PU89で出された「いかなる意味で論理は崇高なものなのか」という問いに対する完全な、そしてわかりやすい答えが示されていることに我々は（驚きをもって、というのも最も重要な答えが最も隠された場所に置かれているのだから）注目しなければならない。『論考』の論理体系（それはここでは「理想」と呼ばれている）が誤って崇高とみなされたのは、論理は世界に関わるものだとウィトゲンシュタインが誤解していたからであった（論理の世界性の誤解）。「日記」のこの文章は、そこで本当に起こっていたのは、ウィトゲンシュタインが世界の論理構造を見たのでなく、世界を彼の理論的諸概念を通して見た、ということであり、その結果、論理が世界に関わっているかのような錯覚が生じ、論理的諸概念と論理が「崇高なもの」と思われたというのである。これは、いわば誤解を直接体験した本人にしかできない、極めて明快な描写であることを我々は認めなければならない。そうした叙述が宿る場として、思想の真の生成の場として「日記」が彼の後期思想に対して持っている大きな意味を再認識しなければならない。

理想誤解と比喩——§104後半

続いて、ＰＵ104の後半を構成する次の文章の読解に移ろう。それはこうした理想誤解がいかにして生まれるか、その起源、契機に関するウィトゲンシュタインの根本的診断を示す極めて重要なものである。

印象深い比喩が可能であれば、最高度に普遍的な事態を覚知したと誤解するのだ。（PU104）

ここでもウィトゲンシュタインは過度に簡潔、あるいは不親切であり、この文章だけから理想誤解の起源を十分に把握するのは難しい。「日記」の理想誤解論を参照することが再び必要となる。先に引用した日記理想誤解論のテキスト（NRGa1-4）には次の文章が続いている。

だがそれだからこそ、その観念の原型（Urbild）がどのような現象なのか、どのような単純で日常茶飯の事例なのかをはっきりとさせることほど重要なことはないのである。（NRGa5, MS183, p. 163;「日記」pp. 114-5）

この文章は日記理想誤解論の第一パラグラフに登場するのだが、続く第二パラグラフに、この文と内容的に深く関連する次のような文が登場する。

それゆえ我々は、こうした普遍的な意味合いを求めようとする像については、「それをどこから取ってきたのか?!」と繰り返し問うことだろう。(NRGb, MS183, p. 164;「日記」p. 115)

これら二つの文章から我々は、理想誤解の起源と比喩について語るPU104後半を次のように解釈できるだろう。理想誤解とは、本来我々自身が選んだ描写の手段としての理論的概念(「理想」)を世界全体に適用し、同時にそれが世界に内在する概念系であると錯覚することである。そしてこのように思い込むに際して我々は、それらの概念を世界の根底から掘り出したのではない。ではどこからそれを得たのか?　これが理想誤解の起源論にとっての核心的な問いである。NRGbが強調するのはこの問いである。そしてPU104後半が示唆するのは、比喩がその起源だ、ということである。つまり我々は日常的なある現象(例えば、椅子が部品から構成され、その椅子が壊れてバラバラになっても各部品は不変である、といった)に注目し、世界の様々な現象の背後で似たようなことが起こっているのではないか、と想像し、その日常的現象を記述する形式としての像[53](不変の部分の分離と結合により変化を説明するというやり方)を世界全体に適用し、しかもその観念の日常的起源(それが「原型(Urbild)」と呼ばれる)を忘却し、その形式・像が世界に内在するものであり、そうした普遍的真理に触れていると錯覚する、というのである。

こうした起源論からすれば、科学において使用される理論的諸概念(「理想」)の日常的起源(科学者が生活する限りそれは必ず存在する)を知ることは、それが科学者が好んで用いる描写の形式であり、世界の根底から掘り出された真なる像ではないことを確認するという点と、その原型との類似点によ

ってそれが世界に適用されるのであり、そうした類似性が成立しない場合にはそれらが適用できないことに何の不思議もないことを確認する上で重要である。「粒子」や「波」や「選択」という像（描写の形式）が物理学や生物学において使用される過程で現実に生じている様々な探究上の問題と現象は、それらの起源が日常的現象に由来する比喩であることを想起することの重要性を我々に物語っている。今後『探究』「哲学論」の考察がさらに深化されてゆくにつれ、それに対して比喩という現象が持つ意味は次第に大きくなるのであるが、ＰＵ104の思考はその始まりとして、比喩が我々の理想誤解のきっかけであることを告げているのである。

４－３　自己の根源的誤解（理想誤解）からの脱出の道――§§105～108

自己の根源的誤りからの脱出というテーマ

ＰＵ89から続いてきた「我々」による自己省察的な考察（そのターゲットは自己の過去（『論考』）の根源的な誤りの発掘であった）はサブシークエンスb_3に至って大きな転換点を迎える。これまでの自省的考察の第一の目的は、いまだ自分自身が十分に認識していない過去の根本的誤解を、その自然な生起のプロセスに従って掘り起こし、自身の眼前にリアルに示すことであった。それゆえこの試みは、それが成功裏に進めば進むほど、そこで示される光景は、誤りではなく真理そのもののごとく自分には見えるという性質を持っている。そのことによって、当時の自分がなぜ誤りに陥ったのかを理解可能とするためである。目の前に示されたものが、このように当時の自分には真理であるかのように思われたことを示すことによって、その誤りが単なる不注意や偶然によるものでなく、深い理由と必然

性を持ったものであったことを明らかにすることにより、「我々」はその誤りと根底から決別しようとしているのである。こうした誤りの疑似真実性のもっとも見事な描写がＰＵ97ａであった。そこでは言語と思考と世界に共通のアプリオリな論理的秩序が描写され、もしそうした秩序が存在するなら（それは世界に関する人間の科学的探究の可能性と真理性に最も望ましい基礎づけを提供するがゆえに）いかに素晴らしいかものであるのかが読者に十分示された。

もちろんこうした秩序は実在のものではなく、論理に関する「我々」の誤解に起因する錯覚にすぎない（PU97b）。そのことを示すのがこれまでの「我々」の考察の第二の目的であり、この誤解とは究極的に、論理（論理的秩序）を描写する際に我々が用いる理想化された諸概念（それらは「理想」と呼ばれる）が果たす役割に関する誤解、理想に関する根本的な誤解に他ならないことが示された（PU103-104）。しかしながら、こうした二つの叙述はこれまでの考察においては全く分裂していた。誤りの疑似真実性が示されるとき、「我々」は完全にその内部に位置し、内的な視点から誤りの体系を見ており、その限りでそれは真理であるかのように見える。他方その誤りの根源が示されるとき、叙述する「我々」は完全に誤りの外に位置し、そこから誤りの内部にいる過去の「我々」の振る舞い（それが外部からどのように見えるか）を描写している。例えばＰＵ104で「我々は描写の仕方に属することを、事物に関することとして述べているのだ」と言われるとき、ここで言及されている「我々」はいまだ誤りの内部にいて、自分たちが描写しているのが自分たちの描写の仕方ではなく、事物の抽象的な有り様自身であることになんの疑いも持っていないのであり、他方このように述べる語り手としての「我々」は、過去のこうした誤りから完全に自由となってその外側に立っており、そこから見

ると「我々」が事物を描写しているつもりで、実は自分たちの描写の仕方を描写しているにすぎないことが滑稽に思えるのである。

問題はこれら二つの「我々」を繋ぐ経路が一切存在しないことである。内部にいる「我々」にとって一切は真実のごとく見える。他方外部に位置する「我々」にとって内部の「我々」の認識と行動は滑稽でしかない。もしこれら二つの「我々」が分断されたままなら、すなわち誤りの内部から、その誤りに気づいてその外部へと出る過程が存在しないなら、誤りの外にいて哀れな過去の「我々」の誤りを見つめているつもりの「我々」が実はそれと同様の大きな誤りの中で同じようなことをしているのではないとどうやって知るのだろうか。

これは抽象的な危惧ではない。自己の根源的な誤りから本当に脱出しようと考える者にとって常にリアルな問題である。それは、『論考』の誤りは、言語と世界に共通の論理形式という概念を用いて言語の本質を把握しようとして、言語の本来多様な機能を見逃したことにあり、言語ゲームという概念を用いればそうした誤りを克服できる」という思考が、実は『論考』の誤りを克服しているのではなく、同じ誤りを反復しているのではないか、というかつて経験された問題と同質の問題であり、誤りの克服と思われたものが実は同じ誤りの反復だったのではないかという、誤りの克服の試みに常に付きまとう普遍的問題である。

この問題の解決方法は一つしかない。誤りが真実と見えたその内的な視点から、それが誤りと見えるようになる視点へと実際に移動する道、すなわちその誤りを現実に克服する道、誤りの内部から現実に脱出する道を見つけ、実際に外へ脱出すること、そして同時に、ある立場（例えば、……主義、

などと呼ばれる）が誤りであるという抽象化された結論だけを取り込む疑似外的な視点、すなわち誤りの中から実際にたどり着いたのではない抽象的な視点から過去の誤りを形式的に批判する思考の態度（それは「茶色本」になお存在していた）を放棄することである。これが自己の根源的誤りからの真の脱出であり、『探究』「哲学論」においてウィトゲンシュタインが『論考』という過去の誤り（しかしいまだ自己の中に現在として生き続けている誤り）に対して最終的に行おうとしたことである。それは困難なことである。しかし自己を演じ、哲学を演じることを止め、自己の底に降り立ち、自己を取り戻し、それに根差した哲学を行うことへと通じる唯一の道である。『探究』において後に登場する有名な比喩(54)を用いればそれは、蝿取り壺の中にいながらもそれを不自由に感じず、いまだ自分がその中にいることを確信できない者が、自分が壺の中にいてその外に出なければならないことをまず自覚し、ついで出口を発見し、そしてそこから外部へと実際に出ることに他ならない。

サブシークエンスb_3とは、この脱出行為の当事者自身による記録であり、同時にその行為の遂行そのものである。すなわちそれは、脱出実現のためにウィトゲンシュタインという当事者が発しなければならなかった思念と叫びの生きた痕跡であり、同様の誤りの中にいる読者に対して、脱出への道標として働きかける象徴的言葉である。この脱出がサブシークエンスb_3においてどのように実行されるのかを、本章の最後に見てゆこう。

誤りの内部の描写と脱出のための「氷の上」の比喩——§§105～107

ＰＵ105は、「あの秩序が」という一言により一挙にＰＵ97ａの『論考』的世界とそのリアリティー

へと我々を連れ戻しつつ、次のように述べる――「あの秩序が、理想が、現実の言語の中に見出されなければならないと思い込むとき、我々は日常の暮らしで「文」、「語」、「記号」と呼ぶものでは満足できなくなる」。同じ語、例えば、「文」という語が様々な人により様々な筆跡で書かれ、様々な声で発せられるが、そしてあるものは不完全や不規則であるが、論理が扱うのは、それらが共通して表現する「文」という語、抽象的・理念的対象としての語であり、同様にそうした語から文法的な形成規則によって構成される文あるいは命題である。論理あるいは論理的考察の対象は何か、という問いに対する自然な解答から生じるのが、我々の考察はそうした対象から成る存在領域にかかわるものである、という観念である。そしてそれは、その領域における対象は確定した存在を持ち、それゆえすべての文あるいは命題の意味は本来あいまいさなく確定しているという観念である。PU99で「文は一つの決まった意味を持っていなければならない」（傍線引用者）という言葉で表出されたこの観念を我々は「意味の確定性原理」、あるいはより一般的に「確定性原理」と呼ぶことができるだろう。この確定性原理こそが『論考』の思考を支配した根本観念であると同時に、『論考』がその末端を占める哲学の長い歴史を支配してきた観念でもある。この原理が支配する場が形而上学である。

続くPU106はこの観念の支配する場（＝形而上学）を「ここ」と呼び（「ここでは、いわば頭を水面に上げておくのが難しいのだ」傍線引用者）、そこにおける哲学的営為を「破れたクモの巣を自分の指で修理すること」、すなわち成功の見込みのないバカげた（そして真剣な本人には絶望的に思われる）試みに喩える。「ここ」で真剣に真正の哲学を行っていると思っている者（『論考』の「我々」）の営みがかくも絶望的なのは、一方で哲学の本当の対象がすべて確定した存在を持っている（例えば、すべ

ての文の意味は確定している）という前提に立っているのに、現実に使用される語、文がしばしばそうした前提に服さないように思えるからである。例えばＰＵ２に登場する建築家と弟子の言語ゲームで使用される「ブロック」という発話は、それ自身では「私にブロックを一個持って来なさい」という命令にも「ここにブロックが一個ある」という叙述にも解釈できる「不確定」な意味しか持っていない。そしてこうした発話は現実の生活にはあふれている。あるいは、より正確には、法律用語のような人為的ケースを除けば、現実の生活で用いられている発話はすべてこうしたものである。そして「ここ」（それは形而上学という場所である）で真剣に哲学的考察を行う精神がこうした現実の言語（現実に使用されている言語）を「詳しく考察すればするほど、それと」こうした前提との「対立はますます激しくなる」（PU107）。

こうした言葉で始まるＰＵ107は「我々」の哲学的考察の形而上学的前提と現実の間のこの対立を考察の焦点に据え、誤りの内部から誤りに気づく手がかりを見つけ出そうとする過程を叙述しており、その意味でサブシークエンスb_3の核心であり、それゆえ、「哲学論」全体の核心の一つであると呼ぶことのできるテキストである（そうした役割に見合って有名なテキストでもある）。

しかし「ここ」にいる「我々」がこうした対立的事態によって自分の根源的誤りに気づくことはない、すなわち「ここ」において考察を続けること自体が誤りであることに気づくことはない。何故なら「ここ」の思考習慣とは現象の背後に「隠された本質」（PU92）を見ることであり、「我々」の知性は現実と理論的要求のギャップをいかにして隠された存在を想定することによって説明するかに動員されるのであり、対立の激化は「我々」にとって解決すべき課題の増加を意味するのであって、自

分たちの営みの無意味さを決して意味しないのである。つまり「ここ」における「我々」の営みの中には、現実とのギャップを解消する仕組みがあらかじめ内蔵されており、現実との矛盾それ自体は自分たちの根源的誤りを自覚させるきっかけと決してならないのである。ここに自己の根源的誤りからの脱出の困難さがある。それは単に困難であるばかりでなく、ある意味で不可能である。つまり我々はたまたま一時的に誤りの中に陥ったのでなく、今に至るまでずっとその中で「暮らしている」（PU101）のである。それが誤りとは思われないように物事を見せる仕組みと共に暮らし続けてきたのである。それが「誤りの中にある」ということに他ならない。従ってそれが誤りであると自覚するためには、すべてを、今までは決して見なかったような仕方で見ること、今まで決して結び付けなかったようなものと結びつけることが必要である。

ＰＵ107を書くというウィトゲンシュタインの哲学的実践が我々に示しているのは、この限りなく不可能に近いことを実現するのが比喩、新しく豊かな比喩だということである。先にＰＵ104では哲学における重大な誤解へと我々を導く上での比喩の力（負の力）について語られた。ここＰＵ107では、そうした重大な誤解から我々を解放しうる比喩の比類なき力が、語られるのでなく、使用によって（「の中で暮らす」、「眼鏡」という二つの比喩に続き）三度示される。このようにすでにこの段階で我々は『探究』のウィトゲンシュタインの思考に対して比喩が持つ測り知れない意味を重ねて目の当たりにすることになる。「我々」を（『論考』を）自分の根源的誤りから救出する決定的な働きをするのが、「ツルツル滑る氷の上に入り込む[55]」という有名な比喩である。すなわちＰＵ107でウィトゲンシュタインは「ここ」で形而上学的思考に携わっている自分の状態を「我々はツルツル滑る氷の上に入り込ん

だのだ」と表現し、そのように表現することにより「我々」に誤りの内部からの出口が示されるきっかけが生まれるのである。この比喩がいかにして我々を誤りから救出する力を得るのかを以下において考察しよう。

　この比喩がこうした力を持つためには、それは特別な二重性を持つ必要がある。第一にそれが誤りから我々を救出しうるためには、それは誤りの内部において我々にあるものが誤って真実と思えた（そのようにしか思えなかった）というそのリアリティーを再現していなければならない。さもなければその表現は人を誤りの外部に立たせることになり、誤りの内部で救いを待つ我々のところまで降りて来られないのである。この比喩は、まさに滑らかな氷と結晶の類似性によりこのことを行っている。『論考』の形而上学的世界（秩序）は繰り返し「結晶」や「純粋な結晶」に喩えられてきた。それは理念的概念が持つ確定性を、幾何学的対象の確定性に喩えることである。「ここ」で哲学を行う「我々」にとって滑らかな氷の上に入り込むことは決して望ましくないことではないのである。我々が氷の結晶を見つめ、その純粋さを描写し続ける限り、氷の上にあることはむしろ望むことなのである。従って我々が「氷」に対して「見る」、「知る」といった認知的関係を持つ限り、それは『論考』的形而上学の対象である純粋な結晶に等しいのであり、我々はその魅力を理解し、その魔力に捕らわれ続ける。

　他方で「ツルツル滑る氷の上」という喩えが、こうした状況を打ち破る力を持っているのは、それが我々と氷のもう一つの、非認知的関係を内包しているからであり、「の上」という表現にその秘密は隠されている。氷が単に我々の眼前にある対象に止まらず、我々がその上に乗っている対象、その

上に我々の足で立っている対象であることは、我々がその上を歩くという関係を必然的に持つことを告げている。つまりこの比喩は、「理想」と呼ばれる理念的概念が、我々の認識対象であるだけではなく、それに対して「歩く」という言葉が象徴する行為的な、すなわち実践的な関係をも我々が持つような概念であることを示唆している。それと我々の関係が、それに働きかけたり、それを用いたりといったものでもあることを示唆しているのである。それらが我々の見る対象である限り、その結晶の如き滑らかな性質は望ましいものである。しかしそれらが、我々がその上を歩くはずものであれば、そうした性質は「歩く」という目的に反するものとなる。理念的概念が、我々と「見る」や「知る」とは異なる関係を持ちうるものであり、その場合はそれらの滑らかさは有害となりうることに思い至らせるのがこの比喩なのである。

このように「氷」の比喩は、我々が忘却していた対象との非認知的で実践的な関係を我々に思い出させるのであり、それこそがこの比喩の力である。

ここで我々は、『論考』において「我々」がいかにして妥当な出発点から誤った考察へと迷い込んだのかを今一度思い返すべきであろう（その叙述はＰＵ89ｂでなされた）。ＰＵ89の読解で明らかになったのは、当初の「誤解の解消」という実践的目的がいつの間にか忘れられ、そのための手段であった「表現の分析」が知らぬ間に目的へとすり替わってしまうというプロセスだった。この、実践の忘却と目的化された理論的探究への迷い込みを我々はプ﹅ラ﹅ト﹅ン﹅過程と呼んだ。「氷」の比喩が我々に及ぼす作用とは、この過程を逆転あるいは解消することに他ならない。「氷」の比喩のこの脱プ﹅ラ﹅ト﹅ン﹅過程というべき作用は、おそらく比喩によってしかもたらされない作用である。それゆえ、いわゆる

後期ウィトゲンシュタインの思考の歩みは、そのもっとも決定的な局面において、自らが創出した新しい比喩が持つ力によって切り拓かれ、そのことによって初めて『探究』という全く新しい哲学的思考が可能となったのだと言うことができるだろう。この意味において『探究』の哲学的思考とはその本質において、すなわちその実生成において、比喩の創出と不可分なつながりを持つ。それは詩的な哲学的思考、詩作としての哲学的思考、詩作によってのみ可能となった思考である。

この比喩によりこうした事に気づけば、「歩く」という本来の目的を遂行するために我々がいるべき場所は「氷の上」ではなく、より凸凹とした摩擦の多い場所であることに思いを向けることは困難ではない。そうした場所の象徴として「ザラザラとした大地」以上に適切な表現はおそらく存在しないだろう。「氷の上」と「ザラザラとした大地」という比喩によって、誤りの引力のリアリティーとそこから脱出することの必然性の双方を、他の仕方では不可能な、この上なく巧みな形で『探究』のウィトゲンシュタインは次のように自分自身に語りながら、そのことを自覚する。

我々はツルツル滑る氷の上に入り込んだのだ。そこには摩擦がない。だからある意味で条件は理想的である。しかし、まさにそのために前に進めないのだ。我々は前に進みたい。だから摩擦が必要なのだ。ザラザラとした大地に戻れ！　(PU107)

この比喩は実に巧みに、なぜ我々が氷の上に入り込んだのか、そしてなぜ今そこから出なければならないのかを我々（読者）自身にも悟らせる。しかしそこを出て、どこに行けばよいのか、そしてそこ

で何をすればよいのか、についてこの描写はまだ何も語っていない。「歩く」、「前に進む」、「大地」、これらはいまだここでは象徴的表現にとどまっている。それが何を意味するのか、『論考』的形而上学を放棄した後、我々が何をすべきなのか、哲学にまだ何が残されているのか、それを我々は次に考えなければならない。それがＰＵ108のテーマである。

我々が向かうべき大地とは何か、そこで我々は何をすべきか――§108

このようにＰＵ107の思索と比喩は強力であり、我々がどのように誤っていたのかを一瞬にして悟らせる力を持っている。「ザラザラとした大地へ戻れ！」という結句は、誤りに気づいた我々が次に進むべき道を示しているかに思え、ある種の光と感じられる。それは確かに光として読者に働きかける。しかし読者が（我々が）前に進むために本当に必要なのは、その光の照らす方向、進むべき具体的な道を知ることである。ＰＵ108がＰＵ107から引き継ぐのはこの問題であり、それは「哲学論」後半が前半から引き継ぐ問題でもある。

この問題を解くための第一歩は「ザラザラとした大地」とは具体的に何を意味するかを明らかにすることであるが、これ自体は困難なことではない。ＰＵ105からＰＵ107に至る叙述の中で「日常の暮らしで「文」、「語」、「記号」と呼ばれているもの」[56]と「論理が扱う命題（文）や語」の対立について語られたことと、テキスト・ソースに関する情報を合わせて考えると、「ザラザラとした大地」が現実に使用されている言語、あるいは、文、語、表現の現実の使用例を指していることに疑いの余地はないと思われる。

問題はそうした「ザラザラとした大地に戻った」時、論理、「我々の考察」、そして哲学がどうなるのか、ということである。考えられる一つの可能性は、現実の言語の使用を唯一の基準とし、それに対する一切の規範的あるいは批判的考察を封じることである。その場合残るのは、生活に必要な日常的言語使用と世界を記述するための言語使用のみであり、結果として哲学や論理的考察は消滅し、日常的言語生活と科学だけが残ることになる、あるいはそうした状態が望ましいものとみなされる状態が到来する。明らかにこれは『論考』に対する根本的な批判を体験した精神に開かれているように見える一つの道であり、哲学に対する完全なニヒリズムに他ならない。ＰＵ88までの『探究』の考察の中でウィトゲンシュタインがこうした可能性を自身に突き付けていたことは「家族的類似性」を巡る議論が示している。すなわち家族的類似性とは我々が使用する概念が一般に不確定で不定形であることを意味し、その重要性を強調することは、我々の考察（哲学）において現実の言語の使用例が最終的審級となるべきことを示唆するからである。家族的類似性という現実を認めながら論理や哲学に対する破壊的な道を拒否するなら（それが『探究』においてウィトゲンシュタインが一貫して目指しているものである）、我々は、その場合論理は、哲学はどうなるのだ、という問いを発し、それに答えなければならない。なぜなら、論理も哲学も、『論考』において「我々」が構想したようなものではありえないことを我々はすでに知っているからである。ＰＵ108の考察が以上のような問題を巡って展開されているものであることを、同節の次の書き出しははっきりと示している。

「文（命題）」や「言語」と我々が呼ぶものは、かつて私が想像していたような形態的な統一性を持

つものではなく、大なり小なり互いに関係する諸形態の家族であることを我々は認識している。――しかし、それなら論理はどうなるのか？　その厳密さのタガがここで外れてしまうように思えるのだ。――だがそれでは、論理が全く消滅するのではないか？――なぜって、いったいどのようにして論理がその厳密さをなくすというのか？――もちろん我々が論理に対し、その厳密さを値切ることによってではない。（PU108）

理想誤解に基づいた『論考』的な超越的真理の探究としての論理的考察と、論理的考察自体の全面的否定という二つの道のいずれでもない第三の道を進もうとする『探究』の精神にとって、第三の道を形づくる新しい論理的考察（それを「哲学」と呼ぶこともできる）の具体的な内実を明らかにしてゆくことが「哲学論」のこれからの課題となり、その第一歩がPU108なのである。『探究』のテキストに沿ってこの問いに具体的に答えてゆくためには、ＰＵ89以来の『論考』的考察に対する自己省察的な考察の全過程を、ここで今一度振り返ることが必要となる。なぜならその中で、新しい論理的考察（哲学的考察）がとるべき姿、持つべき特徴がすでに目立たない形で示されているからである。

論理的考察と哲学の新しい姿へ

ＰＵ89ｂ、ｃの考察では、『探究』の精神が「非経験的な考察」としての論理的考察の可能性と存在意義を肯定するということが示されるとともに、そうした肯定的価値を持つ論理的考察の具体的な原型としてアウグスティヌスの『告白』における考察が提示された。つまり（ウィトゲンシュタイン

が理解する限りでの）アウグスティヌスの考察は、論理的考察がプラトン過程によって実践の忘却に発する誤りに転落する以前の、価値ある論理的考察の可能な一つの例として示されたのであり、それゆえ我々がこれからあるべき新しい論理的考察像（哲学像）を探る上でアウグスティヌス的考察は重要な具体的手掛かりを与えてくれるのである。PU89の言葉によれば求めるべき考察とは、「我々の目の前に既に開かれて在る何か、しかし何らかの理由で我々が理解していない何かを理解する」試みであり、その何かを「想い出す」営みである。それは非経験的であるという点で『論考』的考察と共通するが、言語と世界のアプリオリな秩序の探究ではなく、すでに知ってはいるが理解していない何かを想起し、理解する営みである点で『論考』的考察と異なっている。

　PU89で示されたアウグスティヌス的考察が『論考』的考察と異なる第二の点は、それ自身が目的ではない（すなわちプラトン過程による転落を免れている）ということである。『論考』の考察はプラトン過程により、それ自身が超越的な真理の探究として価値があると誤解されたが、アウグスティヌス的考察は、我々が知りながら理解していない何かを理解するという目的のために行われるのであり、それ自身が真理の解明として価値を持つために行われるのではない。従ってアウグスティヌス的考察がなされる際には、その目的は何なのか、何をどのように理解していないためにどのような不都合が生じ、それを解消するために考察がなされるのか、がはっきりと自覚されている必要がある。

　PU89以来の考察の中で示された『探究』の精神がこれから実践すべき論理的考察（哲学的考察）の特徴にかかわる第二の手掛かりは、理想誤解に関する議論そのものである。『探究』がこれから実践する論理的（哲学的）考察が再び『論考』と同じ誤りに陥らないために決定的に重要なのは、理想

誤解を犯さず、理想（理念的諸概念）と正しい関係にある、ということである。この点は上で触れたプラトン過程から免れているということと密接に関連している。論理的考察においては「文」、「言語」、「名」をはじめとしてさまざまな概念が用いられる。これらが理念的概念（「理想」）である。『論考』では誤ってそれらは言語と世界に共通のアプリオリな秩序を構成する概念であると解され、それゆえ実在の最も普遍的な秩序という真理を映し出す妥当な理論的概念と考えられた。それゆえにこそそれらには、実在の究極的秩序に対応した厳密さが誤って要求されたのだった。PU108の考察でウィトゲンシュタインが問題にしているのは、『論考』の誤りが克服された後、これらの理念的概念の厳密さはどうなるのか、そして、なぜそうなるのか、ということであった。第一の可能性は、現実の諸概念の家族的類似性に理念的概念自身が従うというものであり、それが意味するのは理念的概念を理念的概念として使用しないということ、すなわち論理という考察の領域を廃棄するということである。その場合論理は現実の諸概念にのみ込まれることによりその厳密さを失うことになる。これがPU108で「我々が論理に対しその厳密さを値切ることにより」論理が厳密さを失う、と描写された事態である。PU108が示しているのは、『探究』の精神は論理をそのようには扱わないということである。同時に『探究』の精神は『論考』に対する根本的批判を全面的に受け止めたうえで前に進もうとしているのだから、『論考』・フレーゲ的な概念の厳密さをすべての理念的概念に一律に求めはしない。では論理の厳密さはどうなるのか。

ここで我々が想起しなければならないのは、「哲学論」で展開された理想誤解に関する議論の核心である。それは、理念的諸概念とは実在の究極的秩序の写し絵ではなく、様々な目的のために我々が

事物を描写する際に用いる概念的道具（ウィトゲンシュタインはそれを「描写の形」、「像」、「ものさし」、「比較の対象」と呼ぶ）であり、それが用いられる目的に応じて厳密さが要求されることもあれば、そうでないこともあるという、思考である。すなわち新しい論理的考察（哲学）において理念的諸概念（「理想」）は我々の考察において本来占めている場所に置かれるがゆえに、それらに対する一律の厳密さの要求というものは消滅するのであり、それは論理が消滅するからでなく、論理が本来の役割を果たすからなのである。それゆえ『探究』が求めている新しい論理的考察（哲学的考察）にとって最も重要なのは、その考察本来の実践的な目的をはっきり自覚することである。それを自覚するとは、同時に考察において用いられている理念的諸概念の使用目的を自覚することに他ならない。言い換えるならそうした自覚によってのみ我々は、理念的諸概念が実在の写し絵であるという錯覚（理想誤解）から解放されるのである。自身の哲学的考察の目的に関するこうした自覚を伴った新たな思考への歩みを、ウィトゲンシュタインは次のように「我々の全考察の転回」と呼ぶ。

――結晶の様な純粋さという先入見は、我々の全考察を転回することによってのみ取り除くことができるのだ。（考察は転回させなければならない、だが我々の本当の必要を軸として、と言えるだろう。）（PU108）

ここでウィトゲンシュタインが探ろうとしている道とは、論理的考察（哲学的考察）を、内容は変えながらも同じやり方で継続すること（すなわち、理想誤解の限りない反復）でも、論理的考察（哲学的

考察）を放棄することでもない第三の道、根本的に新しい仕方で論理的考察（哲学的考察）を行う道である。この新しい道を見出すためには、「全考察の転換」が必要だと彼は言う。しかも「我々の本当の必要を軸とした転換」が必要と言う。この転換とは何か、「我々の本当の必要」とは何か、そして我々の考察が進むべき新しい道としての「新しい哲学」とは何か。これが『探究』「哲学論」後半の主題である。

第四章　新しい哲学像——「哲学論」後半（§§109〜133）

前章において我々は、『探究』「哲学論」前半（§§89〜108）に示されたウィトゲンシュタインの哲学的過去（『論考』）に対する徹底した自己省察がいかなるものかを見た。この自己省察の目的は、『論考』の誤りの本質を、その本当の根底にまで掘り下げて明るみに出すことであった。

こうして明かされた『論考』の根源的誤りとは、そこに登場する個別の概念（例えば「要素命題」や「単純な対象」）が不完全で改良の余地があるといったことではなく、そこに登場する基本概念（例えば、「名」、「対象」、「命題」、「思考」、「事態」、「論理形式」といった）が世界そのものについて何かを示していると考えたこと自体であり、根本的な概念的秩序としての論理が世界のアプリオリな本質を映し出していると考えたこと自体であり、つまり、論理や理論一般の世界性を信奉していたことそのものであった。こうした意味において「言語ゲーム」という概念を駆使し、『論考』的言語観の批判として§88まで展開されて来た『探究』の思考も、いまだこの根本的誤謬（それを我々は「理想誤

解」と呼んだ）から完全に自由ではなかった。このことを指し示していたのが規則のパラドックスの存在に他ならず、それゆえにこそ『探究』「哲学論」という哲学の自己省察が必要だったのであり、それが実行されたのが「哲学論」前半であった。

それゆえ『探究』「哲学論」後半の冒頭でウィトゲンシュタインの精神が立っている場所とは、自分の哲学的過去の根本的な過ちに気づいたものの、いまだその誤りの中にあり、そこからの脱出の道と方法を模索している精神のそれである。『探究』「哲学論」後半とは、この精神が自己の根源的誤りから脱却する道を探し出してゆく過程の記録であり、同時にそうした道の記述としての新しい哲学論である。こうしたものとして読むとき、我々はその意味を最もよく理解できるだろう。「哲学論」後半のこうした姿と意味を明らかにするのが本章の目的である。本章の叙述を始める前に、『探究』「哲学論」後半テキストの構成と、その読解に大きな意味を持つ関連テキストとしてのＭＳ142との関係について改めて簡単に述べておこう。

1　テキストの構成とＭＳ142（およびＴＳ220）との関係

1-1　「哲学論」後半テキストの構成

前章までに示されたように、我々の考察対象である『探究』「哲学論」後半は、ｃ、ｄ、ｅという三つのシークエンスから構成されるが、テキストの由来という観点から見ると、それらは二つのグループに分かれる。シークエンスｃとシークエンスｅは、『哲学探究』§§1～188の草稿（MS142）の

成立と同時期（一九三七年一月から八月ごろまで）に主としてノルウェーにおいて書かれた手稿ノートMS157a、b[1]に由来するテキストを軸にして構成されたものであり、『哲学探究』という書物を可能にした新しい精神が生まれ、その思想が展開し『探究』として結実してゆく思想的時期としての『探究』期に属するものである。それは哲学的自己省察を通じて『探究』の思想を生み出しつつあるウィトゲンシュタインの精神の、リアルタイムの思考の記録である。このことは、そこでの考察の対象が「哲学」としてではなく、「我々の考察」として捉えられていることのうちに何より示されている。それゆえシークエンスcとシークエンスeのテキストは「哲学論」前半部の哲学的省察の記録であるシークエンスaとシークエンスbの考察の直接の継続と考えられる。

それに対してシークエンスdのテキストは一部[2]を除いてTS213（「ビッグ・タイプスクリプト」）「哲学」（第八六章から第九二章まで[3]）に由来するものであり、しかもTS213の元のテキストにほとんど手を加えることなく、全体としてTS213「哲学」からの抜粋という相を呈している。TS213に収録されたこれらのテキストの元の原稿（それらは手稿ノートMS108、110、112に散在している[4]）が書かれたのは一九三〇年七月から一九三一年一〇月の期間であり、「日記」前半の時期と完全に重なる。つまりシークエンスdのテキストとは、哲学を再開したウィトゲンシュタインが、哲学的自己省察を開始しながらも、まだその根底にたどり着けずもがいていた時期に、「哲学」という活動あるいは知的実践に対して行った省察の記録だと考えられる。このことは、そこでの考察の対象が、シークエンスc、eとは違って、「我々の考察」としてでなく「哲学」として捉えられ、いわば普遍性の相の下で見られていることのうちにも示されている。

こうした、ある意味で過去の哲学論の抜粋が、『探究』「哲学論」後半の哲学的自己省察の記録の中にあえて挿入されているのは、現在進行している『探究』の精神による哲学的自己省察の観点からしても、その内容は是認され、書物全体にとって有益なものと判断されたからだと考えられる。すなわちシークエンスdの考察とは、かつて一九三〇～三一年に普遍性の相の下でなされた哲学に対する反省的考察の中で、現在の『探究』の哲学的自己省察からしてもなお妥当な内容を、進行中の哲学的自己省察に対する補足、注釈として挿入したものだと推測されるのであり、本章の「哲学論」後半の解釈全体は、シークエンスc、d、eの相互関係に関するこうした理解に基づいて進められる。(5) それゆえシークエンスdの解釈は、その内容がシークエンスcにも登場する場合、できる限りシークエンスcに関する叙述と一体化させて論じ、そうでない場合に限ってシークエンスdの解釈として独立に考察することとしたい。

こうした本章の解釈作業の大まかな見取図とするため、表4‐1と表4‐2として『探究』「哲学論」後半のシークエンス分析とサブシークエンス分析を示す。小さな点ではあるがここで注目されたいのは、以下に示されるシークエンスc、d、eの表題が第二章で示したものと違っている、ということである。それらは第三章の我々の分析と考察を反映すべく、ここではより適切なものに変更されている。すなわち第三章の考察により、『探究』「哲学論」前半が、「我々」を名乗るウィトゲンシュタインが自らの哲学的過去の根底に立ち返り、その根本的な誤解を暴き出す作業の記録であることが明らかになった結果、『探究』「哲学論」後半のシークエンスcとeも、そうした「我々」が根本的な誤解から脱出する道を見出してゆく過程の記録として読むのが最も適切と判断されたのであり、その

表4－1 『探究』「哲学論」後半のシークエンス分析

シークエンスc（§§109～118）	自己の根本的誤解から脱出する道としての新しい哲学
シークエンスd（§§119～129）	新しい哲学の諸特徴 ――「ビッグ・タイプスクリプト」期の考察
シークエンスe（§§130～133）	新しい哲学の目的と方法

表4－2 『探究』「哲学論」後半のサブシークエンス分析

サブシークエンス	主題
c_1（§§109～110）	シークエンスa, bで示された根本的誤解から脱出する道としての新しい哲学
c_2（§§111～112）	哲学的問題と誤解の根本構造と深遠さ
c_3（§§113～115）	哲学的問題を生む誤解の典型としての『論考』の錯覚
c_4（§§116～118）	哲学的問題を生む誤解からの脱却の手掛かり――言語の日常的使用への回帰
d_1（§§119～121）	現実の言語の十全性と哲学の非啓蒙性
d_2（§§122～123）	哲学的問題の源としての我々の言語の文法の全体的眺望の欠如
d_3（§§124～128）	哲学の記述性と数学におけるその例
d_4（§129）	事物の最も重要な相の見えにくさ
e（§§130～133）	新しい哲学の目的と方法〈シークエンスeはサブシークエンスに分かれず〉

結果、それらの表題もその内容をよりよく反映するように改められたのである。第三章の考察の結果我々は、『探究』「哲学論」後半を以前は可能でなかった仕方で理解できる場所に立ったのである。

1－2 「哲学論」後半とMS142（及びTS220）の関係

以上からも推察できるように、『探究』「哲学論」後半のテキストは極めて複雑な構造を秘めており、その全体像を解き明かすのは決して容易ではない。加えて、『探究』「哲学論」後半に登場するテキストの多くは、『論考』を思わせるようなアフォリズム的スタイルを持っており、結果として各考察は相互に独立し、

それらの間の繋ぎに相当するテキストが存在しないため、相互の連関が見えにくく、それらを現にあるような順序で配列した著者の意図を理解することは極めて困難である。これが『探究』「哲学論」後半の全体像を捉えるのをさらに困難にしている。

この困難に際して我々の大きな助けとなるのが、ＭＳ142（及びそれに基づいたタイプ原稿としてのＴＳ220、すなわちいわゆる戦前版『探究』の前半部）の『探究』「哲学論」に対応するテキストである。すでに第二章で述べたようにＭＳ142（及びＴＳ220）と現行『探究』、すなわち最終版（TS227）の§§1〜188は唯一の例外箇所を除いてほぼ同一であるが、その例外箇所こそが「哲学論」後半なのである。(6) すなわちＭＳ142（及びＴＳ220）には『探究』「哲学論」のオリジナルバージョン（戦前版バージョン）と呼ぶべきものが存在し、それを大規模に書き換えたのが最終版『探究』の「哲学論」後半なのである。オリジナルバージョンの「哲学論」後半と最終版『探究』「哲学論」後半を、両者に共通するテキストの対応関係を軸として比較すると、(7) 両者の全体的相関関係は次のようなものであることがわかる。先ず、最終版バージョンの内容は、一部を除きそのままオリジナルバージョンに存在する。(8) すなわち最終版を作成するにあたってオリジナルバージョンに書き加えられたテキストはごくわずかである。それに対して最終版「哲学論」後半を作成するにあたって相当量のテキストがオリジナルバージョンから削除され、残ったテキストも、その一部はそのままの位置・順序で最終版バージョンの骨格となり、他の部分は位置・順序を大幅に変更したうえで最終版バージョンに組み入れられている。すなわちウィトゲンシュタインにとって「哲学論」後半のオリジナルバージョン（戦前版バージョン）を現行の最終版バージョンに書き換える作業とは、先ず骨格となる部分をそのままの順序で残し、不

要あるいは不適切と考えた相当部分を削除し、残されたテキストの順序、位置を変更し、更に四つの考察を新たに加える、というものであった[9]。

我々解釈者にとってここで注目すべきなのがオリジナルバージョンから削除された相当量のテキストである。その多くは最終版に残されたテキストと直接接続しており、いわばそれらの解説、説明として読める部分が相当存在する。本章の以下の考察では、そうしたテキストを『探究』「後半部」解釈の助けとして、可能な範囲で使用する[10]。加えて、オリジナルバージョンから削除されたテキストのなかには、残された現行テキストとの直接の繋がりがなく、いわばある思考主題そのものが最終版から抹消されたように見える部分がある。しかも、その内容は極めて重要であり、それ自体で独立した考察を要求するものである。本章第5節では、主題ごと削除されたこのテキストの内容に関して掘り下げた考察を行いたい。同時に、かくも重大な内容がなぜ最終版から削除されたのかについても考えたい。それは最終版の編集作業に込められたウィトゲンシュタインの根本的な意図とは何かを問うことに他ならない。

2　『論考』の根本的誤解からの脱却の道――§§109～118

シークエンスｃでは、自らを「我々」と呼ぶ『探究』の哲学的精神による自己省察がシークエンスａ、ｂの考察を引き継いで続けられる。シークエンスａ、ｂでこの精神は自分が未だ根本的な誤解の中にいることを見出し、そこから脱出することを決意した。この決意の自らへの表明が、「ツルツル

滑る氷の上から、ザラザラした大地へ戻れ！」という言葉であった。この精神は脱出を実現するために自らの考察（それは「哲学的考察」と呼びうるものである）を根本的に転換する必要を感じた。それは『論考』において自らが実践的目的を忘却し、理論化した過ち（それを我々は「プラトン過程」と呼んだ）を打ち消す転換であり、プラトン過程により理論化した考察の実践的転換と呼びうるものである。この転換を自らに求めたのが、「結晶の様な純粋さという先入見は、我々の全考察を転回することによってのみ、取り除くことができるのだ。（考察は転回させなければならない、だが我々の本当の必要を軸として、と言えるだろう。）」（PU108）というシークエンスｂの最後の言葉であった。

シークエンスｃとはこの転回によって「我々の考察」が取るべき新しい姿を見出してゆく過程である。そうして見出された「我々の考察」の姿とは、「我々」にとっての新しい哲学の姿でもある。そして『探究』の読者たる我々にとってそれは、『探究』の新しい哲学観の核心と呼ぶべきものに他ならない。それはシークエンスｄとｅの考察を通じてさらに拡充され、一つの確固とした哲学像を形成してゆく。この新しい哲学像は、『哲学探究』という書物全体の読解のための決定的な鍵を我々に与えるだろう。なぜならその書名が皮肉でないのなら、この書物の、とりわけ§134以降の考察とは、こうして出現した新しい哲学の実践であるはずであり、そのようなものとして読まれたときに初めて、その制作の意図に沿った理解が可能となるはずだからである。

このシークエンスｃを読み解き、新しい哲学像を見出すのに決定的に重要なのが、そこで示される哲学観を『論考』のそれとつぶさに比較し、何が両者に共通で、何が決定的な相違なのかを明らかにすることである。シークエンスｃの考察のそもそもの起源は『論考』への自己省察であり、そこでの

原初の志としての哲学の登場、それがその後歩んだ転落の道、そこからの脱却、といった一連の精神的遍歴を体験したのちにのみ新しい哲学は我々の前にその姿を現すのであり、この原点との比較によってのみ、我々はそれが新しい哲学像だと認識できるからである。

2－1　「我々の考察」の新しい姿――§§109～110

シークエンスcの主題、すなわち自らを過ちから救い出す道としての新しい「我々の考察」の姿、新しい哲学像は、サブシークエンスc_1、わけてもPU109においてその核心の描写がほぼ完全に提示される。ある意味でそれ以降の『探究』「哲学論」はPU133に至るまで、いわばこの根本規定の補充、注釈、説明、であるにすぎない（もちろん個々の内容は極めて興味深いものだが）。つまり『探究』の新しい哲学像を正しく捉える鍵は、PU109の正確な読解にある。それゆえ我々の解釈は、PU109の内容の詳細な検討から始まることになる。

新しい哲学観と『論考』哲学観の共通点と隠された重大な問い――§109読解開始

シークエンスc（そして『探究』「哲学論」後半）は、「我々の考察が科学的考察であってはいけないという考えは正しかった」（PU109, 傍線引用者）という一文で始まる。この文は、シークエンスcが「我々の考察」（哲学的考察）に対するシークエンスa、bの省察を直接引継ぎ、その主題を共有するものであることを、いうならば、宣言している。これが「正しかった」という過去表現が示すものである。同時にこの文は「正しかった」という過去形をあえて使用することにより、これから始ま

る考察（我々の観点からすればそれは新しい哲学論である）が持つ意味に関して、ある曖昧さを導入している。というのもここで「正しかった」という確定的過去形によって言及されている過去の出来事・時間には二つの可能性が考えられるからである。

ことを明確にするため、この文が『探究』「哲学論」の自己省察の中で置かれている位置を改めて確認しよう。自らの根本的誤りの所在を明らかにするためにこの省察は始まった。その結果『論考』の「考察」の誤りが暴かれ、自らがその中に没している誤解の正体も明らかになり、今は自らをそこから脱却させる手段としての新しい「考察」の姿を描き出そうとしている。その冒頭でこの文は、その新しい「考察」は「科学的考察であってはいけない」と述べると同時に、過去においてそのように考えたことは正しかった、と述べているのである。

問題はその過去がいつか、どのような機会であったのか、ということである。今述べたように、これには二つの可能性が存在する。第一は『探究』において自己の「考察」に対する哲学的反省が開始されたときであり、それはシークエンスa冒頭の§89の思考の時である。この解釈によれば、自らの誤りの根源を解明しようとして『探究』の精神が自己省察を開始したとき、その精神は自らがそこから脱却するために必要と考えた「考察」が科学的考察（経験的、因果的考察）であってはいけないと考えていたが、その考えは正しかった、ということになる。この解釈によれば、非経験的な考察（哲学的考察）は『論考』のようなプラトン過程により我々が根本的な誤解をした場合にのみ必要ということになる。第二の可能性は『論考』の考察自体が行われたときである。この解釈によれば、『論考』において非経験的な考察（論理的あるいは哲学的考察）により言語に関する誤解を解消しよう

としたこと自体は正しく、そうした行為は可能であるが、それを実行するにおいて『論考』は誤りを犯した、ということになる。つまり『論考』が当初実行しようとしていた「非経験的な考察」（哲学的考察）はそれ自体において正当な行為であり、『論考』が犯した誤りによって初めて必要となったのではないことになる。

この二つの解釈は、§89自体が持っている曖昧さに対応するものである。例えばそこでは、「（論理的な考察は）、すべての経験的なものの基礎または本質を理解しようとする努力から生まれる」と述べられているが、上の第一の解釈によれば、『論考』を突き動かしたこうした「努力」は妥当ではなく、むしろ誤りを生み出した原因であることになるが、第二の解釈によれば、こうした努力そのものは有意味であり、『探究』の現在においてもその意味は失われていないことになる。前者によれば、哲学的考察は決してそれ自体が目的とはなりえないが、後者によれば、適切に実践されるならそれ自体が目的となりうることになる。いずれの解釈を選択するかにより、その後に生まれる新しい哲学像が大きく変化することは明らかである。この問題については、以下の考察の中でも常に意識することにしたい。ここでは§109冒頭のこの何気ない文の、何気ない過去時制の使用により、本書全体にとって重大な意味を持つ問題の存在が示されていることを確認するにとどめよう。

第一の相違――「我々の考察」（哲学）の記述性

このようにして「我々」が今求めている「新しい考察」が、非経験的であるという点で『論考』の哲学的考察（論理的考察）と類似していることが示されたが、続く数文においてこの「新しい考察」

が『論考』の考察と決定的に違う点が示される。一言で言うならそれは、『論考』の考察が仮説的、説明的な側面を持っていたのに対し、「新しい考察」が徹底的に記述的だということである。この両者の相違を続く数文は極めて圧縮された、しかも核心をついた形で描写する。その全文を次に引用し、内容を確認しよう。

「我々の先入見に反し、これこれのことが考えられる」という経験（それが何を意味するにせよ）に我々は興味を持つことができなかった。（思考を心的な媒体ととらえる見方。）そして我々はいかなる種類の理論も立ててはいけないのである。我々の考察に仮説的なものが存在してはいけないのだ。すべての説明は消え去らねばならず、記述だけがそれに取って代わることができるのだ。（PU109）

この一節は前半と後半に分けられ、前半は、「我々は興味を持つことができなかった」という過去形が示唆するように、『論考』の思考について（極めて漠然とした形で）語っていると考えられる。他方後半は明らかに来るべき新しい「我々の考察」が満たすべき条件、その特性について語っている。我々の読解は、後半から始め、それとの対照によって前半の曖昧に見える意味を確定するのが、より容易となろう。後半で新しい「我々の考察」は記述的であり、理論的な説明、仮説的なものを含んではいけない、とされている。従って前半においては、『論考』の「哲学的考察」に理論的な説明、仮説的なものが含まれていたことが何らかの形で述べられている、あるいは示されている、と推測される。そしてその「説明」は、「思考を心的な媒体ととらえる見方（die pneumatische Auffassung des

Denkens)」と深くつながっていると推測される。

『論考』におけるどのような具体的事態がここでこのように語られているのか考えてみよう。第三章でも述べたように、「思考」は『論考』において世界と言語を繋ぐ鍵となる存在であり、対象の結合としての事態を写す論理像であり、同時に命題（文）の意味であった。『論考』の体系において（あるいは『論考』の精神にとって）それが持っていた例外的に重要な地位を象徴的に語るのが「思考は光輪に取り囲まれている」（PU97）という表現であった[11]。だがその具体的なあり方は『論考』において一切述べられていない。しかし「思考」が事態の論理像であるということと、その思考を意味する文を我々が理解するという現象が現に存在することを重ね合わせて考えるなら、それは我々の意識あるいは心において事態を何らかの形で論理像として映し出す媒体（及びそこに映された像）と考えられていたのではないかと推測される[12]。「思考を心的な媒体ととらえる見方」とは、他ならぬこうした『論考』の「思考」理解を指すのだと考えられる。

こうした『論考』の思考・理解概念に立つ限り、何も指示しない名や名詞表現を含む文を我々が理解することはありえない。なぜならそうした表現を含む文にはいかなる事態も対応せず、思考に何の像も結ばず、それゆえ思考不可能であり、無意味であり、理解不可能だからである。それゆえにこそ、例えば、「現在のフランス国王は禿げ頭である」という文を現実に我々が理解するという事態は、説明されなければならないことだったのである。そしてこの種の文の本当の論理形式は「……といったものは存在する」という存在文であり、対象を指示する表現を含まない（それゆえ理解可能であっても不思議ではない）、というラッセルの記述理論による説明は、表面的に無意味に見える文の有意味

性を説明するがゆえに『論考』にとって決定的な意味を持っていたのである。[13]

しかしこの「説明」の『論考』にとっての本当の意味は別のところにある。それは『論考』をその根本的な誤解の中に留めおくことである。そもそもこの理論的説明においては、『論考』の根本想定（すべての名は対象を指示する、文の理解とはその意味を思考することである、等々）は、実際にはそうでないこと（例えば、死者の名のように、我々は指示対象を持たない名を有意味に使うことがある）が考えられるにもかかわらず、一切疑われなかった。それが「「我々の先入見に反してこれこれのことが考えられる」という経験に我々は興味を待つことができなかった」という文の意味するところである。そして「我々」は、自分が疑いを持たない根本前提を目の前の反例から守るためにこうした理論的説明を案出したのであり、そうした説明のために「隠された本質」（PU91, 92）としての「論理形式」を中心とした一連の理論的装置を考案したのである。[14] こうした根本想定がここで「我々の先入見」と呼ばれているものである。それゆえここで「我々」が哲学的考察から一切の理論的、仮説的説明を排除しようとしているのは、かつて「我々」にとって根本想定を防衛するために考案された「説明」や「仮説」が、実は我々を根本的な誤解に押しとどめ続けた根本原因であると認識されているからに他ならない。我々を「ツルツル滑る氷の上」から出られないようにしていたのが、他ならぬ「理論」や「説明」だと認識されたからに他ならない。それゆえにこそ「我々」はここで自分たちの新しい考察としての哲学に、自分の根本想定を防衛するために（それを最終目的として）理論的説明を案出する『論考』の態度・方法の放棄を求めたのである。それは形而上学の放棄である。[15] これが「哲学は記述的であるべきだ」という有名な『探究』のテーゼの意味するところなのである。

科学の形而上学化の可能性について

こうして『論考』の「哲学的考察」と『探究』において探し求められている新たな「我々の考察」の共通点と決定的な相違が示されたのだが、我々の読解をさらに進める前に、ここで考察しておくべき重要な問題が一つ存在するように思われる。それは今示された自己の根本的な前提（「我々の先入見」）の防衛を目的とした理論的説明を（有害なものとして）放棄するという態度は、自然科学にも適用されるのか、それは自然科学の理論的説明活動と両立するのか、もし自然科学においてそれが容認されるなら、なぜ哲学において放棄されるべきなのか、という問題である。『探究』において明示的に問われることはなかったが、その哲学論を真剣に受け止めようとする我々にとって、これは立ち止まり考察すべき問題である。

結論から言えば、条件が同じであればこうした根本前提の防衛のみを目的とした理論的説明は科学においても存在しうるし、もし存在すれば科学を形而上学化（現実から遊離した観念体系化）させる可能性を持っていると考えられる。それは、科学者が「自分たちの主張が不当なものや空虚になることから逃れ」（PU131）ようとすれば、哲学におけるように科学においても放棄されるべき態度である。例えば力学において慣性の法則に反する現象に対して、摩擦による減速という説明をする場合、この被説明現象と独立に摩擦が測定されたり、コントロールされたりするならば、その理論的説明は独立の経験的根拠を持ち、それによって守られる見解が形而上学化するとは言えない。しかし科学の実践において前提されているある見解に対して、それを見かけ上の反例から守るための理論的説明が、

当の現象以外に経験的根拠を持たない場合、そこで行われているのは、その見解に合致するような観念体系（経験との結びつきをもたない）を構築することであり、シークエンスａ、ｂにおいて明らかにされた『論考』の誤りと同質のものと考えられる。いわばそれは科学の形而上学化とも呼ぶべきものであり、経験科学を実践する者がこうした過程に足を踏み入れることはないと我々に保証するものは何もないと言えるだろう。

第二の、そして決定的な相違――「我々の考察」（哲学）の医術性・実存性

ＰＵ109のテキストは続いて、新しい「我々の考察」においてこの記述が何のために、どのように行われるのかを述べる。これはＰＵ108で宣言された考察の実践的転回の実質内容に相当するものであり、「我々の考察」の新しい姿、『探究』の新しい哲学像の核心部である。ここにおいて初めて新しい哲学は、『論考』の「哲学的考察」と決定的に別のものとなる。新しい哲学のこの決定的特徴は次のように描かれる。

そしてこの記述はその光を、すなわちその目的を哲学的問題から受け取る。もちろんそれらは経験的問題ではない。それらは我々の言語の働きへの洞察を通じて、解かれる。より正確に言えば、それを誤解しようとする衝動に抗して我々の言語の働きが認識されることにより、それらは解かれるのである。これらの問題は、新しい経験を提示することによってではなく、ずっと以前からよく知られていることを組み合わせることによって解かれるのだ。（PU109）

「そしてこの記述はその光を、すなわちその目的を哲学的問題から受け取る」という冒頭の文こそ、ＰＵ108で予告された「我々の全考察の転回」、「我々の本当の必要を軸とした転回」を実現する決定的な一歩である。この文でいまだ隠されている「我々の記述の対象」が何かという問いはひとまず脇に置き、この文によって「我々の考察」のどのような転回が実現されているのかをまず考えよう。その際やはり重要なのが、『論考』の場合との比較である。なぜなら「我々の考察」が展開されるその起点とは、『論考』の哲学的（あるいは、論理的）考察、より厳密に言うなら、それが内包する誤りだからである。

上で「説明」が問題となったが、『論考』の考察はラッセルの記述理論のような種類の説明ばかりに終始しているわけではない。その根底には非経験的な知識の記述が存在するのであり、その対象が世界と言語に共通の論理的秩序、すなわち論理そのものである。『論考』においてそれは、我々にアプリオリに、思考の可能性と不可能性を通じて知られると考えられていた[16]。このようにして我々に知られるものとしての論理とは思考の限界に他ならないが、『論考』においてそれは言語の限界（語りうるものの限界）として示されたのであった[17]。この言語の限界を『論考』は、語りうるものの総体を明確に描写することにより、間接的に示そうとしたのである。このように『論考』は論理を、間接的にではあるが、ある意味で「記述」しようとしたのであり、それが『論考』にとっての哲学の中心的仕事だったのである（「哲学は語りうるものを明晰に描写することによって、語りえぬものを指し示そうとする」（4.115））。そして哲学のこの仕事は、それ自身のために行われた。もちろん、この仕事が成

し遂げられたなら、本来無意味な哲学的問題は言語で表現されることすらなくなり、一挙に消滅するという望ましい副産物がもたらされるはずであった。だがこの仕事（思考と言語の限界を確定すること）自体が個々の哲学的問題を導きの糸として、それらが消滅するようになされたのではない。この意味で『論考』の哲学の仕事はその光を、哲学的問題ではなく、それ自身から、あるいはそれ自身が示そうとする言語と世界に関する究極的な真理への意志から受け取っていたのである。これが『論考』の哲学的考察がその根底において「理論的」であるということの内実であり、『探究』の「我々の考察」が転回によって根本的に変化させようとしている事態なのである。

この事態を新しい「我々の考察」は、新たに何か別のものを記述することによって転換しようとしている。だがそこでその何かが記述されるのは、その何かを知るためではない。記述する対象の知が「我々」の目的ではない。それを記述するのは、「我々」が直面している（あるいはその中でもがき苦しんでいる）哲学的問題を解くためなのである。そしてこれらの哲学的問題は、「もちろん経験的問題ではない」と言われる。従ってそれを解くために「我々」が記述するのも、経験的な事態や知識ではない。だが「我々」が記述するものは最早世界と言語に共通なアプリオリの秩序と考えられる何かではない。それは結果的に「言語の働きへの洞察」を我々にもたらすような何かなのである。

しかし「我々の考察」の転回は、このように哲学の記述の対象が刷新されたこと自身によってはまだ完結しない。なぜなら「その何かの記述」という概念が、我々を再び理論的考察に引き戻しかねないからである。その何かを系統的に、完全に記述すれば、我々の哲学的問題は結果的にすべて解決されるのではないか、という思考（それが『論考』の思考の完全な反復であることを我々はここで感じな

ければならない、「解決」という名の問題の反復であることに気づかなければならない）が再び誘惑として「我々」の中で蠢きかねないからである。この微妙だが重大な転回を完結するためには、今「我々」の考察を突き動かしている力、それを動かしている根本的な欲求が何かを確認する必要がある。もしそれが究極的な、本当の真理を知る欲求であれば、我々の記述を導くべき哲学的問題は最終的に知的な問題へと、何かを知ることによって解決される問題へと収束する。従って記述する対象がいかに変わろうと、我々は理論的考察の中に留まるのである。

それゆえここで想起すべきは、一連の哲学的反省を通じて「我々」が哲学的問題を解こうとしたのはなぜか、「我々」の「本当の必要」とは何だったのか、なのである。それは新たに何か、本当の真理を知ることではなく、真理を知ろうとして気づいた時には自分が迷い込んでいた現実から隔離された世界（「ツルツル滑る氷の上」）から脱出し、現実へと帰還するためであった。そして「我々」がそれを強く求めたのは、自らその「氷の上」から脱出しようとしても、「我々」の知性が不断にある誘惑、何かを誤解する誘惑にかられ、その誘惑に屈する限りは、そこから出られないからであった。それゆえ「我々」が求める解決とは、この誘惑（あるいは欲求）に勝つこと、それを断ち切ることである。それは知らないことを知るという知的過程ではなく、元々我々が持つ様々な欲求をすべて知的欲求へと還元し、自らの考察を理論化する誘惑を克服するという過程なのである。それはむしろ、病を治す、癖を直す、魔法を解く、呪縛から逃れる、といった表現が示すものにより近い過程である。それらはすべて何らかの形で自己の在り方を変える過程であり、その意味で実存的過程と呼べるだろう。自らが必要とするのが、何か新しいことを知るといった新たな知的過程ではなく、病を治したり、魔

法を解くことに似た実存的過程であることに気づき、悟ることが、いまここで求められている「我々の考察の転回」の核心、「本当の必要を軸とした転回」の本質なのである。

それゆえ新しい哲学において言語の働きを我々に洞察させる何かを記述することも、この脱魔法的あるいは医術的な実存的過程の助け・手段としてのみ意味を持つ。新しい哲学におけるこの記述は、我々に新たな知見をもたらすための記述ではなく、我々の精神が古い習慣、呪縛から自由となり、新たな在り方、新たな思考習慣、新たな生き方、新たなものの見方を得るきっかけとなるべき記述である。それは我々の精神の「転回」の契機となるべき言葉なのである。[18]「それら〔哲学的問題〕は我々の言語の働きへの洞察を通じて、解かれる。より正確に言えば、それを誤解しようとする衝動に抗して我々の言語の働きが認識されることにより、それらは解かれるのである」という圧縮された言葉でウィトゲンシュタインが苦心して伝えようとしているのは、新しい哲学のこうした姿に他ならない。こうした彼の新しい哲学観を集約するのが、ＰＵ109最後の次の印象的な文である。「魔法との闘い」とは、新しい哲学の実存的性格を象徴する比喩である。

> 哲学とは、我々の言語という手段によって我々の悟性にかけられた魔法との闘いなのである。
> (PU109)

我々の「情熱」の誤解と問題への振り向け——§110

このように、新しい「我々の考察」、新しい哲学の最大の特徴は、それが実存的要素を持つという

こと、すなわち知的な問題の解決のみに関わるのでなく、自らの精神の在り方そのものにも関わるということである。新しい哲学において問題となるのは、単なる誤った認識でなく、自らの精神の誤った在り方、錯覚や魔法という言葉が象徴する、ある問題をはらんだ在り方なのである。こうした在り方の中にある時、我々は様々な「哲学的問題」に遭遇する。それゆえ「我々の考察」をさらに進め、こうした問題のある在り方から自らを救い出す道としての新しい哲学の姿をさらに鮮明にさせるためには、我々をこうした状態に陥れる錯覚や誤解、そしてそうした中で出会われる哲学的問題の正体を突き止める必要がある。それによって我々には、この望ましくない在り方から自らを救い出す具体的な方策を見出す展望が開けるのだ。

かくして新しい哲学像を模索する「我々」の考察は哲学的問題とそれを生み出す誤解や錯覚の分析へと向かってゆく。考察のこうした新たな進路をはっきりと示しているのが続くＰＵ110に他ならない。哲学論のこの新たな展開において「我々」の考察の対象となるのは、「我々」が過去に現実に遭遇した問題であり、「我々」が実際に捕らわれている誤解・錯覚であり、とりもなおさずそれは『論考』の精神が遭遇した問題、捕らわれた誤解・錯覚に他ならない。こうして「我々」の考察は『論考』の問題と錯覚へと、その中にいまだ捕らわれている自らの精神が脱出する方法を見出すために、再度向かってゆくのである。「我々の考察」のこうした新たな進路はＰＵ110で次のように示されている。

「言語（あるいは思考）とは比類なき何かである」――これが迷信（誤りではない！）であること、それ自身文法的錯覚によって呼び起こされた迷信であることが示される。

そして情熱は、今や翻ってそれらの錯覚や問題へと向けられることになる。（PU110）

『論考』という壮大な概念的構築物の核心は、言語と世界に共通するアプリオリな秩序としての論理、という誤った観念であり、この観念を支えたのが、事態の像としての思考、および、その思考を意味とする命題、という理論的概念であった。それらはPU109で「思考の心的な媒体としての見方」という表現が指し示していたものである。これらの理論的概念が『論考』の体系で果たした役割の重要さの表現が「比類なき何か」という第一文の言葉である。かつてのそうした重要な理論的想定と、自らがそれに与えた感情的讃嘆が、一転してここでは「迷信（誤りではない）」という一語によって決定的に断罪されている。それが誤りでなく、迷信であるとは、『論考』の精神がそれらに出会ったうえで誤った判断をしたのではなく、『論考』という体系の核心を支えるためにそれらの存在を、「それらが存在するはずだ、存在しなければならない」と強く情熱をもって、しかし根底においては自己の思想的希求を実現したいという欲求に駆られて考えられていた、という事態を指している。それらへの希求と信奉が迷信であったことを暴露することが新しい哲学の第一の仕事であることを、このテキストは示している。

加えてこのテキストは、単にそれが迷信であったことだけでなく、「文法的錯覚によって呼び起こされた迷信」であることを暴き出すことが、すなわち自己の過去の迷信の起源・源泉をも明らかにすることも新たな哲学の任務であることを示している。それが任務であるのは明らかに、あることが迷信と思われただけでは、自分をそこに連れ込んだ衝動が将来再び自分をそこに連れ戻さないとは限ら

ないからである。こうした任務を自らに課すほどに、「我々」は自らの内に存在する「我々の言語の働きを誤解しようとする衝動」の強さを知っていたのである。こうして「我々」の新たな考察は、自らがかつて『論考』を生み出した精神であった時に理論的構築物に注いだのと同じ情熱をもって、それらを生み出した哲学的問題や誤解の解剖へと向かってゆく。これが「そして情熱は、今や翻ってそれらの錯覚や問題に向かうことになる」というアフォリズム的一文の意味するところである。

2-2　哲学的問題と文法的錯覚の基本構造――§§111～112と§§113～115

かくして新たな哲学像を求める『探究』の考察は、自身がかつて遭遇した哲学的問題とそれを引き起こした錯覚・迷信の解剖へと向かってゆく。この考察は続く二つのサブシークエンスにまたがって示されるが、それぞれのサブシークエンスは考察を、いわばそれぞれ違った視覚から行っている。サブシークエンスc_2（§§111～112）は、これらの問題がいかなる意味において哲学的問題なのか、それらを生み出す錯覚・迷信はどのようにして生み出されるどのようなものなのかを明らかにする。それは『論考』が遭遇した諸問題を典型とする「哲学的問題」とそれを生み出す根本的な錯覚（それは「文法的錯覚」[19]（PU110）と呼ばれる）の本質的特徴を規定し、描写することに他ならない。それに対してサブシークエンスc_3（§§113～115）は、こうして規定された問題と錯覚の典型例として、『論考』の精神が遭遇した問題と、その中に自身が捕らわれていた（そして今なおそこから完全に脱出できていない）錯覚を具体的に、だが特徴的なアフォリズム的文体[20]によって、示している。

これらのテキストの読解は極めて困難であるが、その大きな理由は、こうした叙述が具体的となっ

た局面においてさえ、その対象は言及され示されるだけで、詳しい内容は決して語られないということにある（この意味で『探究』の文体は、『論考』が希求した「語らず示す」というスタイルを『論考』以上に実現していると言えるだろう）。こうした解釈上の困難に対して我々を大きく助けるのが、すでに触れたＭＳ142のテキスト、すなわち『探究』「哲学論」後半のオリジナルバージョン（戦前版バージョン）である。そこには、我々が今読解中の最終版のテキストからは削除されている「哲学的問題」や「錯覚」の具体的内容が記述され、説明されている。それらを削除しテキストの「語り」をできるだけ切り詰めるのがウィトゲンシュタインの意図であったとすれば、こうした削除されたテキストを解釈に用いることはそれに反するかもしれないが、我々は以下の読解においてそれを自由に用いるだろう。そうすることによってのみ、何かを語らず示そうとしたウィトゲンシュタインの意図を知ることができると、すなわちそれを無理解の闇の中から取り出すことができると信じるからだ。

哲学的問題と不安――§111

哲学的問題と文法的錯覚・誤解に関する「我々」（繰り返して言うが、それは『論考』という過去を持つ『探究』の精神である）の考察はＰＵ111から始まるが、その（表面から見えにくい本当の）主題は、「哲学的問題とは何か、それはなぜ「哲学的」と呼ばれるのか」という問いである。ＰＵ111はこの問いに答えることを通じて、哲学的問題の本質が、言語の形式の誤解に由来するということであることを明らかにする。その際に考察の中継地として決定的な意味を持つのが不安、しかも、深い不安、という概念である。ウィトゲンシュタインの思考において、「哲学的」と「言語あるいは文法に関わ

る」ということの共通項とは、「深さ」と「不安」なのであり、それを通じて両者は密接に結ばれるのである。ウィトゲンシュタインのテキストにおいてしばしば生じることであるが、ＰＵ111のこうした思考の動きは、その末尾から逆にたどることでより鮮明に浮かび上がる。そこでは次のように述べられている。

――なぜ自分が文法的な冗談を深いと感じるのかを、自らに問おう。（そしてこれこそが哲学の深さなのだ。）（PU111）[21]

最後の括弧の中では、哲学が深いことが、あるいはより適切には、ウィトゲンシュタインにとって哲学とは何より「深い」ものとして体験されていたことが述べられている。そしてこのテキスト全体によって、その哲学の深さが文法的な冗談の深さであることが述べられている。冗談一般が深い訳ではないから、結局ここで述べられているのは、哲学は深さという特徴を持っているが、それは文法あるいは言語に関わる深さだということである。その上でここでは、言語（文法）に関わることが、なぜ「深い」と感じられるのか、という問いが自問されているのである。そしてこの問いに対する答えを示しているのが（問いと答えの順序が逆になるが）次に示すＰＵ111前半に他ならない。

我々の言語の形式の誤解から生じる問題は深遠さという性格を持っている。それらは深い不安である。それらは我々の言語の形式と同じところまで深く根を張り、それらが意味するものは、我々の

言語の重要性と同じ重みをもっている。（PU111）

「我々の言語の形式の誤解から生じる問題」とはPU109で「我々の記述に光を与える」と言われた哲学的問題に他ならない。つまり最初の文は、哲学的問題は言語の形式に関する誤解から生じるものであるがゆえに深遠だ、と述べているのである。この叙述は、たった今検討したPU111後半テキストの「哲学は言語に関わるがゆえに深い」という思考を、さらに一段掘り下げたものであると考えられる。というのも、そこではただ、哲学は言語に関わるから深いと考えられただけなのに対し、今考察しているテキストでは、そうした深さは実は哲学的問題の深さであり、しかもその深さが、哲学的問題が言語の形式の誤解から生じることに由来するということが、明確に示されているからである。つまり、当初漠然と「哲学は深い」と捉えられていた事態が、考察の深まりにより「その深さは哲学的問題の深さであり、その問題が言語の形式の誤解に由来するが故の深さだ」とより明確に捉えられたのである。さらにこのテキストは、「深さ」として捉えられている哲学的問題（言語の形式の誤解に由来する問題）の本質が、実はそれらに際して我々が感じる不安、しかも深い不安の感情であることを、「それらは深い不安である。それらは我々の言語の形式と同じところまで深く根を張り、それらが意味するものは、我々の言語の重要性と同じ重みをもっている」（PU111）という言葉によって明らかにしているのである。

こうして『探究』の哲学論に「不安」という概念が登場する。次第に明らかになるように、それは我々にとっての哲学的問題の意味を指し示す感情として、根本的な役割を担うものである。[22] 哲学的問

題が不安であるとは、それが単なる知的問題ではなく、我々の存在、在り方に関与する、しかもそれを脅かすような形で関与する問題であることを示しており、サブシークエンスc_1が「魔法」や「迷信」といった表現により伝えようとした事態と通底している。哲学的問題がこのように「不安」という実存的脅威（我々の在り方を脅かすもの）として我々の前に立ち現れるのは、それが言語という我々の人間としての存在（在り方）のすべての側面と深く絡まり合うものの誤解に発しているからだと考えられる。「それらが意味するものは、我々の言語の重要性と同じ重みをもっている」という文は、こうした事を意味していると考えられる。

　そして哲学的問題が単なる不安ではなく、深い不安であるのは、哲学的問題の源である誤解が、単に言語に関する個別の事態の誤解でなく、言語の奥まで根を張り、言語の隅々に関与する言語の形式の誤解だからである。その結果、この誤解も言語の深部に、その全体に関わるものとなる。こうして哲学的問題は言語と深く絡まり合った我々人間の在り方の深部を、その全体を脅かすことになる。つまり新しい哲学としての新しい「我々の考察」を導く「我々の本当の必要」（PU108）とは、自らの人間としての在り方をその深部から脅かす不安を解消させ、その本来の在り方を回復させること（「ザラザラした大地に戻ること」）であり、この上なく痛切なもの、他のいかなる必要や欲求にも勝るものなのである。それゆえ『探究』の「我々」のようにこの必要を痛感する者にとって、哲学的問題とそれを生み出した誤解を解消する道としての新しい哲学は、何らかの興味に導かれた知的探究ではなく、自分が人間として生き続けるために不可欠な自己の精神に関わる医術的実践であるということができるだろう。

「言語の形式」および「言語の形式の誤解」とは何か——ＭＳ142とＰＵ114

このように、「我々」にとって哲学的問題とは深い不安に他ならないことが示され、シークエンスcの考察はこの問題の生起の過程をさらに掘り下げて解明してゆくのだが、その考察をたどる前に、そのために我々がここで考えなければならない問題がある。それはＰＵ111のテキストで「言語の形式の誤解から生じる問題は、深遠さという性格を持っている」と言われたときの「言語の形式」とは何か、ということである。哲学的問題を巡り、これまでにも「言語」の誤解や「言語の働き」の誤解について語られて来た。しかしここでは、「言語の形式の誤解」というより限定された、特別な表現が用いられているのであり、それが単なる修辞上の言い換えでなく、哲学的問題の本性を巡る「我々」の考察の深まりを反映した、より解像度の高い概念であることは明らかだろう。にもかかわらず「言語の形式」という表現に関して、ここでは注釈・説明に相当するものは一切与えられておらず、「言語の形式の誤解」が具体的にどのような事態、過程を指すのかは不明である。他方で、あえてこの表現を用いてテキストを編み上げているウィトゲンシュタインが、単に概念や表現を操作して哲学的美文を作っているのでなく、背後にある具体的な事例、体験について何かを語るために最善の手段を試みているのも疑う余地のないことである。従って「言語の形式」とは具体的に何を指すのか、その誤解とはいかなる事態であり、どのようにして深い不安を生み出すのかが分からなければ、これ以降の読解は表現や概念の表面的運動をたどるだけのこととなるだろう。その不理解を我々自身の貧弱な想像力で補うだけのこととなろう。他方、この「言語の形式」の具体的内実が何かわかれば、我々の理

解は大幅に前進するだろう。それゆえ『探究』「哲学論」の有意味な読解をさらに続けるためには、これらの問いにここで答える必要がある。少なくとも、答えるために最大の努力をする必要がある。我々にとっては幸いなことに、ここでは大半が隠されたままである「言語の形式の誤解」を巡るウィトゲンシュタインの思考は、ＭＳ142の「哲学論」対応部ではより大きな痕跡を残しており、それを用いることにより相当程度復元可能である。以下においてそれを試みたい。

この作業において我々がまず確認しておくべきことは、「言語の形式」という表現（概念）には、「形式」という言葉を核としたさまざまなヴァリエーションがＭＳ142に、そして最終版『探究』にも、存在し、それらはほぼ同じ意味で使用されているということである。ほぼ同じ意味とは、第三章で示された理想誤解という事態、すなわち対象とそれを我々が描写する仕方の混同という事態と関わりながら使用され、おおよそは「対象を我々が描写する仕方」の別の表現として用いられている、ということである。例えば『探究』のテキストについて言えば、ＰＵ114で「事物の本性を考える形式」という表現が登場し、ＰＵ104で「（事物の）描写の仕方」という表現が登場するが、「言語の形式」はそれらとほぼ同じことを意味しており、単に通常の意味での形式（「形式論理学」における「形式」のような）を意味しているのではない。他方ＭＳ142に目をやれば、「言語の形式」とほぼ同義で「表現形式」という表現が用いられ、「表現形式の呪縛」[23]や「表現形式の虜」[24]について語られている。それゆえ以下の考察では特別な必要がある場合を除いて、これらの諸表現を同義として扱い、時によっては「形式」という語によりそれらを代表させたい。

この一連の議論でウィトゲンシュタインが「形式」（「言語の形式」、「表現形式」）という言葉で表現

しようとしているのは、単に個々の言葉や表現ではなく、ある領域の事象全体を表現できる体系的で普遍的な表現方法であり、それはその領域における「普遍理論」の構築と不可分なものである。とりわけ『探究』「哲学論」とＭＳ142「哲学論」でウィトゲンシュタインが具体的に念頭に置いている「表現形式」の例は、『論考』における命題の普遍的理論と、そこで用いられた普遍的表現である。ＰＵ111で「言語の形式の誤解」と呼ばれたのは、『論考』のこうした探求においてウィトゲンシュタインが結果的に犯した誤りのことを指しているのである。『論考』を制作した精神の思考過程においてこの誤りがどのように生じ、その結果何が起き、そしてそこからいかにして脱却すべきかをＭＳ142のテキストはかなり詳しく（非系統的にではあるが）述べており、以下それを、事態の論理的秩序に沿った順序でたどってゆこう。

先ず、『論考』の精神は、自身の形而上学体系の柱として命題（あるいは文）の普遍的な規定を求める。それは「すべての命題は……」という根本普遍命題を確立することに他ならない。この過程はＭＳ142で、「だが私は引きつったように、ある体系を、あらゆる命題の統一性を探し求めるのだ」（MS142, §124, p. 112）と語られて（あるいはより適切には、告白されて）いる。普遍性への情熱に駆られたウィトゲンシュタインの精神は、次にある言語的表現から誘惑を受けることになる。お前の普遍性への欲求を叶えてあげよう、と囁きかけるある言語表現に誘惑されるのである。それが所謂「命題の一般形式」である。[25] この過程をＭＳ142でウィトゲンシュタインは次のように語りつつ告白している。

「すべての命題は、事態はしかじかである、と述べている」。これが我々を誘惑しかねない（そして

私を誘惑した）形式なのである。（MS142, §125, p. 114）

「これが私を誘惑した形式なのである」という表現から我々は、ＰＵ111で「我々の言語の形式の誤解」と言われたときに具体的に考えられていた「形式」とは（そしてＰＵ115まで続く哲学的問題に関する考察においてウィトゲンシュタインの念頭にある誤解の具体例とは）、『論考』4.5の命題の普遍的規定であることを知ることができる。これにほぼ疑いの余地がないことは、ＭＳ142においてこの文の後に（別の一文を挟んで）来るのが次に引用するテキスト（すなわちＰＵ114の第二文、第三文）であることからもわかる。つまり、今考察しているＭＳ142テキストは、元々ＰＵ114に相当するテキストへの導入部として存在していたのである。ＭＳ142と『探究』のこうした比較対照から、サブシークエンスc_2、c_3での哲学的問題に関するウィトゲンシュタインの考察が、その根底において第三章で我々が理想誤解と呼んだものに関っていることも知ることができるのである。というのも、このＭＳ142のテキストに元々続いていたＰＵ114では次のように、命題に関する『論考』の根本的誤解が理想誤解の一例であることがはっきりと述べられているからである。

これは人が自分に何度となくくりかえす類の命題の一つである。我々は事物の本性を繰り返し追跡していると信じているのだが、実は事物の本性を考える形式に沿って進んでいるにすぎない。（PU114, 傍線引用者）

こうして「命題の一般形式」という描写形式に誘惑された『論考』の精神は、その誘惑に負け、その虜となり、そして身動きできなくなってしまう。なぜならこの「一般形式」は命題に関する現実の普遍的事実ではなく、それを通して自分達が命題というものを見る手段にすぎないからである。それゆえ、本当は自分が使用する概念的道具、いわば一種の「眼鏡」にすぎないこの形式を、普遍的に妥当なものと勘違いして決して譲ろうとしなければ、我々はそれに対する様々な「反例」(「モーゼはイスラエルの民の指導者だ」や「私は明日来ると約束する」はどんな事態を述べているのか、といった問題)を説明する「理論」の案出に明け暮れざるを得ず、その結果、自分達の本来の言語の現実の使用から切り離されてしまい、言語を使って物事が行えなくなるからである。ＰＵ107で「ツルツル滑る氷の上」と表現されたこの状態を、ＭＳ142は「クモの巣」という比喩によって次のように描写している。

――そして私は、自分の言語の特定の表現形式の虜となり、言語のクモの巣にぶら下がったままとなるのだ。(MS142, §124, p. 112)

かくして『論考』の精神はこうした哲学的問題に絶えず遭遇することとなる。[26] ＭＳ142はこの状態を「呪縛」という『探究』では登場しない言葉で表現しながら、自己の考察(すなわち哲学)の目的を次のように、この「呪縛を打ち破る」ことと規定するのである。

表現形式の呪縛から逃れるためには、我々は言語を鋤き返さなければならない。(MS142, §124, p.

114）我々の目的は言語形式が我々にかけた呪縛を打ち破ることである。（MS142, §131, p. 118）

「我々」の目的が言語形式の呪縛を打ち破ることであるとは、ここで見出されようとしている新しい哲学が、純粋に知的な行為のみによっては為しえないものであること、自らの在り方を変えるという実存的側面を必然的に持つのだということを意味している。それはＰＵ109の「言語という手段によって我々の悟性にかけられた魔法との闘い」の異なる表現に他ならず、我々の考察は、新しい哲学に関するウィトゲンシュタインの思考を一周巡って、その出発点に帰ってきたことになる。だが我々の旅はまだ終わらない。今一度我々は哲学的問題を巡るシークエンスｃの思考運動へと戻る必要がある。なぜ我々の精神が言語表現の誘惑に負けるのか、どのようにして不安が生まれるのかがまだ語られていないからだ。それが語られるのがシークエンスｃの残部（ＰＵ112～115）に他ならない。

形式、比喩、像という錯覚と不安の源泉――§112と§115

哲学的問題の源泉は我々がある領域における特定の根本的普遍命題（という描写の形式）の虜になり、その呪縛から逃れられないことから生じることが示された。しかしここで不思議なのは、なぜ我々がそれらの虜になるのか、その呪縛から逃れられないのか、ということである。というのもこの呪縛において我々の目の前に展開されている光景とは、根本普遍命題という描写形式を持つものに対して、反例が次から次へと登場するというものだからである。そもそも反例が存在しないのなら、そ

の形式に対する我々のコミットメントを虜や呪縛と呼ぶ理由は存在しない。解決できそうにない多くの反例を目の当たりにしながら、なぜ我々はその形式に執着し、様々な「説明」を苦労して考え出そうとするのだろうか？　なぜ他の形式を用いたり、様々な形式を併用（例えば、ある命題は事態を表すが、別の命題は行為遂行の手段である、等）しないのだろうか？　普遍性や統一性に対する我々の知性の執着は確かにその原因の一つであろう。しかしそれだけでは、なぜ我々があ
る特定の形式（例えば『論考』4.5の命題の一般的形式のような）に執着し、その呪縛から逃れられないのか、なぜ我々がことさらにその特定の形式に惹きつけられるのかが謎のまま残るのである。

この謎を解き明かし、哲学的問題すなわち深い不安がいかにして生み出されるのかを明らかにしようとするのがＰＵ112の考察である。「我々」が今切実に求めている新しい哲学を有効に実践するために、明らかにこれは不可欠な、しかし決して容易でない作業である。ＰＵ112はこの作業を、「言語の形式」、「比喩」、「偽りの外見」、「不安」という四つの概念を用いて行おうとしている。それらを用いて、我々が描写の形式に呪縛される理由を解き明かそうとしている。この解明においてとりわけ重要な役割を担うべく新しく登場するのが「比喩」と「偽りの外見」という二つの概念である。以下の考察において次第に明らかになるように、ＰＵ112に登場する「偽りの外見」とはＰＵ115に登場する「像」に、概念的にも具体例においてもほぼ等しい。それゆえＰＵ112の考察とは「比喩」と「像」という、哲学復帰後のウィトゲンシュタインの思考の展開において決定的な役割を果たした二つの概念[27]が同時に登場する、極めて重要なものなのである。このＰＵ112の解釈において、ＭＳ142の記述は再び極めて貴重な手がかりを我々に提供することとなる。

先ずはＰＵ112の全文を以下に示そう。

我々の言語の形式の中に取り込まれている比喩は、偽りの外見を呼び起こし、それが我々を不安にさせ、「でもそうはなっていない！」――と我々は言う。「それでもやはり、そうであるはずなのだ！」（PU112）

このようにＰＵ112はいきなり「我々の言語の形式の中に取り込まれている比喩は偽りの外見を呼び起こす」という、上で示した三つの重要概念の関係を最小限の言葉に圧縮した文から始まる。この文は完全な一般性の相の下で語られており、具体例への言及は一切存在しない。そのためこの圧縮された文について、我々は漠然とした理解しか得られない。しかしすでにこれまでの考察で十分明らかなように、『探究』「哲学論」におけるウィトゲンシュタインの考察は、常に具体例、それも自身が『論考』で体験した具体例を念頭に置きながら進められており、ここでもそれは例外ではない。従ってここで「我々の言語の形式」と呼ばれているものがどのような普遍命題なのか、「比喩」が具体的に『論考』に登場するどのような比喩を指しているのかを考えるところから考察を始めるなら、我々はこの文の言わんとすることをより詳しく知る手掛かりが得られるはずである。そして、この具体例を同定するのはＭＳ142を用いれば可能であり、それによってＰＵ112の漠然として、抽象的な思考の内容は、より具体的な姿を我々の前に現すだろう。

我々が今追跡しているＰＵ110に始まる「哲学的問題」に関する一連の考察において、ウィトゲンシュタインが具体的に念頭に置いている「言語の形式」が、「すべての命題は、事態はしかじかである、と述べている」という『論考』での命題の普遍的規定であることはすでに見たとおりである。しかしＭＳ142のテキストは、この一連の考察においてウィトゲンシュタインがこれ以外にも三つの『論考』の重要な普遍的規定も同様に念頭に置いていたことを示しており、それらと命題の普遍的規定を合わせた全体がＰＵ112の「我々の言語の形式」であると考えると、その「中に取り込まれている比喩」が何なのかを突き止める重要な手がかりが得られるのである。ＭＳ142が示す普遍的規定とは、「要素命題は名の連鎖である」、「名には対象が対応する」、「命題には対象の複合体が対応する」の三つである。[28]「対象の複合体」とは『論考』(2.01)で「事態」のことを指すから、第三の命題は「命題には事態が対応する」という命題に等しい。つまりこれら三命題と先に挙げた命題の普遍的規定は、いずれも『論考』という体系の土台を成す根本的な命題であり、全体として『論考』形而上学の核心部、すなわち「言語と思考と世界の間には共通のアプリオリな論理的秩序が存在する」という論理の世界性テーゼを形成するものなのである。すなわちここでＰＵ112が言う「我々の言語の形式」とは、論理の世界性テーゼを中心とした『論考』の体系を構成する普遍命題群そのものだと考えられるのである。それゆえＰＵ112の言う「我々の形式の中に取り込まれている比喩」とは、『論考』という体系そのものに取り込まれている比喩、いわばその体系を象徴するような比喩でなければならないだろう。そうした比喩として考えられるものは、ただ一つしかない。それはこの体系が「思考と言語は世界の比類なき相関者、その像である」(PU96, 傍線引用者)という命題によって表現される際に用いられる「像」

という比喩、命題（あるいは思考）を「像」に喩える比喩である。(29)

さて、ここで想定されている「比喩」が「像の比喩」であるという認識を持って再度ＰＵ112のテキストに戻ろう。この具体例と重ね合わせるなら、ＰＵ112が述べているのは、『論考』の形而上学的体系の土台をなす普遍命題群（という描写形式）の中に取り込まれている「像」の比喩（言語と思考を「像」に喩える比喩）が「偽りの外見」を呼び起こし、それが我々を「不安」にさせる、ということになる。これは一体どういうことなのだろうか？「像」の比喩が「偽りの外見を呼び起こす」とはどういうことなのだろうか、それはなぜ、どのようにして我々を不安にさせるのだろうか？

順に考えてゆこう。「像」の比喩が偽りの外見を呼び起こすというのがどんな事態を指しているのかを理解するための鍵は、『論考』の「命題は事態の像である」という中心命題における「像」という概念が比喩であると言われたときに我々が感じたある種の、抵抗、驚き、である。こうした抵抗や驚きを感じるのは、『論考』の読者として我々が『論考』に登場する「像（Bild）」という中心的概念を比喩だとは全く思っていなかったからであり、それは『論考』の著者自身がそれを比喩と認識していないことの反映である。この書物において、例えば、「我々は事実の像を作る」（2.1）とか、「事実の論理像が思考である」（3）とか、「命題は現実の像である」（4.021）などと言われるとき、文字通りの絵画的像が意味されている訳ではないが、同時に比喩として、すなわち「像のようなもの」という意味で使われているのでもない。すなわち我々（『論考』の著者と読者）はそれを、何かとの比較に由来するのでなく、自立し独立した概念として、目には見えないが、確固としてそこにある特別な抽象的存在（「純粋な結晶」PU97）であるかのように見て<ruby>い<rt>﹅</rt></ruby>る<ruby>の<rt></rt></ruby>である。その「像」という概念が『論

考』の著者と読者には、字義通りの絵画的像としてでも、それに類似したものとしてでもない何かと捉えられ、そのようなものとして当然存在するかのように見えている（見えていた）こと自体を、『探究』の精神はここで「偽りの外観」と呼んでいるのである。それが「偽りの外見」と呼ばれるのは、実際に我々の前に存在するのは、特別な抽象的理論的実在ではなく、身近なところから持ってきた平凡な「像（あるいはより直接的には、絵）」という概念を用いた比較（命題や思考と絵画的像との比較）、それを用いた比喩にすぎず、そこに現象の背後にある秩序を支配する抽象的理念的実在を見ている『論考』の精神は、ある種の錯覚に陥っていると『探究』の精神が判断しているということなのである。

しかし、かつて自分が『論考』の精神として、言語と世界の関係を規定する根本的な抽象的実在だと考えていた「像」という概念（あるいは関係概念）を、なぜ『探究』の精神は今あえて「比喩」と呼び、かつての認識を「錯覚」と呼ぶのだろうか？　『探究』精神はそのように呼ぶどのような根拠を持っているのだろうか？　言い換えるなら、同一物を過去の自分と現在の自分は異なる二つの見方をしているのだが、『探究』という現在の自分が、自分の見方が正しいのだという根拠は何なのだろうか？　今ここで考えている我々は、どのような根拠で、『探究』の見方が正しいと言えるのだろうか？

答えの鍵は「比喩」という概念そのものの中にある。その答えは、「比喩」とは一体何なのかを問うことによってのみ見出せる。比喩とは我々の理解の手段である。それ自身なじみがなく、あるいは

遠く離れていて、あるいは複雑であるために容易には捉えがたいものを理解する際に、自分がすでによく理解しているなじみ深いものにそれを喩えることにより、すなわちそれに類似しているものと見ることにより、それを理解し、自分がすでになじんでいる世界に取り入れようとする手段であり、おそらく我々人間にとって原初的で根本的な認知様式である。なじみのない、あるいは捉えがたい対象をなじみ深い対象に喩えるとは、両者の類似性に着目することなのだから、そこには程度、範囲というものが必ず存在する。「似ている」とはある点で、ある範囲で似ている、ということであり、比較される両者に異なる点や領域があるのは当然のことである（そうでなければそれは比喩ではなく、両者は同じものとなる）。『探究』の精神が今ここで、かつての自分である『論考』の精神の見方を「偽りの外見」、すなわち錯覚だとみなしているのは、過去の自分が「像」という比喩の比喩性、『論考』の「像」という表現がそもそも比喩であることを忘却していた、あるいは、全く気づかなかったことに、ようやく気づいたということに他ならない。『論考』の「像」という概念が、いかに抽象化により理論的、形式的装飾が施されようが、その本質において比喩（類似性による比較の対象）であることにようやく気づいたということに他ならない。この『探究』の「気づき」が本当に正しいのかどうかを、『論考』に再度立ち返って確かめてみよう。

『論考』がその体系において「像」という概念を用いたのは、「命題（文）」の働きを理解し、表現するためであった。それは「命題（文）」の働きがにわかに捉えがたいものであり、同時に、「像（絵画的像）」とその働き（事物の様子を空間的絵画的に示す＝描く）が我々になじみ深く、よく知られたものだからである。だからこそ命題や思考を「像」と呼ぶことにより、前者の働きが「描写」として

見られ、その結果として我々の前者への理解は前進したのであり、もし「像」自体が我々に未知なものであれば、命題（文）をそう呼ぶことは全く無意味だっただろう。つまり『論考』は命題を像に喩えることにより、前者の理解（それは描写である、という理解）を確立したのであり、『論考』の「像」とは、その著者が意識するかどうかに関わりなく、まぎれもない比喩であり、それゆえにこそ有意義だったのである。

しかし「像」が命題に対する比喩であるとは、両者の類似性は程度の問題、範囲の問題ということであり、似ている場合でも命題はある点において「像」に似ているのであり、「像」に似た命題と似ていない命題があっても何の不思議もないのである。何かを似たものに喩えるとはそういうことである。『論考』の精神はこのことを忘却あるいは（半ば意図的に）見過ごしたのである。今、テーブルの上にボトルとグラスがあるとしよう。それをスケッチし（描写し）、その像を作る。このスケッチ（像）の中には「描かれたボトル」と「描かれたグラス」が存在し、それらは実際と同じ配列でスケッチ（像）の中に並んでいる。これが両者の対応関係あるいは写像関係である。そして「ボトルはグラスの右側に立っている」[30]という命題（文）においても、「ボトル」という語と「グラス」という語がある関係で並んでおり、文と現実の間には、スケッチ（像）と現実の間に似た関係（拡張された意味での写像関係）[31]が存在する。この類似性に着目して、あるいはそれを発見し、『論考』は命題を像と呼んだのである。

この像との類似性は今例に用いた文やそれに似たある種の文に見られるものであり、例えば自然科学において実験や観察を記述する文はこれに属する。しかし我々が文と呼ぶもののすべてがこうした

意味で像に似ている訳ではない。疑問文や命令文のことはいったん横に置くとしても、例えば、「頭痛がひどい」、「この問題は難しい」、「僕はシャーロック・ホームズが好きだ」といった命題（文）は、今言ったような意味で像に似ていない、もちろんだからといって無意味なわけでも難解なわけでもなく、我々はそれらを普通に、そして頻繁に使う。これらが像に似ていないのは、そこに登場する名が、「ボトル」などのようには対象を指示せず、それゆえに上で語られた写像関係がこれらの文と現実の間になりたたないからである。それゆえ、これらの文の意味を絵にしろと言われると、我々は戸惑うのである。このこと自身何ら問題ではない。すべての文が像に似ている訳ではなく、すべての名が対象を指示している訳でもなく、すべての文が像に似ていなければならない理由は存在しないのである（神が言語を像に似せて創造し、そのことを我々が知っていると考えるのでない限り）。

こうした状態は言語、文にとって何ら不思議なことではなく、常態なのである。それが不思議、あるいは解決すべき問題に思えるのは、理解のために身近なところから自分たちが持ち込んだ道具である「像」という比喩の目的を忘れ、当然言語がそれにあっているはず**の**本質的な基準・条件のように考えるときなのである。その時我々はこの不一致を解消するために様々な理論や説明を考案し、例えば、「頭痛」とは脳の状態を指示するのか、あるいは意識の状態を指示するのか、と考えあぐねるのである。これが比喩の比喩性の忘却による偽りの外見の出現である。この錯覚において我々があたかもそこにあるかのように見ているものを、『探究』は再び（そしてその比喩性を自覚し、かつ強調しながら）「像」と呼ぶ(32)。この意味での「像」とは、我々があたかもそこにあるものとして見ていると錯覚している何か、本来は自分が理解のために使用している認識の画像的補助手段でありながら、あた

かも現実にそのまま存在するもののように誤って見ている何かである。それはそこに描かれている対象そのものと錯覚された絵である。次に示すＰＵ115において、「像」という言葉はまさにこのように使われている。

> ある像が我々を虜にして放さなかった。そして我々はそこから出られなかった。というのも、それは我々の言語の中に存在していて、言語が我々にそれを容赦なく反復しているように思われたからである。（PU115）

自分が使っている像なのに、あたかもそれを現実の存在と勘違いしていたという錯覚から『論考』精神であった自分が抜け出せなかったという複雑な事態が、「ある像が我々を虜にして放さなかった」という比喩により巧みに伝えられている。「像の虜になる」とは、像の像性、比喩の比喩性が見えない状態に他ならない。「我々を放さなかった像」とは、「あらゆる命題（文）は現実の像である」という像であり、「像」という言葉のこの二重の使用の内に、『論考』と『探究』の間の、類似性の中に潜む決定的差異、という複雑な関係が示されている。[33]

　こうした比喩の比喩性の忘却による錯覚は、実はＰＵ104の次のような文章によってすでに予示されていたものである。

> 我々は描写の仕方に属することを、事物に関することとして述べているのだ。印象深い比喩が可

能であれば、最高度に普遍的な事態を覚知したと誤解するのだ。(PU104)

ここで「印象深い比喩が可能であれば、最高度に普遍的な事態を覚知したと誤解する」と言われている事態こそ、『論考』の精神が、自分は決定的な発見(「命題は現実の論理像である」)をしたと思った(34)その「発見」自体によって決定的な錯覚の虜となったという過程に他ならない。さらにＰＵ104のこの文章は、比喩による錯覚という過程と「我々は描写の仕方に属することを、事物に関することとして述べている」という理想誤解の根本規定とを結びつけることにより、『論考』全体が陥った理想誤解という誤りは、「像」という比喩の比喩性の忘却が決定的な契機となり生じたということを予示的に語っている。「予示的に」というのは、ＰＵ104に関するこうした具体的な理解は、シークエンスｃの思考に関するここまでの我々の考察を通じてのみ可能となったのであり、それ単独の解釈によっては決して知りえなかったからである。ここに我々はウィトゲンシュタインのもう一つの文体的特徴を見出すことができる。それは解明困難な核心的事態に関する考察において、同じ概念の時をおいた反復使用により、次第にその思考が明確になる、というものであり、後にくるテキストは先のテキストの明確化であり、先のテキストは後のテキストで全貌を表す思考の予示という意味を持つ。この意味でＰＵ104はシークエンスｃの哲学的問題の本性に関する考察を、アフォリズム的に予示していたのである。

「偽りの外見」が比喩の比喩性の忘却によって生まれる過程がこのように明らかになれば、そこか

らいかにして不安がうまれるかも、容易に理解できるだろう。上で述べたように、命題の働きの理解のための比較の対象として持ち込んだ「像」という概念に適合しないケースは当然のことながら存在する。その時我々は、「でもそうはなっていない」と言い目の前の現象に向きあう。もしそれが比喩であることが忘れられていなければ、我々はその現象に対して、他の比較の対象を探すだろう、別の比喩を試みるだろう。しかしそれが自分の持ち込んだ比喩であることを忘れ、もともと存在し、現象をその背後から支配しているある抽象的な存在、理念的実在だと錯覚するとき、我々はそれに反する現象の存在を認めることができず、何とかしてそれを理論的存在に適合させようと、様々な説明を試みる、その時我々は「それでもやはり、そうであるはずなのだ！」と叫ぶ。この時我々は本来適合しない二つのものを何とか結び付けようとし、同時にその不可能性を感じ、すべての土台であるはずのものが崩れてしまうのではないか、という不安に陥るのである。先に引用したＰＵ112の後半部は、こうした不安体験の劇的な表現である。この思考において我々を支配している「はず」という言葉が示す思考態度こそ我々を縛りつけ、理想誤解へと突き落としたものなのである。

形式と像の虜――§§113～115

サブシークエンスc_2とＰＵ115の以上の読解を通じて哲学的問題と不安の生まれる過程が示された今、サブシークエンスc_3のテキストの内容はすでにほぼ明らかであり、解釈のために言葉を費やす必要はほとんどないだろう。一言で言うならこのテキストは、『論考』の精神が特定の言語形式（PU113, 114）と比喩の比喩性の忘却により生じた像（PU115）の虜となり、体系全体を脅かす不安の中にいる

さま（PU113）を、その当人の視点から、それに伴う感情の表出を交えながら描くものである。PU114の「我々は事物の本性を繰り返し追跡していると信じているのだが、実は事物の本性を考える形式に沿って進んでいるにすぎない」という言葉は、ここで体験的に描写されている誤解・錯覚がシークエンスbで示された理想誤解であることを繰り返し強調するものであり、その限りにおいて反復的なウィトゲンシュタインの思考スタイルのさらなる事例となっている。しかしそうした文体において常にそうであるように、反復を通じた思考の展開もまたここでは示されている。すなわちシークエンスbにおいてウィトゲンシュタインの思考は専ら理想誤解の正体の解明に向けられていたが、ここでは、かつての自分（『論考』精神）が、なぜ、いかにしてその誤解の犠牲となったのかが考察の焦点なのである。そしてそれが考察されているのは、それによって、いまだ自分が半ばその中にいるこの誤解と不安から脱出する道を見出すためであり、新しい哲学像を見出すために他ならない。この脱出の道を具体的に見出そうとする考察が開始されるのが続くサブシークエンスc_4であり、それはシークエンスdという、いわば長い注釈を挟んで、シークエンスeへと続く。

2-3 「我々」の根本的錯覚から脱却する道――§§116〜118

『探究』「哲学論」のウィトゲンシュタインの思考はサブシークエンスc_4に至って初めて、根本的な誤解から脱出する道について、新しい哲学が歩むべき道について語り始める。ウィトゲンシュタインによるこの道の描写は一見すると極めて単純である。すなわち、根本的な誤解から脱却するために、「我々」は言葉の形而上学的使用を日常的使用に連れ戻す（PU116）、というのがその道についてここ

で語られていることのすべてである。哲学の新しい道を我々に語るものとしてこの記述はあまりにも簡単であり、それゆえ様々な誤解や不完全な理解を生み出しうるものであるが、その本当の意味は、これまでに示された誤解・錯覚に関する考察と重ね合わせたときにしか明らかにならない。本項ではこうした作業を通じて、サブシークエンスc_4で示された哲学の新しい道の意味を明らかにしたい。この作業においてこれまでと同様、最終版『探究』と深いつながりを持つＭＳ142と「日記」(MS183)を用いることになる。以下では、この道が提示されるＰＵ116と、それを進むことの意味について語られるＰＵ118について考察し、ＰＵ116への注釈と解釈できるＰＵ117（そこでは語の形而上学的使用の独立性が考察の対象となっている）は、我々の考察の対象から外すことにしたい。

なぜ言葉の形而上学的使用を放棄し、日常的使用に立ち戻る必要があるのか――§116

新しい哲学の道を示すＰＵ116の全文は次の通りである。

哲学者たちが「知識」、「存在」、「対象」、「自己」、「文（命題）」、「名」といった言葉を用いて事物の本質を捉えようとする場合はいつも、「この言葉はその生まれ故郷の言語において本当にそのように使われることがあるのか？」と自問しなければならない。

我々は言葉をその形而上学的使用から、日常的使用へと今一度連れ戻すのだ。(PU116)

外見上このテキストは、これまで続いた哲学的問題と誤解に関する濃密な考察とは独立した、哲学一

般に関する警句（アフォリズム）のようにも見える。もし我々がそうした外見に欺かれ、それをこれまでの考察、およびウィトゲンシュタイン自身の具体的思考体験と切り離して理解しようとするなら、このテキストを皮相に理解し、例えば、難解な形而上学的用語を使用せず、あえて平易な、あるいは通俗的な言葉で語ることが、ウィトゲンシュタインが示している新しい哲学の実践に他ならない、と誤って考えることは極めて容易に起こりうる（それは『探究』とその過去否定性をここまで共感をもって読み進めてきた者には、とりわけ起こりやすい）。それはここで示されつつある新しい哲学の模倣にすぎず、疑似新哲学にすぎない。あるいはこれを読んだ者が逆に、言語の日常的使用への回帰を哲学にとって無意味な行為と感じ、ここでウィトゲンシュタインが述べようとしていることを聞き損ねることも容易に起こりうる（それは『探究』を反発を感じながら読んできた者に起こりやすいだろう）。だがこうしたいずれの態度にも共通するのは、なぜここで、我々は哲学において語の形而上学的使用を放棄すべきだ、と言われているのか、そして日常的使用へと回帰すべきだと言われているのかが全く問題とされていないことである。これらの態度は、この言葉を一種のドグマとして理解する点において一致し、それに対する好みにおいて相違しているにすぎない。こうした皮相な理解と誤解を避けるためには、このテキストを今進行中のウィトゲンシュタインの思考運動の中に位置づけ、同時にその背後で想定されている具体的思考体験と結びつける必要がある。

　先ずは言葉の形而上学的使用の放棄を語っている前半のテキストが意味することから見てゆこう。ここで哲学者によって形而上学的に乱用される言葉として例示されている「知識」、「存在」、「対象」、「自己」などは、いずれも哲学において頻繁に登場するものであり、代表的哲学用語として挙げられ

ている、と解釈することも可能である。そうした解釈に立てば、このテキストは哲学における言葉の形而上学的使用全般を非難し、その放棄を読者に勧めていることになる。しかしこのテキストがＭＳ142において置かれていた前後の文脈を見るなら、それは『論考』の特定の語の形而上学的使用と結び付けて語られており、このテキストが決して哲学における語の形而上学的使用（あるいは形而上学的用語の使用）全般を、それ自身として非難しているのでないことが明らかとなる。ＰＵ116のテキストはＭＳ142において§127の第二段落（MS142, p. 116）として配置されているが、§127自体は、「というのも、例えば物の位置を人は決して「対象」と呼んでこなかったのである」という文章で始まり、そこでは明らかに『論考』における「対象」という言葉の使用が、批判的に語られている。そこでは部分的にしか触れられていない『論考』の「対象」という語（言うまでもなくそれは『論考』の体系の重要なキーストーンの一つである）の使用法とそれに対する批判は、上でその一部を引用したＭＳ142、§123の最初の二段落においてより具体的に示されている。それは、事実の像としての命題、という『論考』の根本的言語像が、どのような普遍命題から成り立っているかを回顧的に記述するくだりである。先ほどのものと一部重なるが、以下に引用しよう。

当時私は（『論理哲学論考』で）、「要素命題」は名の連鎖である、と述べた。名には対象が対応し、命題には複合物が対応すると。「ボトルはグラスの右側に立っている」という命題には、ボトル、グラス、右側－左側関係（あるいは他の好きな呼び方で）から成り立つ複合物が対応している。「対象」及び「複合物」という語の文法に反した使用!!　家の複合体とは、ただ複数の家から成

り立っているのであり、家と家相互の位置から成り立ってはいないのに！　そして机の上に三つの対象が見える、と言うとき、私が意味しているのは、グラス、ボトル、両者の空間的関係、なんかではないのだ！　(MS142, p. 112)

ここで最も問題視されているのが『論考』の「対象」という語の使用法であり、我々が通常「対象」と呼ぶボトルやグラスといった物体に加え、物体同士の位置関係も「対象」と呼んだことが、ここでは「文法に反した使用」として断罪されている。しかしこれがウィトゲンシュタインの言いたいことのすべてであったなら、PU116で示されている新しい哲学の道とは、結局語の日常的用法の尊重運動となってしまうだろう。PU116を表面的にしか理解しない者は、まさにそのように考えるのである。しかし今引用したテキストはそれ以上のことを語っているのであり、そこで問題にされているのは「すべての命題は事実の像である」という『論考』の根本的錯覚が生まれるうえで、「対象」という語の奇妙な用法が果たした役割なのである。つまり『論考』の精神は、なぜ物体の空間的関係自体をあえて「対象」と(慣用を大きく踏み外して)呼んだのか、それによって何をしようとしたのか、がここで問題とされているのである。

もちろん『論考』の精神は「対象」という語をそのようにあえて使用することで、「哲学」や「形而上学」を気取ったのではない。自分が持ち込んだ比較の対象としての像にすぎない「命題は事実の像である」という命題像が、実際に世界の根底に存在するものであると(数々の反例にもかかわらず)自分に思い込ませるためにそのように使用したのである。その仕組みはこうである。この像が成

り立つためには、命題は名の連鎖であり、事実は対象の複合物でなければならない。「ボトルはグラスの右側に立っている」という事態が、対象の複合物であるためには（そのようなものとして語れるためには）、ボトルとグラスに加えて、両者の位置関係が第三の対象として存在しなければならない。ボトルとグラスだけでは対象のリストであり、事態にはならないからだ。だからあえて文法を踏み外してまで位置関係を「対象」と呼ぶのである。それによって像の実在性が保証されるあるいは守られると考えて。しかしそれによって実際に起こったのは、その像が実在となることではなく、像を実在と取り違える錯覚に自分自身を留め置くということであった。自分を不安の中に置き続けるということであった。こうした事態をＴＳ142は、「そしてこの光学的錯覚の表現が、我々の言葉の形而上学的使用なのである」（MS142, p. 115）と語る。すなわち『論考』が体験したのは、ある衝動により、自らを錯覚の中に留め置き、自らを不安に陥れるという知的自傷行為（それは「魔法」とも「呪縛」とも呼ばれた）としての、例えば、「対象」という語の慣用を踏み外した使用であり、この使用を『探究』精神は「語の形而上学的使用」と呼び、その放棄を新しい哲学の道とみなしたのである。その放棄によってのみ自らの精神の呪縛を解くことができると考えたのである。「語の形而上学的使用」とはこうした自らは気づかない語の自傷的使用の名であり、錯覚・呪縛の中でもがき苦しむ精神にとってのみ意味を持つ概念なのである。あらかじめ「形而上学的」と分類された使用があり、それを禁止しようというのがＰＵ116の、そして『探究』の新しい哲学像の趣旨ではない。

我々が語の形而上学的使用を放棄しなければならない理由はこうしたものである。ではそれに止まらず、第二段落にあるように、我々は言葉をその日常的使用に連れ戻す、とあえて言われるのはなぜ

だろうか。ＭＳ142の引用からも明らかなように、ここで問題になっているのは『論考』が体験した根本的な理想誤解である。自分たちが持ち込んだ比較や描写の手段を現実に存在する何かと取り違えた誤解とその解消が問題になっているのである。従って、そこで「語の日常的使用」があえて名指されるのは、この誤解の解消においてそれが果たす特別な役割との関係においてでなければならないだろう。そしてここでもまた、ＭＳ142のテキストは我々に決定的な手がかりを与えてくれる。具体的に言えば、ＭＳ142、§122において我々の言う理想誤解は「理想の呪縛」と呼ばれ、そこからの解放の過程で語の日常的用法が果たす役割が「原型（Urbild）」という言葉で表現されている。そのテキストは次のようなものである。

こうして我々は理想の呪縛からも、それを像として認識し、そしてその源泉を示すことによって解放される。あなたはどのようにしてその理想にたどりついたのか？　どんな材料からそれを形作ったのか？　その元々の原型（Urbild）とは、どんな具体的な観念だったのか？　こう我々は自らに問わねばならない。（MA142, §122, p. 110）

さらに我々はこのテキストの源泉となった記述を「日記」後半に見出すことができる。そこでは形而上学的思考と、その原型である日常的現実の関係がよりはっきりと述べられている。言語の日常的使用こそが、抽象的、理論的、あるいは形而上学的諸概念すべての原型であり、その意味の源泉であるという『探究』の根本思想は、「日記」のこの記述において初めてその全貌を現す。「ツルツル滑る氷

の上からザラザラとした大地に戻れ！」（cf. PU107）という印象的な言葉は、それを象徴する比喩なのである。[35] 第三章ですでに一部を引用したが、こうした思考の源泉となる「日記」の記述は次の通りである。

今こうした観念を崇高なものと呼ぶことはできよう。我々が世界全体をそれを通じて見ることにより、それは崇高となるのである。だがそれだからこそ、その観念の原型（Urbild）がどのような現象なのか、どのような日常茶飯の事例なのかをはっきりさせることほど重要なことはないのである。すなわち、普遍的で形而上学的なことを言いたくなったときには（常に）、本当は一体どんな事例のことを考えているのか、と自らに問えということである。――そこで一体どんな種類の事例、観念が浮かんでいるのか？（「日記」pp. 114-115; MS183, p. 163, 一九三七年二月八日）

このテキストでウィトゲンシュタインは、理想誤解（「理想の呪縛」）という『論考』の最深部の誤りの生成構造の考察を通じて、そこから脱出する方法として生成と逆の過程を自らに示している。理想誤解とは、元々自らの理解のために比較の対象として持ち込んだ具体的な事例（比喩）の起源が忘れられ、理念的実在として我々に対して出現し、それに対する過度の敬意（崇高さへの過剰反応）からそれに捕らわれ、現実との乖離に不安を感じるという過程である。従ってそこからの脱却、解放には、それが像にすぎないことの認識が何より重要であるが、そのために最も効果的な手段が、その「崇高な」存在の起源を知ることであり、その元となった具体的で日常的な事象とその事象を描写していた

単純で原初的な概念を想起することなのである。その元となった事象・事例と概念が、「原型」と呼ばれるのである。

理想誤解から脱出する手段として、このように我々自身が理念的実在に祭り上げてしまったものの原型を同定し、知ることには二つの意味がある。第一に身近で卑俗な起源を知ることにより、我々を捕えていた理念的対象は脱神秘化され、それが像にすぎないことを我々に想起させるという働きがある。そしてそうした対象に対して我々が取るべき態度とは、それを落ちた偶像として廃棄することではなく、元々自らの理解のために それを用いたという本来の用途を想起し、そうしたものとして適切に用いることである。自らが持ち込んだ像を適切に用いることである。そのためには、そもそもなぜ、何のためにその像（視覚化された比喩表現）[36]を用いようとしたのかを知らねばならず、それを最も直接的に知らせるのがその「原型」なのである。これが崇高化された理念的概念の「原型」を知ることの第二の、そして最も大きな意味である。というのも、我々にとって理解とは、離れたものを身近な原型に結びつけることなのだから。この点において「原型」という概念[37]は、言語の日常的使用こそがあらゆる概念の意味的源泉であり、それらを理解可能とするものであるという『探究』の思想を象徴するものである。

価値観・世界観の根本的な逆転としての理想誤解の解消――§118

理想誤解の解消、あるいは理想の呪縛からの脱却とは、そのために努力し、それを実現・体験する精神にとっては、何より不安の消滅として体験される。しかしこの過程あるいは事態は精神にとって、

単に不安が消えて平安が訪れるだけのことではありえない。ＰＵ116の考察で示されたように、この過程を実現するために精神は、今まで犯しがたく崇高なものと捉えていたものを、自分の道具としての像にすぎないと認識せざるを得ず、それはそれらに付与していた価値の消滅であり、精神にとっては自分の世界からかつて尊い価値を持っていた多くのものが消滅、あるいは無価値なものに転落することとして体験されざるを得ない。つまり理想の呪縛から脱却するために精神は、自分の世界から多くの価値が消滅するという体験を（少なくとも一旦）せざるを得ないのである。これは理想誤解の解消が根本的な価値の転換、逆転を伴うということを意味している。それは価値あると感じていたものが最早価値を持たないと感じることであるから、世界とその中の物の見え方が根本的に転換するということ、すなわち世界観の根本的な転換をも伴うことを意味する。この過程を自らの努力で実現し、体験する精神は、それゆえ、それを一挙に実現することはできない。なぜならその精神が先ず見るのは、価値あるものすべてが崩壊した、あるいは破壊された様であり、自らが望み、もたらしたとはいえ、それを自らが選ぶ新しい世界として、容易には受け入れられないからである。しかしそれを受け入れない限り、それは自らの世界とはならず、それゆえ自分が理想誤解から脱却することもない。従って理想誤解の克服を志す精神は、自らの志に従いつつ、しかしそれに従えば世界から一切の価値が消滅するということを体験する時期がある。

いわばそれは精神が、新しい世界を垣間見つつも、いまだ自分の魂が古い価値に捕らわれているがゆえに起こる現象である。この時期新しい世界は荒涼とした一種の精神的廃墟として姿を垣間見せ、そこへ向かって進んでゆくことを精神はためらい、立ち止まる。そして精神が新しい世界へと踏み出

し、今まで価値があったと思っていた破壊されたものに実は価値がなく、本当の価値は今まで自分が見過ごしていたものの中に宿っていることを見出すことによって精神の遍歴、理想誤解からの脱却が完了するのである。ＰＵ118はこうした精神の廃墟体験とその克服の興味深い記録として読むことができる。次に引用する、廃墟体験の描写であるその前半はＴＳ213[38]に由来し、その手稿ソースは一九三一年一一月二二日の日付を持っている。

この考察のどこに価値があるのだ？　というのもそれは、興味深いものすべてを、偉大で重要なものすべてを破壊しているだけのように見えるからだ。（まるで石の塊と岩屑だけを残し、すべての建物を破壊しているかのように。）（PU118）

このテキストにおいてウィトゲンシュタインは自身の眼前に広がる荒涼とした精神世界を、自らがそこに進もうとしていることを、なお疑いをもって眺めている。それは上で示した理想誤解の中間段階にこの時期のウィトゲンシュタインがなお留まっていたことを示している。自らの新しい世界を照らす真の価値の隠れた源泉をまだ見いだせないでいることを示している。すなわち日記前半が記録するウィトゲンシュタインの精神とは、いまだこの段階[39]にあったのである。それに対して、これに続くＰＵ118後半のテキストはＭＳ157ｂ[40]に由来し、一九三七年二年二七日以降に、おそらく、ノルウェーでの独居時に書かれたものである。「日記」後半の記述から我々は、この時期ウィトゲンシュタインが根本的な宗教体験の只中にあり、自身の在り方と世界の見え方の根本的な転換の只中にあったのを知

ることができる。[41]次に引用する後半のテキストは、まさに一九三一年には決して受け入れることのできなかった新しい世界の中にウィトゲンシュタインの精神がすでにいることを示している。

しかし我々が破壊しているのは、空中楼閣にすぎない。そして我々は、それらが建っていた言語の土台をきれいにしているのだ。（PU118）

このようにＰＵ118の小さなテキストの中に残された精神の二つの地層の痕跡は、それに対応する日記の記述と重ね合わせるとき、『哲学探究』という形で実現された彼の哲学的変化、哲学的問題の解決は、信仰を含む彼自身の在り方の根本的変化[42]によってのみ完成されるものであったことを改めて我々に示している。『探究』という書物あるいはそこに示された思想の根底には、著者の在り方に関わる実存的地層が横たわっていることを我々に示している。この地層が我々を惹きつけ続ける『探究』の力の源なのである。

3　新しい哲学像の苦悶の中でのアフォリズム的予見——§§119〜129

シークエンスａより続いてきた「我々」による哲学的過去の自己省察と新たな哲学を探し求める思考の旅は、ＰＵ118で一旦中断される。自己の根本的錯覚を自覚し、そこから脱却するための新たな道を歩み始める用意と覚悟が「我々」／ウィトゲンシュタインにできたのである。それゆえ『探究』

「哲学論」においてこれに続くテキスト、すなわちシークエンスdは、「我々」の自己省察の記録の続きではない。シークエンスcとシークエンスdの間には両者を隔てる断層が存在し、両者の大きな相違を我々に告げている。この断絶はテキストの外的形態にも反映され、『探究』「哲学論」を読み進める読者はそのことに何らかの点で気づかざるを得ないだろう。

先ずシークエンスdの諸節は相互に独立したアフォリズム（警句）とも呼びうる文章であり、それらの間に一貫した流れを認めることはできない。それらの間には、「哲学」という主題に何らかの形で関わっているという極めて緩やかな統合性しか存在しない。この点で、一貫した思考の流れの表現であったシークエンスａ、ｂ、ｃの文章とシークエンスdの文章の間の対比は際立っている。それに加えて、注意深い読者なら気づくであろうが、両者の文はその主題の示し方、語り方が全く異なっている。いずれも広い意味での「哲学」あるいは「哲学的思考」を主題とするものであるが、前者でその主題は「我々の考察」として自己省察の対象として捉えられ、ごく例外的にのみ「哲学」と呼ばれたのに対し、後者ではその逆である[43]。すなわち考察において主題は「哲学」と呼ばれ、それゆえ一般性の相の下で考察され、例外的にのみ自分自身の考察として捉えられ、自己省察として考察が進められる。さらに語られている内容に目を向けるなら、新しい哲学の特徴として両者が語っている内容は、その主旨において共通しているが、ただ一つ大きな相違がある。それはシークエンスａ、ｂ、ｃの考察（『論考』という哲学的過去への自己省察）の核心をなす「理想誤解」に関する議論が、それ自身の分析としても、『論考』への適用としても、シークエンスdには一切存在しないことである。

シークエンスdとそれに先行するシークエンスのこうした多面的な相違と共通性は、両者が生み出

された時と文脈の相違をそのまま映し出したものである。こうした生成過程における相違がより明らかになったとき、我々はシークエンスｄのテキストが『探究』「哲学論」の中で持つ固有の意味を理解することができるだろう。それは、未完成な自己省察の苦悶の中で記された、来るべき哲学像のアフォリズム的予見、というべきものである。以下において、まずシークエンスｄのテキストの成立背景を再確認し、その上で将来の哲学像の予見がいかにそこに表現されているかを見ることにしよう。

３－１　§§119～129のテキストの成立の背景と意味

第二章で述べたようにシークエンスｄのテキストは一部の例外[44]を除いてＴＳ213「哲学」に由来するが、ＴＳ213「哲学」は、一九二九年に哲学に復帰して以来ウィトゲンシュタインが一連の手稿ノートに書き記した膨大な考察の中から、「哲学」を何らかの形で主題とするものをひとまとめにしたものである。従ってそれらは、哲学に復帰後のウィトゲンシュタインが、自分が再び携わろうとしている哲学という活動に対して、一般性の相の下で行った自己省察の記録とみなすことができる。そこに集められた考察の中で最も早い日付を持つものは一九二九年一二月二三日[45]であり、最も遅いものは一九三二年六月一一日[46]である。すなわち哲学論という形でのウィトゲンシュタインの自己省察は、哲学的活動再開の一〇ヵ月後に開始され、一九三二年まで続けられたのである。他方彼は一九三〇年四月二六日（四一歳の誕生日）、「日記」（MS183）の記入を開始し、それは一九三二年一月二八日にいったん中断されるまで継続される。つまりこの時期ウィトゲンシュタインは哲学論と日記という形で、二重の自己省察を同時に行っていたのである。一方では哲学という自分の営みを振り返るために、他方で

は自分という人間を振り返るために。シークエンスdのテキストはこうした時期の真っただ中で生み出されたものである（その中で最も早く書かれたPU119[47]は一九三〇年七月二五日の日付を持ち、最も遅いPU127[48]は一九三一年一一月二三日の日付を持つ）。それはこの時期の一般性の相の下でなされた哲学的自己省察から選び抜かれたものである。

だがそれが『探究』「哲学論」のこの場所に置かれている固有の意味は何だろうか。というのもそれらは一般的な哲学論という外観を持っており、『探究』「哲学論」の根幹をなす「我々」による一人称の哲学的自己省察とは異質に見えるからである。この問いに答えるとは、表面上は単に主題を共通しているだけの異質な二種のテキストが、『探究』「哲学論」においてこのように並べ置かれている意味を知ることである。このことは、今示したシークエンスdのテキストが生まれた過程を、より大きなウィトゲンシュタインの自己省察的精神遍歴の中に位置づけることによって成し遂げられるだろう。シークエンスdのテキストを生み出した母体である一九三〇年から始まった二重の自己省察は、確かに一九三二年にいったん中断されたが、それで終了したわけではない。本書第一章で明らかにしたように、それは一九三六年一一月に、先ず「日記」後半の開始という形で再開され、自己省察の深まりとともに彼を新しい信仰へと導いた[49]。それと同時期の一一月九日には、日記の中から生まれた新しい考察[50]を起源とする哲学的自己省察が日記と並行して開始され、その思考記録であるMS157「哲学論」[51]を軸として『探究』「哲学論」シークエンスａ、ｂ、ｃのテキストが生み出されたのである。従って一九三二年の二重の自己省察の中断は、それが完成したことによるのでも、興味が他所に移ったことによるのでもなく、自己省察がある限界に行き当たり、自分の哲学的活動の本質と、自分という人間

の本当の姿を、ありのままに見ようとする努力が行き詰まり、それ以上その本当の姿に近づけない地点に達したからだと推測できる。そしてこの行き詰まりが、第一章で述べたように、友人・家族への「告白」によって打破された後にのみ、自己省察をさらに深め、自己の根底に迫ることができたのだと、そうして生まれたのが『探究』という書物だと推測できるのである。

日記前半の記述は、この推測を支持しているように思われる。すなわちそこでは、自己省察のたゆまぬ努力にもかかわらず、「私の正直さはいつもある特定の地点で行き詰まってしまう」[52]とか「ここで私は自分の虚栄心の根底（最深部、のことを言っているのだ）をまったく暴露していない」[53]といった言葉によって、その限界への諦めが絶えず漏らされている。だが日記は、自身の人間性に対する自己省察の不徹底さばかりでなく、次の言葉に見られるように、自分の哲学的思考に対する自己省察の不徹底さにも嘆息している。

私の哲学の仕事は今、困難なものを迂回しているように見える。気晴らしのように、良心のやましさなしには没頭できない娯楽のように見える。まるで病人の看病をする代わりに映画館に行っているみたいだ。（一九三二年一月一一日；MS183, p. 135,「日記」p. 96）

この時期の彼の最大の哲学的関心は『論考』の誤りからの脱却とそれに代わる新しい哲学の構築であったはずだから、このテキストは彼が『論考』の真の誤りにいまだ向き合えず、それを放置したままほころびを繕う様々な工夫に没頭していたことを伺わせる。それは論理の世界性という『論考』の哲

学的土台にこの当時彼が手を付けることができなかったことを示唆している。つまりシークエンスｃとシークエンスｄの最大の内容上の違い、すなわち前者の根幹をなす理想誤解に関する考察が、後者に存在しないという事態は、その反映ではないかと考えられるのである。

こうした観点から見るなら、シークエンスｄのテキスト（そしてその母体となったＴＳ213「哲学」）は、哲学的にも実存的にも不徹底であった一九三〇年から一九三二年の自己省察の中で、彼がもがき苦しみながら、何とか誤りの過去と決別し、来るべき哲学の姿を垣間見ようとした努力の産物であると言えるだろう。その本当の根底に達していないため不十分であることは明らかだが、それらは少なくとも未来が見えない中でもがき苦しむウィトゲンシュタインの哲学的精神の有り様を伝えていると思われる。ウィトゲンシュタインが一九三〇～三二年当時のテキストを、あえてほとんど修正することなく、当時のままの姿で『探究』「哲学論」の一部として残したということは、『探究』にとってその内容と文体が妥当だと彼が考えたことを示している。過去の苦闘の中で不完全ながらも予見的に垣間見られた新しい哲学像を、『探究』の精神がそこに認めたことを示している。そして我々にとって重要なのは、予見されたこの哲学像を描くテキストが、不完全な自己省察の中にいる精神の苦悶を、いわば必然的な刻印として帯びているということである。見ようとして見切れないが、それにもかかわらず何かを垣間見ようとする真剣さと不安をそれらの文体は示しており、間違いなくそれがこれらのテキスト独特の魅力として感じられるのである。それこそがシークエンスｄのテキストがそこにおかれた意味ではないかとも考えられるのである。以下こうした観点から、いくつかの重要な主題に沿って、それらが我々に伝えているものを見てみよう。

3-2　矛盾と哲学的問題――§119、§123、§125
矛盾の中での不安の表出と苦行としての哲学――PU119、123

シークエンスcにおいて哲学的問題は「深い不安」として規定された。この不安の源が、ある種の矛盾あるいはパラドックスと呼ぶべきものであることが明らかにされた。すなわち自分が用いる言語の形式に関する誤解と錯覚の結果、「そうなってはいない！」、「だがそうなっているはずだ！」という思考の閉路から逃れられないことから生まれる深い不安こそが哲学的問題の本質であることが示された。そしてそのことにより、この閉路から脱出する道も「言語によって悟性にかけられた魔法との闘い」として見出されたのであった。

不安から脱出する道が見えるとは、すでに不安から脱していることに他ならないから、シークエンスc（そして『探究』自体）が示す精神の境位とは、すでに不安から脱した精神のそれである。それに対してシークエンスdのテキストが示すウィトゲンシュタインの精神の境位とは、出口が見えないがゆえに不安に捕らわれている精神のそれである。それゆえPU123の、「哲学的問題は、「どうしてよいかわからず、私は途方に暮れている」という形をしている」という言葉は、哲学的問題の客観的分析というよりは、むしろ哲学的問題を前にして（それが哲学的問題であるがゆえに）途方に暮れている自己の姿を、三人称の客観的記述という形で描いていると見るべきだろう。このことは、このテキストが書かれた前日に、先ほど引用した「私の正直さはいつもある特定の地点で行き詰まってしまう」という言葉が日記に書き込まれたということからもうかがえる。PU123がこのように三人称の一

般的哲学論として表現されているということ自身が、そこでのウィトゲンシュタインの哲学的自己省察が不徹底であることを示しているのである。というのも、この自己省察が「我々の考察」に関する一人称の自己省察として行われたときにのみ、シークエンスcの思考は可能となり、不安からの出口も見えたからである。自分がまさに不安の中にいることが、その事態を客観視せずには語れなかったということそのものによって間接的に示されているもう一つの例が、次に示す印象的なテキストである。

哲学の成果とは、何らかの純然たるナンセンスの発見と、悟性が言語の限界に突進するときにこしらえるコブである。そのコブが、先の発見の価値を我々に知らしめるのだ。（PU119）

このテキストをシークエンスcで示された成熟した思考と比べるとき、このテキストを生み出した精神の位置する場所が鮮明に浮かび上がる。「ナンセンスの発見」という言葉が示すように、ここでも哲学的問題の指標はある種の矛盾・パラドックスだという考えが示されている。しかしここでの思考がシークエンスcのそれと決定的に異なっているのは、そうした矛盾・パラドックスが生み出される根本的理由に関してである。「悟性が言語の限界に突進するときにこしらえるコブ」という表現がはっきりと示すように、ここではその原因が言語の限界の侵犯、文法の違反、であると考えられている。従ってこの矛盾・ナンセンスから脱出する方法は「文法の順守」という言語の限界内に留まることとなる。ＭＳ142の記述からも推測されるように、ここで言語の限界を侵犯するとは、「対象」や「命

題」といった言葉を形而上学的に用いることだと考えられる。従ってこのテキストを生み出した精神にとって、哲学的問題の解決の道とは、言語の形而上学的使用を慎み、言語の限界内に留まることである。だが問題は、なぜ言語の形而上学的使用が慎まれるべきなのか、なぜ『論考』の精神がそうした使用に走ったのかが全く問われていないことである。それゆえこの精神にとって哲学的問題の解決とは、ある種の知的禁欲となり、そうした禁欲を必要とさせた自分の根本的欲求の正体は明かされることはなく、哲学的問題は解決されないまま残るのである。この精神に従って哲学をするとき、人は知的禁欲に耐え続ける苦行者のごとき存在とならざるを得ないのである。知的苦行者(54)としての哲学者という姿こそ、この時期から『探究』成立直前までのウィトゲンシュタイン自身の精神の姿だといえるだろう(55)。

行き詰まった学の問題の源泉の解き明かしとしての哲学——§125

哲学と矛盾の関係について、シークエンスdのテキストについてもう一つ触れておくべき重要なことがある。それはＰＵ125、とりわけ印象的な次の最後の文についてである。

> 矛盾の生活上の役割、あるいは社会における矛盾の役割を表すのが、これは哲学的問題だ、という言葉なのである。（PU125）

明らかにこの文は、哲学的問題、の一つの定義を与えている。すなわち哲学的問題とは、矛盾の存在

によって指示される問題なのである。シークエンスｃで哲学的問題とは、言語の形式にかかわるがゆえに深い不安を我々にもたらす問題として規定された。そしてその背後には矛盾が存在していた（「そうはなっていない」、「でもそうであるはずなのだ」PU112）。それに対してＰＵ125では反対に「哲学的問題」が「矛盾の存在」という視角からより一般的に捉えられ、同時にそのことによりＰＵ125は哲学の仕事に対して、非個人的で（あるいは非実存的で）、より一般的な規定を与えている。それは明らかにＰＵ125が書かれた時点でのウィトゲンシュタインの哲学的思索の成熟を反映していると考えられる。

ＰＵ125は一九四六年に書かれたと考えられるＭＳ130に由来し、ＴＳ213をソースとする他のシークエンスｄの考察とはその起源において全く異なっている。それがあえてこの場所に挿入されているのは、その内容からして明らかに直前のＰＵ124に対するある種の注、『探究』をほぼ完成させた精神の観点からの注としてであろうと考えられる。ＰＵ124とＰＵ125が示す哲学像は、相互に矛盾するわけではないが、思考の成熟を反映した興味深い差異を見せている。それを簡単に見てゆこう。

ＰＵ124では哲学と数学基礎論の関係が問題にされ、数学基礎論の問題は数学の問題の一種にすぎず、それを解決することが哲学の仕事ではないということが次のように述べられている。

数学もまた、哲学はそのあるがままにしておくのであり、どんな数学的発見の助けとなることもない。我々にとって「数学的論理学の指導的問題」は、他のすべての問題と同様に、数学の一問題に過ぎない。（PU124）

そしてなぜこうなのかという理由は、ＰＵ124冒頭で次のように述べられている。

言語の実際の使用に、いかなる仕方であれ、哲学は手を触れてはならない。つまり、哲学は結局のところ、それを記述することしかできない。

なぜなら哲学には言葉の使用を基礎づけることなどできないからだ。

哲学はすべてをあるがままにしておく。（PU124）

ここで想定されているのは極めて禁欲的な知的活動としての哲学であり、それは前項の考察が示すように、ＴＳ213期のウィトゲンシュタインの哲学観の大きな特徴である。しかし『探究』という哲学的自己省察を終えたウィトゲンシュタインにとって、哲学はより積極的な意味をも持っていたと考えられる。それを示すのが『探究』完成期に由来するＰＵ125である。ＰＵ125はＰＵ124と同じく数学と哲学の関係を主題とする考察なのだが、ＰＵ124のように禁欲的不作為を哲学に要求するのでなく、哲学固有の仕事を明示する。すなわち、もし数学に矛盾が存在する場合、哲学の仕事とは数学的発見により矛盾を解決することではなく（それは数学者の仕事である）、いかにして矛盾が生まれるに至ったのか、を明らかにすることなのである。

数学的発見や数理論理学的発見によって矛盾を解決することが哲学の仕事なのではない。そうで

なく、我々を不安にしている数学の状態、矛盾が解消される前の数学の状態全体を見渡せるようにすることが、哲学の仕事なのである。（そして、そうすることによって我々は困難を避けているわけではない）（PU125）

「矛盾の解消」という観点からすると、これは哲学による問題の回避、あるいはそのための言い訳と聞こえるかもしれない、しかし、「（そして、そうすることによって我々は困難を避けているわけではない）」（PU125）とあえてウィトゲンシュタインは断言する。こう語るウィトゲンシュタインの真意は、成熟した思想において彼が哲学に認めた積極的役割（それはＴＳ213期の彼にはいまだ見えなかったものだ）を正確に理解した時初めて明らかになるだろう、そしてそのためには「言語ゲーム」という比喩の使用が効果的である。

我々は数学、物理学、心理学、といった個別科学を一種の言語ゲームとみなすことができる。それは研究者自身が定め、受け入れている一定の規則に従って（もちろんそれらすべてが明示化されている訳ではない）、ある条件を満たす言明を制作するゲームである。それらの言明は証明、理論、実験結果、観察、観測、等様々な呼び方をされるが、いずれも是、非、という二つの属性を持ち、ゲームの基本的な目的は、状況に応じたしかるべき条件を満たす是属性を持つ言明を制作することである。これらのゲームは通常規則に従って進行するが、時として、是でも非でもあるような言明が生み出されたり、どのような手段によっても是とも非とも決定できないような言明が出現し、ゲームの進行が一時中断する。こうした現象が矛盾および不確定と呼ばれる。ある学問においてこうした現象が繰り返

し起きるとき、その言語ゲームの通常の進行は著しく困難となる。ゲームの当事者はこうした状況を「哲学的問題」と呼ぶのであり、矛盾はその目印なのである。

ここで起きているのは、いわば、ゲームの当事者が予想外の事態に遭遇し、自分たちが定めた規則に絡まって身動きが取れなくなるということである。ゲームを再び通常のように動かすためには、ゲームの当事者は規則を変更したり、新しい規則を作る必要がある。そしてそれは明らかに各言語ゲーム参加者（数学者、物理学者、論理学者）の仕事であり、外部の人間（例えば哲学者）が行っても意味のないことである。しかしもしゲーム参加者が、あまりにもゲームに慣れすぎていて、一体自分たちのどの規則に問題があり矛盾が生じたのかわからない場合、むしろ外部の人間の方が規則の矛盾の絡まりあいをよく見通せることはあり得るし、もしそうしたことができれば、それをゲーム参加者に伝えることは有意義だろう。成熟期のウィトゲンシュタインが考えている哲学固有の（そして非個人的な）仕事とはこうしたものに他ならない。それは次のような言葉で語られている。

ここには次のような根本的事実が存在している。つまり、我々はあるゲームのための規則と技法を定めているのだが、その規則に従う際に想定していたのとは違った事態が進行しているのである。つまり、いわば我々は、自分たち自身の規則に絡まってしまっているのである。

自分たちの規則への絡まりこそが、我々の理解したいもの、すなわち、見渡したいものなのである。（PU125）

ここで示されている新しい哲学の一側面を我々は、行き詰まったゲームとしての個別学の問題の解き明かし、と呼ぶことができるだろう。それはウィトゲンシュタインの思索の成熟に伴って、はっきり姿を現したものである。

3-3　描写の形式と世界観の発見──§122、§129

シークエンスbとシークエンスcに関する我々の考察は、哲学的問題を生み出す根本的誤解から脱却する上で最も困難なのは、自分が用いている描写の形式をそれとして見ることだ、ということを示していた。それが、自分（たち）が持ち込み、使っている認知上の道具としての形式であることに気づくことが、哲学的問題を解消する上で最も大きな障害であることを示していた。なぜなら誤解の中にあってそれは、当然のようにそこに実在する根本的な事実としか見えないからである。例えば、対象と事態の関係について『論考』が抱いていた根本的観念、対象は不変で、その組み合わせだけが変化するという観念[56]はその典型例である。これが描写の形式だと認識するまで、『論考』の精神は誤解の中にいたが、その認識が困難だったのである。なぜなら、それが描写の形式であることに気づくまで、そうでないこともありうるというのは考えられないことであり、同時に、そうでないこともありうることに気づくまで、それが事実でなく描写の形式（そのように事物を見る見方）であることに気づけないのであり、自分の形式の中に暮らす限り、この循環から抜け出せないからである。

次に引用するＰＵ122はなぜ自分の描写の形式がこのように見えにくいのか、そしてどのようにすればそれを見ることができるのか、に関する考察である。明らかにそれは、これからウィトゲンシュタ

インの精神が、いまだ自分が捕らわれている様々な問題と誤解に立ち向かうにあたっての、具体的指針を示すものと解釈できる。彼の精神の過去ではなく未来に関わるものであり、ＴＳ213期に由来するシークエンスｄのテキストの中でも特別の地位を持っていると言えるだろう。

我々の無理解の主な源泉は、我々の言葉の使用が見渡せないことにある。我々の文法は、見通しが効かないのである。理解とはまさに「関係を見ること」に他ならず、全体を見渡せるような描写はそれをもたらすのである。だから中間項を見つけたり、考え出したりすることが大切になる。

全体を見渡せるような描写、という概念は我々にとって根本的な意義を持っている。それは我々の描写の形式を、我々がいかに事物を見るかというその仕方を示す。（これは世界観なのか？）

(PU122)

ここではいくつかの重要なことが述べられているが、今まで何度かそうであったように、記述と逆の順序で考えることにより、理解はより容易になるだろう。先ず第二段落は、今我々が語ってきた「描写の形式」が物の見方、世界観（のようなもの）であることをはっきりと述べている。これはシークエンスｂ、ｃでは明示的には語られなかったことだが、「描写の形式」の本質と言うべきものである。対象と事態について『論考』のように語ることは、ある語り方、ある描写の仕方を用いる（それと気づかずに）ことであるが、同時に自分が体験する諸現象をそうした概念を通じて理解すること、物をそのように見ることに他ならず、ある意味でそれは「世界観」とも呼びうるものなのである。こ

のことが意味するのは、シークエンスｃを通じて姿を現した新しい哲学が、単に我々の言葉の使い方（語り方）を問題にするだけでなく、我々の根本的なものの見方、世界観、をも問題にするということである。そうしたことを問題にしなければ、我々が直面している哲学的問題は解消されないということを、それは意味している。

従って新しい哲学は、一見すると我々の言葉遣いや文法のみにかかわるかのような印象を与えるかもしれないが、必然的に我々の根本的なものの見方（の転換）に関わるのであり、その意味で「深い」（PU111）のである。遡って第一段落は、哲学が問題としなければならない根本的なものの見方としての「描写の形式」がなぜ見えにくく、どのようにすれば見えるのか、を述べるものである。描写の形式、物の見方は、現実には我々のある特別な語法、文法により表現されている（例えば、『論考』は固有のある語り方をする）。そしてこうした語法、文法は、規則表としてどこかに明示的に記されているのではなく、様々な言葉の現実の使われ方の特質として、言語の使用全体の中に分散して存在しているのである。この事態をテキストは、「我々の言葉の使用は見通せない」あるいは「我々の文法は見通しが効かない」と表現している。これこそが、我々自身の描写の形式が、目の前に在りながら我々から隠れ、それとして見られにくい原因だ、ということこそがこのテキストが語ろうとしていることである。それは次のＰＵ129が語ることと明らかに通底している。

事物の我々にとって最も大切な相（アスペクト）は単純でありふれているために隠れている。（いつも目の前にあるために、人はそれに気付くことができない。）……（PU129）

ウィトゲンシュタインがここから導こうとする哲学の方法とは、自分たちの言語使用全般が見渡せるような描写、俯瞰図をこしらえ、普段はそれと気づかない「描写の形式」を可視化することである。根本的な事実だと思っていたものが、自分たちの描写の形式だと自覚するための俯瞰図を作ることである。その際重要になるのは、こうなるとは限らないこと、違って見ることもできることに気づくことである。そうした違った見方がここでは「中間項」と呼ばれていると考えられる。例えば、言語が世界を写す鏡でなく、道具箱にある様々な道具であると考えることはこうした中間項に当たるだろう。いずれにせよ、シークエンスａ、ｂ、ｃで示された『論考』の根本的な誤解の解明と、そこからの脱却の過程において、ウィトゲンシュタインがこうした方法を自身の『論考』の体系に適用したことは疑いのないことである。そうしなければ、『論考』の根本前提はいつまでたっても、侵しがたい根本事実という相を呈しただろうから。『探究』のこれ以降の考察においても、この方法は様々な仕方で使われてゆく。(57)

3－4　記述と想起――§124、§§126～127

最後に、いわゆる記述的哲学観について触れておこう。哲学は言語の使用について説明したり、それを改良するのでなく、ただ記述するだけである、という意味で新しい哲学像が記述的であることはシークエンスｃにおいてすでに示された。シークエンスｃでＰＵ109のわずか三行で述べられただけのこの性格は、シークエンスｄでは多数の考察において繰り返し強調されている。次にあげるＰＵ124と

ＰＵ126の言葉はその典型[58]と言えるものである。

> 言語の実際の使用に、いかなる仕方においてであれ、哲学は手を触れてはならない。つまり、哲学は結局のところ、それを記述することしかできない。
>
> なぜなら哲学には言葉の使用を基礎づけることなどできないからだ。（PU124）
>
> 哲学はまさにすべてを、ただ目の前に置くだけであり、何かを説明したり、導出したりはしない。すべてが包み隠されずにそこにあり、説明すべきものなど何もないからである。（PU126）

こうした記述性がシークエンスｃで示された新しい哲学にとって重要であったのは、しかも二つの意味で重要であったのは、明確な理由に基づいていた。すなわち第一に、新しい哲学は、言語の誤解のために哲学的問題に捕らわれている者の自己救済の道であり、そこから足を踏み外した言語の状態に回帰することがその目的であり、言語の改良はその者に無関係だからである。もしその者が言語を改良するなら、それは独立した別の目的のためであり（例えば数学における矛盾のない新体系の設計）、それは最早新しい哲学の仕事ではないからである。第二に、『論考』に典型的なように、知らず知らず言語の誤解に入り込む者（その者は、『論考』のように、しばしば自分を哲学者と見る）は、見えない本質を想定し、説明し、改良しようとし、まさにその行為が自己の誤解と錯覚の原因であることに気づかない。それゆえ新しい哲学にとっては、問題を解くつもりで問題の源泉になるという『論考』的

誤りを繰り返さないためにも、仮説、説明、を禁じ、記述に活動を限定することが重要なのである。そして言うまでもなくそこで記述されるべきなのは、我々がその中にいながらそれと気づかない描写の形式、ものの見方に他ならない。このように『探究』が説明を禁じ、記述への専念を命じるのは、今述べたような誤解の本質理解とそこからの脱却の道の認識に基づいている。

それに対してＴＳ213期を起源とする哲学の記述性を述べるこれらのテキストは、当然のことながらいまだそうした理由を知らず、ただ説明を禁じ、記述への専念を命じるだけだから、上で触れた知的禁欲に基づく苦行者的哲学こそが本来の哲学だという誤った（＝ウィトゲンシュタインが本当に意図したものではない）哲学像を生みやすい[59]。この誤解に基づけば、新しい哲学とは、一切の説明を放棄し、ただ言葉の使用法・文法を淡々と記述するという不可解な行にいそしむ退屈な修業僧の営みの如きものとなってしまうのである（そうした記述に何の意味があるのか！）。

おそらく一九三〇年から『探究』の確立以前、ウィトゲンシュタイン自身こうした哲学像をある程度思い描いていたかもしれない。あるいはそうした像に悩まされていたかもしれない。しかし『探究』を可能とした根本的哲学的反省によって、ウィトゲンシュタインはこうした無意味な哲学像から完全に解放されたと考えられる。その何よりの証拠は、『探究』で実際に為されているのがそうした無意味な言語記述とはおよそかけ離れた、複雑で興味深い行為だということだ。

人がこうした無意味な哲学像の虜になるにはいくつかの要因が考えられる。第一の要因は、こうした像を抱く者（その中にＴＳ213期のウィトゲンシュタインが含まれる可能性が大である）が、『論考』的な「説明」の本質を（いまだ）知らないことである。もう一つ考えられる要因は「記述」に関する誤

解である。ウィトゲンシュタイン自身の例がはっきりと示しているように、自己の根本的言語的誤解から脱却するために本当に必要とされている「記述」は、言葉の使用の羅列的な枚挙、記述ではない。PU122やPU129が語っているように、我々に必要なのは（そして困難なのは）、我々がその中に埋没し、当たり前の事実とみている我々の描写の形式、物の見方、を明らかにすることであり、現実の言語の使用の記述は、それ自身で博物学的興味のために為されるのでなく、この目の前に在りながら見えないものを見るために、言語の使用・文法について我々がすでに知っている様々な事実を寄せ集め、大きな俯瞰図を作るために為されるのである。

これこそ『探究』においてウィトゲンシュタインが現実に実践していることに他ならない。これらのテキストで「記述」と呼ばれている行為の実体は、すでに我々が知りながら、それと気づかないものの記述であり、その意味で「想起」と呼ぶことのできるものなのである。PU127の次の言葉は、哲学のこうした仕事の特質を簡潔に描写するものである。

哲学者の仕事とは、ある特定の目的のために様々な記憶を運び集めることである。(PU127)

こうして我々は、第三章で簡単に触れただけのPU89b、cの考察に立ち返ることになる。その内容を明確に理解できる場所にようやくたどり着いたと言えるだろう。そこでは新しい哲学的（あるいは論理的）考察が想起的なものであることが述べられ、そのモデルとして時間に関するアウグスティヌスの考察が挙げられていた。しかしそれがいかなる意味で新しい哲学となりうるのか我々には不

明であった。シークエンスb、cの考察の解釈を通じて新しい哲学の全体像が明らかとなった今、PU89の言葉が、この新しい哲学の独自性の適格な描写であることを我々ははっきりと認識できる。その言葉を最後に引用しよう。

……我々は目の前に既に開かれて在る何かを理解すること欲しているのである。というのも我々はそれを、ある意味で理解していないように思われるからである。

アウグスティヌス（『告白』第十一巻、第十四章）、「では時間とは何か？　もし誰も私に訊ねなければ、私は知っている。しかし誰かに説明を求められると、私にはわからなくなる。」——自然科学の問題についてこうしたことは言えないだろう（例えば、水素の比重についての問題）。誰にも訊ねられなければ知っているが、それを説明しなければならなくなるともはや知っていないもの、それは我々が思い出さなければならない何かである。（そしてそれは明らかに、ある理由により思い出すのが難しい何かである。）（PU89）

4　新しい哲学と「言語ゲーム」——§§130〜133

『探究』を現に書き、その過程で徹底的な自己省察を行うウィトゲンシュタインの精神、すなわち「我々」にとって、シークエンスdとは、数年前、いまだ不徹底な自己省察のゆえに自らの誤解の根底が見えない絶望感の中で必死に垣間見た来るべき哲学の予見を、肯定感をもって今振り返る過程で

あった。すなわちそれは、現在を未来として予感していた過去の自己の肯定的追想である。

続くシークエンスeにおいて「我々」の自己省察が再開される。ここにおいて「我々」の自己省察はようやく自分自身に追いつき、『論考』という過去ではなく、『探究』（のこれまでの部分）という現在、およびこれから書き続けられる『探究』という未来が考察の対象となる。すなわちシークエンスeは『探究』自身による『探究』の自己省察に他ならない。そしてこの自己省察は『探究』という書物の最も目立った特色、すなわち「言語ゲーム」という概念と、そこで実践される「哲学的考察」という活動に焦点があてられる。以下それぞれについて考察し、「我々」の哲学的自己省察を追う長い旅を終えたい。

4-1　『探究』における「言語ゲーム」の役割と理想誤解再訪――§§130〜131

『探究』を今書きつつある精神が、自分がこれまで『探究』として書いてきた（語ってきた）ことに対して哲学的自己省察を行うとは、つまるところ、その中で使用してきた「言語ゲーム」という概念が何なのか、どのような存在なのかを改めて問うことに他ならない。なぜならそこで新しい思想として語られたことはすべて、この概念なしには表現できなかったからである。この自己省察は思考の展開の必然的な結果として、「お前が語っている言語ゲームの本質とは何なのか?」という自問によりPU65で開始された。だが『探究』の精神はその場でこの問いに答えることができず、『論考』の思考の根底にまで遡り、自らの哲学的考察に対する自己省察を徹底させざるを得なかった。というのも、「言語とは何か」という根本的な問いに対するPU64までの『探究』の答えは、それは（『論考』

の言うように）世界の像ではなく、様々な言語ゲームの集積だ、というものであり、それによって『論考』の誤りが乗り越えられたと考えられたのだが、「ではその言語ゲームとは何か？」という問いに明確な答えを示すことができなかったからである。こうして『探究』の精神は、『論考』の誤りが、元の問いに対する古い誤った答えを新しい答えで置き換えることによっては克服できないことを自覚したからである。『論考』の誤りとは、誤った答え（「言語は世界の像である」）を出したことではなく、その答えのとらえ方自体が問題だったのであり、この問題は、答えを「言語は言語ゲームである」に置き換えたところで何ら解決されないことに気づいたのである。こうした自覚の表現が「論理とはいかなる意味において崇高なのか？」（PU89）という問いだった。そして『論考』の思考に対する徹底した自己省察の結果たどり着いた答えが、論理自身は崇高ではない、それは事物を把握し描写する形式であり、それを通じて世界全体を見ているがゆえに我々はそれを崇高と感じるのだ、というものであった。それ自身崇高でないもの（描写の形式）を、崇高なもの（世界全体に内在するもの）と勘違いしたことこそ『論考』の根本的な誤りだというのが、『探究』の精神が自己反省を通じて見出した『論考』の誤りの根底であった。

『論考』が陥ったこの根本的な誤りが理想誤解である。『論考』が用いた「言語は世界の像である」という表現自身が誤っていたのでなく（それは比喩であるから）、この表現が言語の本当の在り方を示すものだとみなした事が『論考』の根本的な誤りだったのである。従って「言語は言語ゲームだ」というPU64まで『探究』が用いた表現も、それが言語の本当の姿を表すものだと考える限り、『論考』と同じ誤り（理想誤解）へと我々を導くことになる。「言語ゲームとは何か」という問いが「規

則のパラドックス」に行く手を阻まれたのは、こうした隠れた誤解の兆候だったのである。

こうした重層的な自己省察の結果、『探究』の精神（「我々」）はPU130においてようやく「言語ゲームとは何か」というPU65で答えられなかった問いに答えることができるようになるのである。一言で言えばそれは比喩、比較の対象、である。しかし単なる比喩でなく、「言語は世界の像である」という過去の隠された比喩により我々が陥った誤解（言語の機能は単一であるという誤解）を解き、言語の機能の多様性に我々の目を開く重要な比喩である。PU130はこの答えを次のように示しているが、その背後には、今述べたような自己省察の時間の複雑な重なりが隠されているのである。

> 我々の考察に登場する明瞭で単純な言語ゲームは、将来、言語を理論的に規定するための予備的研究ではない。すなわち、それらは我々の言語に対する、摩擦や空気抵抗を無視した第一近似のようなものではないのだ。むしろ我々の考察において言語ゲームは比較の対象、類似性と相違を通じて我々の言語の有り様に光を当てるべきものなのである。（PU130）

ここで「将来言語を、理論的に規定するための予備的研究」とか「言語に対する、摩擦や空気抵抗を無視した第一近似」と呼ばれているのは、我々が通常科学で「理論」や理論に登場する「理論的概念」と呼ばれるもの自身ではなく、それらのある種の使用法、すなわちそれらを世界あるいは実在の本当の在り方を示す像として用いることである。理論や理論的概念を、経験的現象を理解し、予測するために我々が用いる認知上の道具ではなく、世界やある領域の存在全体（例えば、言語）の本当の

姿を捉えたもの、と解釈することである。従ってここで言われているのは、『探究』においてウィトゲンシュタインは「言語ゲーム」という概念を、言語の本当の在り方を捉えるため（その試みは我々を錯覚に導く）の手段（像、理論）として用いているのではない、ということである。もし「言語ゲーム」をそのように解釈し、使用するなら、我々は再び『論考』の根本的誤り、すなわち理想誤解を犯し、その思考は再び空虚となる。このことを述べているのが、続くＰＵ131に他ならない。それは今一度理想誤解について語り、いわば「我々」の自己省察の旅を締めくくる思考である。(60)

すなわち我々は、モデル（Vorbild）をそれが本来そうである物として、すなわち比較の対象として――言ってみれば物差しとして――扱い、現実がそれに対応しているはずだと我々が勝手に抱いている先入見としては扱わないことによってのみ、自分たちの主張が不当なものや空虚なものになることから逃れられるのである（哲学においてあまりにもたやすく陥りがちな独断主義）。（PU131）

ここで「現実がそれに対応しているはずだと我々が勝手に抱いている先入見」と呼ばれているものこそ、これまで繰り返し登場した理論的概念の無限定な使用法である。そのように使用するとき、我々は現象を理解するために自分たちが用いている概念、像、比喩、モデル、あるいは理想（理念）を、存在自体を規定する世界に内在する概念と誤解し、「世界はそうなっているはずだ」と思い込むのである。上で述べたように、この「はずだ」という認知態度こそが、理想誤解の核心である。そうした誤解によって我々が陥るある硬直した認識態度をウィトゲンシュタインはここで「独断主義」と

呼び、それについて「哲学があまりにたやすく陥りがちな独断主義[61]」と語ることにより、彼が『論考』に対して行った哲学的自己省察の成果が、哲学史にも広くあてはまるものであることを示唆している[62]。それは『論考』が長い西洋の哲学の歴史の産物として生まれたものであることを考えれば当然のことであろう。

4-2　『探究』の考察（新しい哲学）が目指すもの――§132

いま示された「言語ゲーム」の（『探究』精神固有の）捉え方は、『論考』精神による「像」という概念の捉え方と根本的に対立するものである。それは理想（理念的概念）に対する両者の態度の根本的な相違を反映するものであり、両者の哲学観の根本的相違の源となるものである。「像」や「ゲーム」といった概念を、『論考』の精神のように実在の本当の姿を捉えるものと考える者にとって、哲学の目的とは、現象の背後に実在するある根本的秩序を捉えることであり、実在の本当の在り方を捉えることである。そうした究極的秩序を捉えることが可能であり、それが哲学の目的だと考えるのである。

他方『探究』の精神のようにそれらを理解のための比較の対象、比喩と捉える者にとって、哲学の目的とは、前者のような精神ゆえに我々が捕らわれた言語の誤解・呪縛から、我々自身を解放することである。医術の治療行為が、それぞれの病に対して別々に行われるように、この『探究』的哲学は、我々が捕らわれているそれぞれの誤解・問題に対して別々に行われ、その目的はそれぞれの誤解・呪縛を解消し、そこにある秩序を、秩序ある平穏な言語使用を回復させることであり、言語に関する究

らない。

極的秩序を発見することではない。次のＰＵ132前半のテキストが語っているのはこうしたことに他な

我々が欲しているのは、言語の使用に関する我々の知識に何らかの秩序を生み出すことである。ある特定の目的のために何らかの秩序を、可能なものの中の一つの秩序を生み出すことであり、それ以外にはないという秩序を生み出すことではない。……（PU132）

「言語ゲーム」という概念は、まさにこうした秩序を見出すための道具として使用されるのである。我々が言語の使用に関する誤解に捕らわれ、言語に関する矛盾やパラドックスに苦しむとき、それに対して新しい見方、新しい秩序の認識をもたらすための概念的道具が「言語ゲーム」である。今後の『探究』において「言語ゲーム」という概念は、とりわけ考察の決定的な局面において使用されることになるだろう。

こうした『探究』の精神にとって、現在使用している言語を改良すること（例えば記号論理学の使用）は、すべて生活の中から生まれる具体的必要（例えば計算や証明をしやすくする）のために行われる実践であり、哲学の外にある事柄である。すべての言語の改良（例えば、新記法の導入）は、ある根本秩序を表すための普遍的仕事ではなく、それぞれの実践に属する具体的な仕事であり、哲学とは無縁である。哲学が関わるのは、そうした普遍的秩序を誤って求める精神が陥っている混乱、すなわち哲学的問題なのである。次に引用するＰＵ132後半が述べているのはこうしたことである。普遍的秩

序を求めて、結果的に哲学的問題が生まれるさまをこのテキストは、「仕事をせずに言語が空転する」と皮肉を込めて表現する。

特定の実践的目的のためにそうした改良、実践的な使用での誤解を避けるための用語の改善は十分にありうることである。しかし我々が関わっているのはそうした事ではない。我々が関心を持っている混乱とは、言語が、いわば仕事をせずに空転しているときに生じるものなのである。（PU132）

4―3　『探究』の続きの読み方の指針――§133

PU133とその後におかれた補節は、こうした新しい医術的哲学が実践される場としての『探究』（とりわけPU134以降）を読む者にとっての読解の指針、注意として読むことができるだろう。複雑な考察を通じて著者がなそうとしていることの確認として、それを従来の哲学と同一視しがちな読者に対する注意として。その中でも重要ないくつかの「注意」を以下に引用し、『探究』の今後の読解の手引きとして、我々の考察を終えよう。先ずは今後『探究』が目指すものについて。

というのも、なるほど我々が目指しているのは、ある完全な明瞭さなのだが、それが意味するのはただ、哲学的問題は完全に消滅しなければならないということである。（PU133）

今後の『探究』の考察の目的は、ある問題、ある哲学的問題、ある誤解、ある種の不安の完全な解消である。言語に関する描写や説明と見えるものも、すべて我々が捕らわれているある誤解、ある誤った見方から我々を解放するきっかけとするためになされる。「ゲーム」という比喩により「像」という概念の呪縛から逃れられたように、それらはすべて我々の見方を転換し、誤解・錯覚を解消するために為される。

次いで『探究』が今後扱う問題について。

様々な問題が解かれる（様々な困難が取り除かれる）のであり、一つの問題が解かれるのではない。（PU133）

これまでに示されたように、新しい哲学は、最終的に我々をある状態、例えば完全な真理の認識、完全な在り方、へともたらすものではなく、言語の使用に関する誤解に基づき我々が現実に苦しめられている問題を一つ、一つ解消してゆくことである。そしてこれらの問題は、『探究』の今後の考察が示しているように、言語と我々の関わりに関する歴史的現実を反映し多様である。それらにある傾向があるとしても、すべてが同じ構造を持ち、すべてが同じ方法により解決されるわけではない。従って『論考』の誤りの反省の中で発見された理想誤解という誤りも、誤りの基本的類型ではあるが、すべての誤りが共有する普遍的本質なのではない。我々はそれぞれの問題を見なければならない。眼前に展開されている『探究』の考察において、どのような哲学的問題（すなわち誤解や錯覚）が扱われ

ているのかを意識しなければならない。

最後に『探究』の「方法」について。

哲学に単一の方法がある訳ではない。だがしかし、いわば治療法のように様々な方法がある。

（ＰＵ133後補節）

『探究』を読み進める場合、我々はそこで扱われている多様な問題を意識するだけでなく、そこで用いられる方法、とりわけしばしば用いられる「言語ゲーム」という道具にも様々な使用法、問題にふさわしい使用法があることを意識しなければならない。例えば『探究』前半でこの概念は、言語全体を「ゲーム」と比較することにより、我々を「像」の比喩から解放した。しかし今後の『探究』の考察においては、それぞれの哲学的問題において、その使用が誤解されている言葉や概念（例えば、「規則」や「感覚」や「痛み」）を正しく理解するために、それぞれの言葉に対応した言語ゲーム（「感覚」の言語ゲーム、等）が、その言葉の本当の使用法を可視化するために、考察される。今後この概念はこのようにも用いられてゆくだろう。

5　世界の相転換としての哲学――『探究』最終版から消えた哲学論

これまでつぶさにその様々な側面を眺めてきた『探究』におけるウィトゲンシュタインの哲学的思

考には、明らかにある特質がある。それは『論考』の哲学的思考とは異なる特質を持つ、全く異なるタイプに属する思考様式である。『論考』で彼の哲学的思考がなそうとしたのは、「世界の論理像としての言語」という根本的な言語像に即して、命題、名、事態、対象、思考、像、といった諸存在に関する様々な普遍的規定を複雑に組み合わせ、『論考』という一つの大きな理論的構築物を作ることであった。そこでは「思考とは何か」、「命題とは何か」といった問いにアプリオリな洞察により答えようとする思考が考察を導いた。『論考』に示されたこうした哲学的思考は、アプリオリな洞察による事物の本質の解明としての哲学、と呼べるだろう。

　本章でこれまで考察してきた『探究』の哲学的思考は、これと全く異質のものである。なによりそれは、言語とは何かという問いに答えることではなく、それに答えようとしたことによって自分が陥った正体不明の問題（結局それは誤解・錯覚と理解された）から自分を救い出すことを出発点とするという点で、『論考』の思考とは大きく異なっている。この出発点の相違が、『探究』の哲学的思考に『論考』とは根本的に異なる特質を生み出してゆく。なにより『探究』の精神は自分の目的を実現するために、自分が完全にその中に埋没し、それゆえそれが何かも見当のつかない見えない巨大な容器の正体を突き止めることが必要となるが、そのためには容器を外から見なければならず、それは容器の内部にいる限りは不可能である。自分が閉じ込められているこの閉じた回路から抜け出るためには、内側から見ている容器を何とかして外から見ること、つまり自分がその中にいるものを別の視点から見ることが必要である。その時初めて我々は、その外側と外側への道を知り、それを知ること自体によって外に出るのである。『探究』の哲学的考察においてウィトゲンシュタインの精神が行おうとし

た（そして行った）のは、自分がその中にいるためにその存在に気づかないこの容器（それを「世界」と呼ぶこともできる）が見えるように自分の視点を変えることであった。自分の見方を変え、結果的に容器の見え方を変えることであった。自分が誤解と錯覚から解放されるほどに、根本的に変えることであった。『探究』で示されているこうした哲学的思考を、世界の見方・見え方を根本的に変えることとしての哲学、と呼ぶことができるだろう。

我々がこれまでに見てきた『探究』の考察は、『論考』という過去に対する哲学的反省という性質を持っている。もし『探究』の精神がそれに加えて、自分が今行っている『探究』固有の思考様式に対する自己省察を行っていたとすれば、それは「我々の考察すなわち哲学とは、世界の見方と見え方を根本的に転換することである」といった主旨の考察として表現されただろうと考えられる。しかし現実に『探究』「哲学論」にこうした考察は存在しないし、[63]『探究』全体にも見当たらない。果たしてこのことは『探究』のウィトゲンシュタインが、現在進行中の自分の哲学的思考に対する自己省察は行わなかった、ということを意味するのだろうか、自分がやっていることが何なのかを彼がはっきりとは自覚していなかったことを意味するのだろうか？

この問いを巡る状況を考えると意外と思われるかもしれないが、そうではない、と我々は断定的に答えることができる。我々はそのことをＭＳ142すなわち戦前版『探究』から知ることができるのである。そこでは「世界の見方・見え方の転換としての哲学」[64]という哲学像が、「相」とも、「側面」とも「見方」とも「見え方」とも訳せる「アスペクト（Aspekt）」という言葉を使ってはっきりと語られているのである。それは「世界の相転換としての哲学」とも呼びうる哲学論である。以下においてそ

れがどのようなものかを見、最後に、なぜこの哲学論が最終版『探究』から消されたのかについて考えたい。

5-1　世界の相転換としての哲学——MS142（戦前版『探究』前半最終草稿）

最終版『探究』「哲学論」後半に対応するMS142（戦前版『探究』前半の最終手稿ノート）のテキスト(65)において、「相・見方（アスペクト）」という言葉を用いた新しい哲学の規定は三箇所で見られる。それらは、「見方あるいは見え方」と「相あるいは側面」という「アスペクト」という言葉の二種の意味（あるいは使用法）に応じて二つに分けられる。すなわち§114では、新しい哲学が我々の物の見方を根本的に変えるという意味での相（アスペクト）転換性について、§113と§122では、新しい哲学が「理想」と呼ばれる理念的概念が、実在を表すのでなく我々が用いる描写の手段であることを悟らせる、という意味での相転換性について語られている。これら三つの考察は、我々がこれまで見て来た『探究』の哲学的自己省察において示されたウィトゲンシュタインの哲学的思考の特質を「相（アスペクト）の転換」という統一的視点から捉えるものであり、その点で極めて興味深いものである。以下それぞれの哲学の規定を順に見てゆこう。

「世界の見方・見え方の転換」としての新しい哲学——MS142の§114

MS142の「哲学論」においてウィトゲンシュタインは、先ず§112で哲学的問題の特質を「深さ」として規定した後、続く§113と§114で、そうした哲学的問題を解消し、そこから生まれる不安から

我々を解放する道としての哲学（あるいは哲学的思考）の特質を、いくつかの例を交えながら、一般性の相の下で表現しようとしている。こうした文脈の中で、相転換としての哲学という概念は登場する。それは§114冒頭で次のように示されている。

そこで我々は、ある表現体系の横に別の表現体系を並べることにより相・見方（アスペクト）を変えるのだ。――こうして、ある比喩によって我々が捕らわれていた呪縛が、同等に根拠があると認めざるを得ない二つの表現体系を並べて置くときに解かれるのである。(MS142, p. 106)

続くテキストでは、「ある表現体系の横に別の表現体系を並べる」ことの具体例として、「である(ist)」を巡る問題[66]の解決法が示されている。すなわち、バラは赤である、しかしバラは赤ではない、というパラドックスに対して、「である」の意味を「に属する」と「と同じである」に分け、「バラは赤いものに属する」が「バラは赤色と同一ではない」と、それぞれの命題を言いかえることにより全体の矛盾を解消する方法が、「ある表現体系の横に別の表現体系を並べる」ことの具体例として示されている[67]。「である(ist)」を巡る問題とその解決法はすでに『論考』で示されたもの[68]であり、ここでは新しい哲学の方法を示す例として用いられているにすぎない。

こうした、いわば使用済みの例が使われていることによって、我々はここで示されている新しい哲学の方法が、『論考』で行われた哲学的思考のある種の延長であり、さほど大きな意味を持たないかのような印象を受けるかもしれない。しかしここで語られている「方法」は明らかにそれを超えた、

『論考』には見られない『探究』期のウィトゲンシュタインの哲学的思考の特質を示すものである。というのも、ここで与えられた「ある比喩によって我々が捕らわれていた呪縛が、同等に根拠があると認めざるを得ない二つの表現体系を並べて置くときに解かれる」という記述が最もぴったり当てはまるのは、「である」を巡る問題の古い解決などではなく、『論考』的言語観から『探究』的言語観への転換そのものだからである。というのもその転換の本質は、この概念を用いてそれを描写するとき、最もはっきりと示されるからである。すなわちこの転換はここで語られている「ある表現体系の横に別の表現体系を並べる」という概念を用いて表現すれば、「『論考』の精神は「像」という比喩に捕らわれ、その結果「問いとは何か？」、「命令とは何か？」という問題に悩まされていたのだが、それに「ゲーム」という別の比喩を並べることによりその呪縛から解放され、問いや命令を巡る問題自身が消滅した」といったものとなるが、これはこの転換の極めて的確な描写（それを我々によく理解させる描写）だからである。ＭＳ142、§114のこの叙述は、『探究』固有の、すなわち『探究』が生まれるために必要であり、同時に『探究』が生まれることにより姿を現した哲学的思考の特質の簡潔な規定とみなせるのであり、この特質は「世界や物の見方・見え方の転換としての哲学」と呼ぶことのできるものである。(69)

世界の見方・見え方を変えるという思考様式が哲学に深くかかわるという考えは、実は『探究』において突然現れたものではない。すでにＴＳ213期の哲学論にその様々な萌芽的な形態を見出すことができる。その中でも最も明瞭なものが次に引用するテキストであろう。このテキストの前半は、ＰＵ129（「アスペクト」という言葉の『探究』「哲学論」での唯一の使用場所）の前半の元になったもの

である。

言語の哲学的に最も重要な側面（アスペクト）は、それが単純でありふれているために隠されている。

（それが常に目の前に（開かれて）あるがために、人はそれに気付くことができない。）

（コペルニクスやダーウィンといった人固有の功績とは、真なる理論の発見ではなく、新たな実り多い見方（アスペクト）の発見である。）[70]（一九三一年一一月二二日、MS112, p. 117v）

括弧に入れられた最後の段落から我々は、新しい哲学を模索していたこの時期、ウィトゲンシュタインがコペルニクスやダーウィンによる「ものの見方」や「世界の見え方」の根本的転換をそのモデルとして考えていたのではないかと推測できる。更に「世界の見え方の変化」という概念自体は、すでに『論考』においてもその萌芽的痕跡を見出すことができるのである。「意志」を巡る『論考』の次の言葉には、明らかにこうした観念が内包されていると言えるだろう。ここで「世界全体が別の世界に変化する」と言われていることは、「世界の見方・見え方（アスペクト）の変化」として将来捉えられるものの萌芽だとみなせるだろう。

善き意志。あるいは悪しき意志が世界を変化させるとき、変えうるのはただ世界の限界であり、事実ではない。すなわち善き意志も悪しき意志も、言語で表現しうるものを変化させることはでき

ない。

ひとことで言えば、そうした意志によって世界は全体として別の世界に変化するのでなければならない。いわば世界全体が弱まったり、強まったりするのでなければならない。（6.43）

こうした萌芽的形態がすでに『論考』やＴＳ213期の思考に見られるとはいえ、「世界や物の見方・見え方の根本的な転換」という観念が、実質を伴ってウィトゲンシュタインの許を訪れたのは『探究』期においてである。というのもこの観念を本当に獲得するために人は、世界の見え方の根本的転換を自らが体験する必要があるが、それは『探究』が本当に始まった時に初めてウィトゲンシュタインが体験した（できた）ことだからである。それ以前、この観念は観念として見られていたにすぎず、それを実現するのがいかなることかはいまだウィトゲンシュタインに知られなかったのであり、それゆえに『探究』という書物はまだ可能ではなかったのである。彼にとって「世界や物の見方・見え方の転換としての哲学」という概念の確立と、『探究』という書物の成立は、同じ出来事の二つの側面にすぎない。この意味で「世界や物の見方・見え方の根本的転換」という哲学像は、『探究』期のウィトゲンシュタインに固有のものである。

理念的諸概念からの実在相の除去――ＭＳ142の§113と§122

§114で示された「物や世界の見方・見え方の転換」は、ある比喩から別の比喩への移行になぞらえるのがふさわしいものである。その典型例が『論考』的言語観から『探究』的言語観への変化であり、

「像」の比喩から「ゲーム」の比喩への移行と表現するのがふさわしいものであった。

しかしながら、『探究』「哲学論」で示されたウィトゲンシュタインの哲学的思考には、これと関連しながらも異なる、いわば別の種類の「物や世界の見方・見え方の転換」、すなわち「もう一つの相転換」と呼びうるものが存在する。それが理想誤解の発見とそこからの脱却においてウィトゲンシュタインが経験せざるを得なかった「物や世界の見方・見え方の転換」（相転換）である。それは「事物に関わること」と見ていたものを「描写の仕方に関わること」[71]と見るという転換であり、例えば、「論理形式」を言語と世界のアプリオリな秩序と見る代わりに、それらを描写するために我々が用いる「表現の形式」と見るという転換である。それは、実在を捉える理念的概念と見ていたものを、事物や世界を描写するために我々が用いる道具と見るという転換であり、ある意味で先ほどの転換より根本的な見方の転換である。

この第二の相転換は、理想誤解の発見と脱却の鍵であり、『探究』「哲学論」の哲学的反省の核心であり、『探究』を可能とするために最後にウィトゲンシュタインが経験せざるを得なかった決定的相転換である。その意味でそれは『探究』的な哲学的思考の心臓部をなしている。この第二の相転換はＭＳ142、§113冒頭で次のように述べられている。

> 哲学的問題に安らぎがもたらされるのは、我々を不安にさせるある相・見方（アスペクト）が我々の言語の描写形式から取り除かれることによってである。（MS142, pp. 105–106）

これに続くテキストでここに言う「哲学的問題」の例として、「時間」の正体を巡る問題が挙げられている。

「時間」という名詞がいかに我々にとってある媒体であるかのように見えるか、いかにそれが、我々はある幻をあちこちに追いかけているのだという誤りへと導くかを考えよ。（「だがここにはやはり何もない！　――だがやはりここには何もないことはない！」）（MS142, p. 106）

「時間」という言葉（あるいは概念）を、宇宙に実在する何か、あるいは宇宙に実在するもののある性質と考えるとき、そしてそれを、例えば、すべての現象がそれに沿って継起するある流れのようなものと考えるとき、我々はここで描写されている知的ジレンマ（「そこには何もない、だが何もないはずはない」）に陥り、それは我々に「不安」として体験される。そしてこのジレンマ（不安）の源は、「時間」が物の変化や出来事の推移を描写する際に我々が用いている概念的道具ではなく、実在のある側面、ある部分だと見ていることである。我々はその時、「時間」という概念に「世界、宇宙、対象そのものの在り方に由来する」という属性を見ているのであり、そうした意味でこの概念を実在相の下で見ているのだと言えるだろう。上のテキストで「我々を不安にさせるある相・見方（アスペクト）」と呼ばれているのが、この実在相に他ならない。

それが「我々の言語の描写形式から取り除かれる」とは、例えば「時間」を、実在するものの名と見るのでなく、我々の描写の形式と見ることを意味する。この転換が『探究』「哲学論」の思考の核

心であり、『探究』を生み出した根本的な転換なのである。この転換は、「名」や「文」や「論理形式」や「時間」といった概念に対してだけではなく、それらに類した役割を我々の言語の中で果たしている概念、すなわち「理想」あるいは「理念」と呼ばれる概念全般に対して広く行われるのであり、そのことによって『探究』の精神は自らを「理想の呪縛」から解放し、『探究』の精神として自らを確立したのである。

この転換は単にそれらを廃棄し、我々の概念リストから消去することによっては実現できない。それらは根源的概念であり、「名」、「文」、「時間」といった概念なしに我々は生きてゆけないからである。[72]この転換は、そうした概念が我々の生に対して持っている根源的な意味を保ちながら、世界や宇宙の何かを示すという相をそれらから除去することによってしかなされない。そしてそれは、そうした概念が我々に対して持っている価値の源泉を突き止め、それから世界や宇宙に関する余計な概念的装飾を取り除くことに他ならない。そしてそれは具体的には、そうした概念の比喩的起源、我々自身の生活に根差した比喩的起源にまで遡ることを意味していた。これこそが『探究』精神の成立に際してウィトゲンシュタインがなしたことであり、『探究』がなし続けたことである。次のMS142、§122（最後の重要な一文を除いてそれは本章でPU116の解釈に際して引用したものである）は、理想から実在相を除去することによる理想誤解からの脱却プロセスの描写として読むことができるのである。

こうして我々は理想の呪縛からも、それを像として認識し、そしてその源泉を示すことによって解放される。あなたはどのようにしてその理想にたどりついたのか？　どんな材料からそれを形作っ

たのか？　その元々の原型（Urbild）とは、どんな具体的な観念だったのか？　こう我々は自らに問わねばならない。そうしないと我々はその誤解を招きかねない相・見方（アスペクト）から逃れられないのだ。（美学）　（MS142, §122, p. 110）

ここで「その誤解を招きかねない相・見方（アスペクト）」と言われているのが、我々が上で概念の実在相と呼んだものに他ならない。テキスト末尾の「（美学）」という言葉が何を意味するのかは推測するしかないが、おそらく、「理想の呪縛」と言われている思考の病理が美学においても際立っている（例えば「美」という概念に関して）ということではないかと考えられる。

5-2　相転換哲学論はなぜ『探究』最終版から姿を消したのか？

上で見たように、『探究』の哲学的思考が持つ「世界や事物の見方・見え方を変える」という特質についてウィトゲンシュタインは完全に自覚的であり、戦前版『探究』前半最終草稿（MS142）ではそれを、「事物や世界の相（アスペクト）を変える」、「描写形式からある相（アスペクト）を取り除く」こと、と表現していた。しかしながら我々が手にする最終版『探究』からそうした表現は姿を消し、その類似表現も全く存在しない。「相（アスペクト）転換としての哲学」と呼びうる新しい哲学観への直接言及は最終版『探究』から完全に消去されているのである。

すでに述べたように『探究』「哲学論」の戦前版から最終版への移行において、多くのテキストが削除され、並び替えられている。しかし削除された部分の多くは、ある主張の具体例であったり、あ

る表現の類似表現であり、いわば思考内容としては残されたテキストに保存されている。基本的な思考内容そのものが削除された唯一の例と言えるのがこの「相（アスペクト）転換としての哲学」という概念なのである。その結果、『探究』において「相転換としての哲学」という概念は語られることなく実践され、示されたことになる。このことを我々は、「示し得ることは語らない」という『論考』的な語りの美学・倫理学の産物と解釈することはできるし、消去という行為にそうした要素がいくばくか含まれていることは明らかだろう。だがそれによってこの消去が完全に説明できるわけではない。なぜなら『探究』「哲学論」においてウィトゲンシュタインは、例えば、「哲学とはまさにすべてを、ただ目の前に置くだけであり、何かを説明したり、導出したりはしない」（PU126）と語り、哲学を実践で示すだけではなく、言葉でも語っているからである。なぜ「相転換としての哲学」という特質については、語ることをまったく止めたのかという問いは残る。この問いに推測を交えずに答えることは、もちろん不可能である。しかしそれを問うことにより、我々はウィトゲンシュタインの思考態度をより深く理解する契機を得られるのであり、それが本章の最後にこの問いについて考えようとする理由である。以下想像しうる二つの理由について考えよう。

未消化な比喩としての「相・見え方（アスペクト）」

「相転換としての哲学」論が消去された理由として第一に想像されるのが、「相・見方（アスペクト）」という「比喩」を未消化なものとウィトゲンシュタインが判断したのではないか、ということである。「相」という抽象的な訳語や「アスペクト」というカタカナ表記では見えにくいかもしれな

いが、この表現は本質的に比喩であり、比喩であるからそこ意味を持っている。「アスペクト」という現代語（aspect（英）、Aspekt（独））は「光景、見ること」を意味するラテン語 'aspectus' に由来するが、この言葉自体は 'specto'（見る）という動詞から派生したものである。すなわちこれらの言葉の意味はすべて、「見る」という動詞に由来する「見ること」と「見えるもの」という二つの名詞表現を様々な形で拡張することによって生まれるものであり、それらは始まりの「（視覚的に）見ること」、「（視覚的に）見えるもの」との類似性により意味を持つ比喩表現である。

哲学的思考の特質を表現する上で「相・アスペクト」という比喩表現を用いることの是非は、その使用により我々の理解が（他の方法によってはできない仕方で）前進するのか、それともむしろ混乱するのかによって判断されるべきであろう。理解を深めることが比喩表現を使用する理由なのだから。比喩により我々の理解が深まるための条件とは、比喩に用いられる言葉（概念）が我々になじみ深く、その用法と意味が自明であり、それに加えて比喩の対象となる概念がそれに適切な形で似ている、ということである。この点で、例えば、ＰＵ109で哲学を「魔法との闘い」に喩えた比喩は卓抜であり、それ以外の表現によっては簡単には伝えられない新しい哲学の特質を見事に伝えている。他方今問題にしている、新しい哲学的思考を「相（アスペクト）転換」に喩える比喩は、明らかに「相（アスペクト）」という語の慣用が我々にとって「魔法」の場合のように自明でもなじみ深くもない、という問題を抱えている。もちろんここで「相（アスペクト）」という比喩表現を「見方・見え方」という比喩表現に置き換えるなら、そのなじみ深さ、自明性は一挙に拡大する。しかしそうすると今度は、今問題にしている新しい哲学的思考の特質を一語で統合的に表現することが困難になるのである。

ＭＳ142、§113で、理想誤解を解消するための思考の特質が、「我々を不安にさせるある相（アスペクト）の除去」と表現されていたことを思い出そう。ここで「ある相」と言われているのは、ある概念を実在に関するものとして捉える捉え方、であるが、それをよりわかりやすくするために「見方・見え方」と言い換えると、我々は「ある見方の除去」あるいは「ある見え方の除去」という意味が判然としない語り方をすることになり、理解を助けるという比喩の機能は大幅に低下する。

改めて整理するなら、ウィトゲンシュタインが実践しつつあった新しい哲学の特性と「アスペクト」という比喩表現を巡る状況とは以下のようなものである。この比喩表現によって彼が統合的に表現しようとした新しい哲学的思考には、ＭＳ142、§113に示されているような「ある相（アスペクト）の除去」というタイプと、ＭＳ142、§114で示されているような「相（アスペクト）を変える」というタイプがあるが、『相（アスペクト）』というなじみの薄い表現を避けようとして、よりなじみの深い「見方・見え方」という表現に置き換えると、前者を表すはずの表現（「見方・見え方を除去する」）は意味不明なものとなるのである（見方を変えることはできても、見方を除去することはできない）。概念上の統合性を守ろうとするとなじみのない表現によって未知の事柄を喩えざるを得ず、他方なじみ深い表現を用いると概念的統合性が失われるのである。

この状況を我々は、「相（アスペクト）」という比喩はいまだ我々にとって未消化なものである、と表現できるだろう。我々の第一の推測とは、ウィトゲンシュタインが「相転換としての哲学」という概念を『探究』最終版から除去したのは、「相（アスペクト）」という比喩が未消化であり、理解よりは混乱をもたらすと考えたから、ということである。(73) さらに我々は、この未消化な比喩により我々が

「アスペクト」を実体視し、再び理想誤解の虜になることをウィトゲンシュタインが危惧したという推測を加えることもできるだろう。こうした推測の一つの利点は、旧『哲学探究』第二部の読解に対する一つの指針となりうることである。周知のように旧第二部の哲学的考察の最大の主題は、「見る」、「アスペクト」という概念であるが、その大きな謎は、これらの概念を巡る詳細で複雑な考察が、そもそも何を目的に為されているのかが不明なことである。もし我々の推測に何らかの妥当性があるなら、その目的とは、新しい哲学的思考の特質の統合的表現にいったん用いたが未消化として放棄された「アスペクト」という比喩・概念を「消化する」ことだったと言えるだろう。

認知上の相転換が実存上の変化に依存すること

「相（アスペクト）転換としての哲学」論が『探究』最終版から消えたもう一つ考えられる理由も、「相（アスペクト）の転換（あるいは除去）」という比喩表現が理想誤解からの脱出という新しい哲学の最重要過程を表すものとして適切かどうかに関わるものである。ただし今回は、「見る」という概念に発するこの視覚的比喩が、理想誤解からの脱却という過程の本質的特徴をどれだけうまく捉えられるのか、という問題である。なぜこれが問題になるかと言えば、理想誤解からの脱却に不可欠な「見方・見え方」の変化（視覚認知的変化）が、それに先立つ「在り方・生き方」の変化（実存的変化）に依存することをウィトゲンシュタインの精神の軌跡、とりわけ日記に残された軌跡が示しているからである。これがいかなる問題なのかを明らかにするために、先ず戦前版『探究』前半最終草稿（MS142）において理想誤解とそこからの脱却がいかに「相（アスペクト）」という比喩により表現さ

れているかを再確認し、そこからテキストの系譜をたどりながら日記に至り、そこでいかに理想に関する視覚認知上の転換と実存上の変化が相関しているかを見てゆくことにしよう。

上で引用したテキスト（MS142, §122）においてウィトゲンシュタインは、「理想の呪縛」から解放される方法として、その原型を認識することの重要性を示し、その上で、「そうしないと我々はその誤解を招きかねない相・見方（アスペクト）から逃れられない」と述べていた。ここで彼が「（理想の）誤解を招きかねない相・見方（アスペクト）」という言葉によって何を意味しようとしているのかは、同じＭＳ142、§122後半に登場する次のテキスト[74]においてはっきりと語られている。

すなわち我々は、モデルをそれが本来そうである物として、すなわち比較の対象として――言ってみれば物差しとして――扱い、現実がそれに対応しているはずだと我々が勝手に抱いている先入見としては扱わないことによってのみ、自分たちの主張が不当なものや空虚なものになることから逃れられるのである。（MS142, §122, p. 111）

ここで「現実がそれに対応しているはずだと我々が勝手に抱いている先入見としてあつかう」と述べられていることこそ、上で「（理想の）誤解を招きかねない相・見方（アスペクト）」と言われたものを理想の中に我々が見ているという事態なのである。すなわち理想の「誤解を招きかねない相・見方（アスペクト）」とは、それを比較の対象としてでなく、現実の真の姿を描いているは<ruby>ず</ruby>の像として扱うときに、我々が理想の中に「見ている」ものなのであり、例えば、「実在性」といった言葉によっ

ても表現することのできるようなものである。この限りにおいて、理想誤解を「ある相（アスペクト）を見る」ことに喩え、それからの脱却を「相（アスペクト）を変える（あるいは、取り除く）」と表現するのは、上で述べた的確性の問題はあるものの、全く不当なものだとは言えないだろう。この誤解を招きかねない相は我々に、「そうなってはいない、しかしそうなっているはずだ」というパラドックスと不安をもたらすものであるから、理想誤解からの脱却は上で見たように、「我々を不安にさせるある相（アスペクト）を我々の言語の描写形式から取り除く」（MS142, §113）ことと表現されるのである。

この先、我々は理想誤解とそこからの脱却を「相（アスペクト）」の比喩により描写したこれらの戦前版『探究』「哲学論」の哲学的テキストから、その源泉となった思考体験の生の記録である日記の叙述へと遡ってゆくのだが、そのために我々が経由しなければならない中継地がある。それがMS157、すなわち『探究』「哲学論」のベースとなった思考が展開され、それを軸として『哲学論』が形成された手稿ノートである(75)。すでに述べたようにMS157「哲学論」はノルウェーにおいて一九三七年二月九日から書き始められ、少なくとも二月末まで書き続けられたものだが、その思考上の源泉は二月八日の日記に登場する理想誤解に関する画期的な考察（我々は第三章でそれを「日記理想誤解論」（NRG）と呼んだ）である。簡潔なものだがそれは新思考の核心をはっきりと表現するものであり、それなしにはMS157「哲学論」はなく、従って（戦前版であれ最終版であれ）『探究』「哲学論」もなかったのである。つまり日記に出現したこの画期的な考察は、それがなければそもそも『探究』が存在しえなかった鍵、『探究』の最も重要な思考的源泉である。その源泉において理想誤解

とそれからの脱却の道がどのように語られているかを見てみよう。次のテキストは第三章で引用したものだが、我々の現在の考察に不可欠なものなので再度引用したい。

だが我々がこのように問うのは、ただ理想というものをそれが本来属する場所に置こうとすることにすぎないのだ。というのも理想とは、我々が現実をそれと比較する像、事態がどうなっているのかを我々がそれを使って描く像であるはずだからである。それに従って我々が現実を反証する像であってはいけないのだ。（MS183, p. 163,「日記」p. 115）

『探究』「哲学論」で「現実がそれに対応しているはずだと我々が勝手に抱いている先入見」と表現されていた「誤解を招きかねない」理想の見方（相）はここで、「それに従って我々が現実を反証する像」と表現されている。従ってこのテキストに基づいても、理想誤解からの脱却は、「それに従って我々が現実を反証する像」という理想の見方から、「我々が現実をそれと比較する像」という見方への移行、すなわち理想に関する「相（アスペクト）の転換」と表現できるのであり、「相（アスペクト）」という比喩は、この範囲で、なお妥当なのである。

しかしながら日記のこの記述で注目すべきなのは、その脱却の過程がここで「ただ理想というものをそれが本来属する場所に置こうとすること」（傍線引用者）と描写されていることである。これが意味するのは、この時ウィトゲンシュタインにとって理想誤解とは、自分が理想を誤った場所に置いていることとして意識され、そこからの脱却が、それを本来の場所に置くこととみなされていたとい

うことである。『探究』「哲学論」から姿を消している「理想をその本来の場所に置く」というこの概念は、二月八日の日記理想誤解論に初めて登場するものではない。実はこの概念は、一一日前の一九三七年一月二八日の日記において、実践上の理想（例えば「英雄」、「善人」）と自分が現実の生においてどのようにかかわるべきかという実存的考察の中で登場しているのである。すなわち『探究』を生み出した二月八日の画期的な理想誤解論は日記において、理想を巡る実存的問題に関する考察と隣接（かつ後続）して登場するのである。

このことは『探究』「哲学論」の根幹をなす思考が生まれる場となった理想誤解という問題は、実は独立した問題ではなく、行動上の理想を巡る実存的問題と深くつながった、ある意味で一体となった問題ではないかという推測を呼び起こすのである。『探究』「哲学論」で登場する認知上の理想（実践的理想と対比される理論的理想）を巡る認識論的問題は、日記に登場する行動上の理想を巡る実存的問題と不可分ではないかという推測を呼び起こすのである。もしこの推測が当を得ていれば、理想誤解の解決を単に見方の転換としてとらえる視覚的比喩は決して適切なものではないことになるだろう。

こうした推測を念頭に置きながら、「理想の本来の場所」に関する一月二八日の日記の記述（あるいは考察）[76]を見てみよう。第一章でも述べたように一九三六年一二月、ウィトゲンシュタインはいったん滞在中のショルデン（ノルウェー）を離れ、ウィーンの実家で年末年始を過ごし、家族友人に「告白」を行い、さらに小学校教師時代に暴行事件を起こした村（オッタータール）を訪ね、かつての教え子やその父兄に謝罪を行った。その後ケンブリッジに滞在し、友人らに「告白」したのち、再びショルデンに戻るが[77]、今問題にしようとしている記述・考察は、その途上、ある港での体験に基づく

自分の宗教性に関する自省的考察の直後に記されている。それは次のようなものである。

理想を持つのは正しいことである。しかし自分の理想を演じようとしないのはなんと難しいことか！　そして理想を自分から切り離して、それがあるがままの場所において見るのはなんと難しいことか！　それだけですら本当に可能なのか、――それともその上に人間は善くなるか、さもなくば、気がおかしくならなければならないのだろうか？　この緊張は、それがもし完全に理解されたなら、必然的に人間を万物のもとへつかわすか、あるいは破壊するのではないだろうか。（MS183, p. 155,「日記」pp. 109–110）

残念ながらここでは、後半の宗教的理想についての記述を考察の対象から外さざるを得ないが、我々が注目すべきは、「理想を自分から切り離して、それがあるがままの場所において見る」という表現である。明らかにこれは先に引用した二月八日の理想誤解論の「理想というものをそれが本来属する場所に置こうとする」と同じことを述べており、その先行形態とみなせるものである。従って我々は、ここ（一月二八日）でウィトゲンシュタインが、理想に関するある誤解あるいは問題、それを何らかの形で誤解しているため、それが本来ある場所に置いて見ることができない、あるいはそれが困難である、という問題に遭遇していると推測することができるのである。そしてこの誤解の本質が、理想を演じようとすることの内に示されているもの、すなわち理想を演じようとする態度自身であると捉えられていることも分かる。つまり、ここでウィトゲンシュタインが遭遇している理想に関する問題

とは、それを本来の仕方で持つべきなのに、それを演じてしまうという問題なのである。

この問題において我々が直面する選択肢とは、理想を持ちそれを演じないか、それともそれを演じるか、の二つである。こうして我々は、二月八日に論じられた（そしてその後『探究』「哲学論」の主題となった）理想誤解という問題と、ここで語られている理想に関する問題が、相関連しながらも、根本的に異なることを知ることができるのである。すなわち前者で我々が直面する選択肢とは、理想を現実の本当の姿を現しているはずの像と見るか、それとも我々が用いる比較の対象と見るか、の二つであり、それは理想の二つの異なった見方の間の選択であったのに対し、一月二八日に語られている問題は、理想を持ちつつも、それを演じるか、演じないかという異なった行為様式あるいは態度の間の選択であり、この意味において前者を「認知上の理想誤解問題（あるいは理論的理想誤解問題）」と、後者を「実践上の理想誤解問題（あるいは実践的理想誤解問題）」と呼ぶことができるだろう。

ここで我々にとって重大な問題は、ウィトゲンシュタインの日記において近接して現れるこれら二つの理想誤解問題に何か内的なつながりがあり、それらの解決は相互に結びついているのか、それともそれらの近接場所での出現は単なる偶然なのか、ということである。これはウィトゲンシュタインが目指す新しい哲学にとって根本的な意味を持つ理想誤解問題が、それ自身独立に解決可能なのか、それとも実践上の理想誤解問題の解決に何らかの形で依存しているのか、という問題であり、認知的行為としての哲学の自立性そのものに関わる大きな問題である。この問題に答えるためには、ウィトゲンシュタインが遭遇し、体験しつつある実践上の理想誤解問題の内実と来歴をより詳しく知る以外にはないが、それは問題の性格上「日記」以外のテキストではほとんど語られることのないものであ

り、我々はその手掛かりを「日記」に求めざるを得ない。

こうした観点から最も直接的な手がかりとなるのは、今引用したテキストの直前に位置する、「英雄」に関する記述・考察である。同じ一月二八日に属するこの記述は、同日の日記冒頭の、埠頭でのエピソードに基づく次のような宗教的自己省察に続いて登場する。すなわち、この日彼は埠頭で突然、船を係留しているロープの上を渡れ、という自分への命令を思いつくが、同時に、自分が他人の目を恐れてそれを拒否したということから、自分が未だ人間への恐怖に捕らわれ、自由でないことを悟り（「俺は自由な人間ではなく奴隷だ、と言わなければならなかった」[78]）、信仰により自分はこうした隷属状態から解放されるだろうという認識にたどり着く。次に引用する「英雄」（「英雄」という理想）に関する考察は、この自己省察と、上で引用した実践的理想誤解問題に関する考察に挟まれて登場するものである。

> 英雄でない、というのは一つの弱さである。しかし英雄を演じるというのは、つまり決算において自分の負債を明確に、曖昧さを排して告白する勇気を一度も持たない、というのは、さらにもっとひ弱な弱さである。そしてそれはすなわち、謙虚になることである、それも、あるとき口にするいくつかの言葉においてではなく、生において謙虚になることである。（MS183, pp. 154-155,「日記」p. 109）

この考察と、それに先立つ埠頭での自己命令に関する自己省察の関係は明らかだろう。すなわち後者

によって、自分が人間に対する恐怖に打ち勝つ強い存在（「英雄」）になろうとしたが、なれない（「英雄でない」）ことを悟った後、ウィトゲンシュタインの思考は直ちに、「英雄でない」（「理想にはるか及ばない」）という在り方にも、さらに二種の様態が存在するということに気づき、その区別の明確化に赴いたのである。それは、「できれば英雄でありたいと思うが英雄でなく、英雄を演じない」という在り方と、「できれば英雄でありたいと思い、英雄でないのに英雄を演じる」という在り方である。このテキストで後者が、「さらにもっとひ弱な弱さ」と形容されていることから明らかなように、ここでウィトゲンシュタインの思考が取り上げた問題は、「英雄でない」（「理想に及ばない」）という在り方を持たざるを得ない人間（彼を含めた大多数の人間）が、自分に開かれた二つの在り方の中で、「英雄を演じる」（「理想を演じる」）という更なる弱さからいかにして逃れるかということであったのだが、これこそが「理想」に関する先の考察で「理想を自分から切り離して、それがあるがままの場所において見る」ことと表現された問題の具体的内容、すなわち「実践上の理想誤解問題」と我々が名付けたものの核心であると考えられる。

ここで彼は「英雄」に関する考察によって、この問いに対するある答えに到達しているように思われる。なぜなら、この考察が示しているのは、「理想を演じる」ことの本質とは、「自分の負債を告白できない」すなわち「自分の罪や欠点を告白できない」という意味で「生において謙虚でない」[79]ことである、という認識であるが、この認識にたどり着いた者はすでに「英雄でない」自分が歩むべき道をはっきりと見ているからだと考えられる。以前は「英雄を演じる」誘惑に負けていたために見ることのできなかった道を、困難なものであることを認識しながらも、はっきりと見ているのである。彼

がこのように英雄でない自分が歩むべき道を見ることができたのは、埠頭での体験を通じ自分が「奴隷である」ことを痛烈に自覚的に体験し、そのことを自分に告白し（「俺は自由な人間でなく奴隷だ」）、そのことを通じて自分に対して「英雄」を演じようという誘惑に打ち勝ったからである。すなわち一連の体験の中で彼は、「演じる」誘惑に抗して自分の弱さをそのまま見つめることができたのであり、それはすなわち彼が実践上の理想誤解から解放されたことを意味しているのである。この体験の意味を反省的に言語化したのが「英雄」に関する考察、およびそれをさらに一般化した「理想」に関する考察だったと言えるだろう。(80)

このように、一九三七年一月二八日、彼は実存において実践的理想誤解から解放され、その誤解の本質と解放への道を哲学的考察により言語化した。この「出来事」が前年末から一月にかけて、ウィーン、オッタータール（教師時代の赴任地）、ケンブリッジで告白・謝罪を終え、再びショルデン（ノルウェー）へ向かう途上で生じたのは、決して偶然ではないだろう。実践的理想誤解の本質とは、人間が自分の本当の姿、弱さ、醜さ、欠点、過去の過ち、をありのままに見ることができず、自分を自分と他人に偽りの姿でカモフラージュする誘惑（「演じる」誘惑）に負けることであるが、次の言葉が象徴する「日記」前半の記述は、一九三一年当時彼がこの誘惑に負け続け、本当の自分を見ることができなかったことを物語っているからだ。

そして私がしなければならないのは、想像の中の他人に耳を傾けることではなく、自分自身に耳を傾けることである。すなわち自分を眺めている他人を眺めるのでなく——私がしているのはこの

ことだから――自分自身を眺めることである。自分から目をそらした上で他人を眺めるために、私はどんなに策を弄していることか。どれだけ際限なく何度もそうした誘惑に駆られていることか。
（一九三二年一一月一五日、MS183, p. 131,「日記」p. 93）

一九三六年から一九三七年にかけての「告白」の実行により、彼は初めてこの誘惑に長年負けてきた自分を変え、自分自身をありのままに見つめる決断と勇気を示すことができた。それによって彼は実践的理想誤解の呪縛を打ち破るための決定的一歩を踏み出したのであり、それが「日記」後半の自己省察と『探究』への道を拓いたのである。

二つの理想誤解問題と「相転換としての哲学」

こうして我々は「日記」に登場する実践的理想誤解という問題の核心を理解し、二つの理想誤解問題を比較できる場所にようやくたどり着いた。これら二つの問題の関係について考えながら、それが「相転換としての哲学」という概念とどう関わるかという問いについて最後に考えよう。

二つの問題の際立った相似性は明白である。いずれの問題も、究極的に理想と現実の食い違いに対して我々がどのように振る舞うのかということであり、いずれにおいても、その差異を様々な操作により粉飾し、あたかも存在しないかのような外観を繕うことが誤解の症状であった。認知的（理論的）理想誤解においては、隠れた実在を想定し、それにより差異を説明する理論的活動が、実践的理想誤解では、理想を演じ、自分と理想の落差を隠す行動がそれである。我々が、不安を誘うこうした

操作をあえて行う原因は、自分たちが理解や評価の物差し（比較の対象）として用いている「理想」という概念的道具を、世界に由来するある実在と取り違えていることであった。この取り違えは認知において我々を「でもそうなっているはずだ！」という思考へと誘い、行為において我々を「英雄ではないが英雄のごとく振る舞わなければならない！」という思考へと誘う。このように両者の間には見事な対応関係があるが、それだけでは両者が似ていることを意味するにすぎず、両者に依存関係があることを意味しない。両者の解決が独立であって、「相（アスペクト）転換としての哲学」という概念が、仮に実践的理想誤解問題には適用できないとしても（そこで必要なのは「演じる」から「演じない」へ、という行為の転換であり、見方（アスペクト）の転換ではないから）、それを認知的理想誤解問題の解決に用いる可能性を否定するものではない。

では「相（アスペクト）転換としての哲学」という概念は、認知的理想誤解の根本的解消法を表現するものなのだろうか。この概念は『探究』最終版から消される必要はなかったのだろうか。そうではないと、我々は考える。なぜなら認知的理想誤解も、単なる見方（アスペクト）の転換によっては解消されないからである。

見方（アスペクト）の転換の典型例は、ある比喩から別の比喩への移行、例えば、「像」から「ゲーム」への移行、である。しかし理想誤解の中にある者にとってこの移行は、「誤った理論から正しい理論への移行」として体験され、新しい「理論」の使用において、描写の手段を対象と取り違えるという同じ誤解が反復されるのである。理想誤解の本質とは、不適切な比喩（像）を用いていることではなく、本来自分が用いている像にすぎないものを、実在を反映した何かと思い込み、その結果誤

った使い方をしていることなのである。従って、これを解消するために必要なのは、自分がそうした思い込みをし、「理想」を誤って使っていることを自覚することであり、その上でその使い方を変えることである。理想誤解の解消とは、見えているもの（アスペクト）を変えることではなく、見えているものの使い方（自分の中に、それとわからぬくらい深くしみ込んだ使い方）、すなわち自分の在り方を変えることであり、そのためには今まで見えなかった自分の在り方を見る必要がある。それは自分自身をありのままに見つめること、すなわち実践的理想誤解の解消のためになされることに他ならない。つまり実践的理想誤解の解消の前提となる、自分が見たくない誤りや欠点を持った自分をそのままに見ることとしての自己省察と、そうした自分の在り方を変えることは、認知的理想誤解の解消においても必要な過程なのであり、ウィトゲンシュタインの生と思考の軌跡はそのことを我々に示している。実践的理想誤解を解消しなければ、我々は自分の見たくない姿をありのままに見ることはできないし、誤解の中にいるといった見たくない自分の姿をありのままに見ることなく自分の理想の使い方を変える（＝在り方を変える）ことはできないし、それができないということは認知的理想誤解を解消することはできないということに他ならない。だから我々には、認知的理想誤解を解消しながらも、なお実践的理想誤解に捕らわれている人間というものを想像するのが困難なのである。

両者の間のこうした内的相関が、『探究』最終版から「相転換としての哲学」という概念をウィトゲンシュタインが削除した直接の要因かどうかを確実に知るすべは存在しない。しかしこの「見方の転換」と「在り方の転換」の相関は彼自身が現実に体験したものである。それは哲学と生の不可分な関係を象徴するものであり、哲学を単なる「見方の転換」として捉えようとする誘惑に晒されている

者がどこかで出会わなければならない問題である。「見る」と「アスペクト」をあえて旧『探究』第二部の主題としたのは、彼がこの誘惑と問題に今一度向き合おうとしたからではないだろうか。

第Ⅲ部　応　用

第五章　我々に示されたもの

　これまで我々は、『哲学探究』冒頭部（§§1〜133）について、とりわけ§§89〜133に焦点を当てながら考察し、そこでウィトゲンシュタインがどんな思考を展開し、それによって彼が何をしているのか、つまるところ『哲学探究』とはいかなる書物であり、そこで「哲学」がいかなるものと考えられているのかを可能な限り明らかにしようとしてきた。それはウィトゲンシュタインという哲学者の思想の研究であり、その第二の主著『哲学探究』の解釈であり、哲学者ウィトゲンシュタインの思想と哲学的生を明らかにするものである。だが、それ以上のものではない。この意味で我々は一哲学者の哲学的伝記作家という立場を貫いてきたといえるだろう。

　しかし我々自身が単なる哲学的伝記作家ではなく、自分自身の哲学的関心と問題を持つ者であるという事実に改めて目を向ければ、我々が綴ってきた彼の哲学的生の記録が、それを超えた哲学的意味を持つことは明らかであろう。ウィトゲンシュタインの哲学的生と思考は、様々な哲学的問題を抱え

る我々に対して、一哲学者の思考の記録ということを超えた意味を持つ。それは哲学者ウィトゲンシュタインが哲学徒たる我々に示すものであり、我々が彼から学びうるもの、学ぶべきものである。本書の締めくくりとして、とりわけ科学と哲学という二主題に関して何が我々に示されたのかを探りたい。

1　科　学

1−1　『探究』と科学

『探究』で科学が主題的に論じられることはない。この書物は科学という主題と表立った直接の関係を持たない。この点で『探究』は科学基礎論という側面を色濃く持つ『論考』と対照的である。にもかかわらず、『探究』と科学という主題の間に、隠れた、あるいは間接的な、しかし重要な関係が存在することは多くの人々に感じられてきた。その典型がＳ・トゥールミン(1)、Ｎ・Ｒ・ハンソン(2)、Ｔｈ・クーン(3)という、いわゆる「新科学哲学」を代表する科学哲学者である。彼らはいずれも『探究』（および旧『探究』第二部）を自分たちの思想の決定的なインスピレーションの源としている(4)。彼らの「直観」が根拠のないものでなかったことは第三章の考察からすでに明らかだろう。すなわち『探究』「哲学論」の重要な主題である「理想」は理念的概念と呼ぶべきものであり、普遍化、理想化、抽象化をその本質とする点で科学理論（例えば、ニュートン力学）に登場する理論的諸概念（「質量」、「力」、「運動量」等）と同質なものであって、「理想」を巡るウィトゲンシュタインの考察が、科学理

論と理論的概念の本質を巡る哲学的問題と内的な連関を持っているからである。

しかし『探究』「哲学論」で示されたウィトゲンシュタインの考察と科学の間には、「理想」という主題を共有しているということを超えた、より直接的で重要な関係がさらに隠されているように思われる。より具体的に言えば、彼の考察は、一九世紀末以降、科学の内部と外部で科学の本質を巡って闘わされて来、現在も継続中である議論に対して極めて大きな意味を持っているように思われるのである。それは「科学とは何か?」、「科学理論とは何か?」、「科学理論は我々に何を語っているのか?」という問いを巡って対立する二つの科学観の間で闘わされてきたものであるが、「理想」を巡るウィトゲンシュタインの考察は、これらの問いと論争の本質に関して重要な洞察を我々に示しているように思われるのである。

『探究』の考察がこれらの問いの本質に関して重要な洞察を示すのは、『論考』という重要な中間項を介してである。すなわち、二つの科学観の間の論争という観点から見れば、『論考』とはその一方の見解に対して確固とした形而上学的基礎を与える試みに他ならず、他方『探究』とは、苦心してそうした基礎を築き上げた当人によるその基礎の完全な解体作業とみなし得るのであり、『論考』とのこうした関係を通じて『探究』は科学の本質を巡る議論に関して決定的に重要な洞察を我々に示しているのである。以下では、それがいかなる洞察なのかを可能な限り明らかにしたい。

1-2　科学の本質を巡る論争とその呼称

二つの科学観の間で一九世紀末以来続けられてきたこの論争は、今日科学哲学において広く「科学

的実在論論争」[5]と呼ばれている。しかしそれを上述のように根本的に異なる二つの科学観の対立として見る観点からすれば、この呼び方は次の二つの理由により、問題の本質から我々の目をそらす傾向を強く持っているために適切でないと思われる。

第一に「科学的実在論論争」という科学哲学上の用語が第一義的に意味するのは、戦後アメリカにおいてW・セラーズらの哲学者により提起された「科学的実在論」を巡って、主として哲学者、科学哲学者の内部で闘わされ、今日まで継続している多岐にわたる論争である。[6]こうした起源と、大学院教育と一体となった戦後アメリカ分析哲学の学問的・文化的特質のため、論争は高度に専門的となり、時としてスコラ的[7]とも呼びうるような状態に陥り、その中にいる者から問題の核心を覆い隠す傾向を持っており、一九世紀以来続く重要な論争の名としての適切性に無条件に同意するのは困難である。第二に、戸田山も指摘するように[8]、この論争は歴史社会的実践としての科学という現象の性格や傾向を巡る異なる経験的仮説間の対立という側面も持っている。仮に問題の本質がそうしたものであるなら、それは歴史学と社会学の下位領域である科学社会学と科学史という経験的学問内部で解決されるべきものである。その時、この問題が本来持っていた「哲学的問題」としての側面は（正当にも）消滅する。それに対して我々がここで関心を持つのは、『論考』が自らに課した問いとしての科学の本質に関する哲学的な問いである。それが科学社会学・科学史的な問いではないことをはっきりとさせるためにも、我々は「科学的実在論論争」という呼称をここでは使わない。

このような理由で我々は科学の本質を巡るこの論争を、二つの科学観の対立と論争と呼び、そのようなものと捉えたい。そこで対立する二つの科学観も、実在論論争での呼称とは違った呼び方で呼び

たい。実在論論争で「科学的実在論」と呼ばれている見方は、それが近代科学の成立以来、少なくとも量子力学の出現までは、大多数の科学者によって受け入れられてきたもの[9]であり、そうした歴史的背景を表すためにも「古典的科学観[10]」と呼びたい。他方これに対立する立場は通常「反実在論」あいは「道具主義」と呼ばれているが、二つの科学観の対立の歴史的経緯[11]を考慮するなら、一方の陣営の名として「反実在論」という論争上のテクニカルな呼称を用いることは適切とは思われない。他方「道具主義」という名称は、この論争において「道具主義者」と呼ばれている人々によって自身の見解に対する名として用いられているのではなく、それを批判する立場に立つ者が、ある種の批判を込めた呼び名として用いることが通例である。すなわち対立する古典的科学観に立つ論者による道具主義の規定はほとんど常に、「科学は……の道具にすぎないという見解」という形態をとり、そこにはある種の過小評価が隠され、「だが科学はそれ以上のものなのだ」という批判が暗に内包されている[12]。それゆえ通常「道具主義」と呼ばれているこの科学観を、その本来の内容に即して見るために、それに包括的な記述を与え、多くの科学者、哲学者の科学観に決定的な影響[13]を与えたE・マッハの科学観を中核とする科学観という意味で「マッハ的科学観」と呼びたい。道具主義という呼び方を控えることは、その名で呼ばれてきた科学観の現実の豊かな内容を我々が公正に見ることを助けるだろう。それは決して「道具にすぎない」という形容が我々に示唆するようなものではない。こうした観点から以下において、マッハ的科学観と古典的科学観それぞれの内容を明らかにしよう。そのうえで『論考』と『探究』のそれぞれが、両者の対立に対してどのような意味を持っているのかを考察したい。

1-3　マッハ的科学観

以下、マッハの「歴史的批判的」な物理学的概念の形成史研究[14]における叙述に基づいて[15]、彼の科学観の包括的な見取り図を示したい。彼の科学観はおおよそ以下の四つの主要な要素から成り立っていると考えることができる。すなわち(a)ダーウィン的な適応概念に基づく知識観、(b)思考の事実への適応という概念、(c)思考の適応としての科学の最終目標としての世界観、(d)思考の適応としての科学における理論と理論的概念の役割、である。以下それぞれの内容を、できるだけマッハ自身の言葉に基づいて示そう。

(a)ダーウィン的な適応概念に基づく知識観・科学観

彼の知識観、そしてその延長である科学観がダーウィンの適応と進化の概念に依拠する生態学的なものであることは、ダーウィンに言及する次の文で強く示唆されている。

思考、とりわけ自然科学的な思考には変態と適応が伴い、その有様はダーウィンが生体について想定したのと類似している[16]。

ここでほのめかされているように、彼の科学観はダーウィン的適応概念の二重の適用である。すなわち、それによると、人間の認識の成立・変化は環境に対する動物の適応の一形態であり、科学の成立と変化はこうした認識という名の適応のさらなる一形態なのである。これら三者の関係は次のように

明確に述べられている。

ある動物が、味覚と結合した光学的刺激に誘発されて、食用にならないものを捕えてしまう、ということは考えられる。こうした過程を繰り返してゆくうちに、雑多な光学的刺激に惑わされることなくありとあらゆる栄養物についてそれらに共通な味刺激あるいは臭刺激に注意を払うという習性が身についてくる。思考の適応という方面で見られるプロセスも、これとまったく類型的なものである。

この適応プロセスに、確証できるような起源はない。というのも、刺激に新たに適応させることを要するような問題には、例外なく、ひとつの確然とした思考習慣というものが既に前提として伴っているからである。しかも経験というものには、見極めの付くような終結点はないから、その意味ではこの種の適応プロセスにも終結点はない。つまり科学は自然界の進化プロセスのただ中にあってこうしたプロセスを合目的的にリードし促進するものではあるが、こうしたプロセスを補って完結させる能力を持つものではない(17)。

(b)思考の事実への適応——記述と理解

さて人間の認識と科学がこのように適応の一種として捉えられるなら、その過程をよりよく理解するために必要なのは、認識と科学という適応が具体的にどのようなプロセスとして生起するかの描像である。マッハはそれを「事実に対する思考の適応」と表現する。

ここで問題なのは、事実に対する思考の適応過程である[18]。このように我々の認識や科学は我々の思考の事実への適応として進行するわけだが、その過程で我々が具体的に達成しようとする目標が存在する。さもなければ認識と科学は我々にとって目的なき行為となるだろう。その目的が記述と理解である。

マッハの科学観の解説において「記述」は、思考の経済という概念と並んで、彼にとっての科学の本質とされることが多い[19]。しかし『マッハ力学史』の序章で詳述されているように[20]、記述それ自身が目的なのではなく、ある社会において知的活動を職業とする階級が生まれ、知識の世代間の伝達という必要が生じたときに、現象の記述という目的行為が初めて発生するとマッハは考えている。マッハの科学観において伝達と記述は次のように一体のものとして語られる。

他人にある自然現象なり過程なりの知識を与えようとする場合に、……〔その現象を自分で観察させようとするのでない限り〕、何らかの仕方で自然現象を記述して見せなければならない[21]。

したがって、あらゆる多様の中に常にあらわれる・同質な・自然現象の要素を探求する、という課題が生じる。これによって、一方において最も経済的で簡単な記述と伝達が可能となる[22]。

上で述べたように、マッハの科学観やその代名詞としての道具主義が規定される場合、ほとんど常にそれは、現象の経済的記述が科学の目的であるという見解として紹介される。しかし先にも述べたように、これは不当な過小形容である。確かに科学の重要な目的は現象の効率的記述とその未来への適用としての予測である。しかし常識的に考えても、もしこれが科学の唯一の目的であるならば、科学とは現象の記述や予測はできても、それがいかなるものなのかを我々に理解させないブラックボックスのようなものとなるだろう[23]。もちろんマッハは現実の科学をこうしたものとみなしている訳ではない（もしそうだとすれば彼の科学観は極めて不十分なものとなろう）。マッハにとって、思考の適応において達成される、記述と並ぶもう一つの重要な目的が現象の理解なのである。直前に引用した一節には、実は次のような続きがある。

> また他方において、この常に等しい要素を、極めて多様な現象のうちに再認し・見ることに熟練するならば、包括的・統一的な・矛盾のない・苦労の少なくてすむ・事象の理解に導かれるであろう。習慣的に結合している・単純な・少数の・同一の・要素にあらゆる場合に注意できるようになると、これらの要素は我々に熟知のものとして現れる[24]。

このテキストで注目すべきは、「理解」の本質をマッハが熟知化、習熟化に見ていることである。現象の理解とは、それがなじみあるものに見えることだ、というマッハのこの考えは、後に科学理論と理論的概念の機能を規定する際に大きな意味を持ってくる。思考の適応の目的には記述と並んで理

解があること、そして現象の理解とはそれをなじみ深いものにすることだ、という考えは、不当な過小評価に陥ることなくマッハの科学観を正しく理解する際の最も重要なポイントだと考えられる。

(c)思考の適応としての科学の最終目標としての世界像

マッハが自身の科学観を開陳する際の、最も興味深い言葉の一つが「世界像」である。科学の最終目標とは、完全で安定した世界像を生み出すことだと彼は言う。すなわち思考の適応としての科学の目的とは、単に個々の自然現象を効率的に記述し、理解可能とすることではなく、自然現象の全体に適用可能で、それを理解可能とする包括的な像としての世界像を作り上げることだと彼は考えているのである。彼自身の経済的科学観に対するペツォルト[25]の批判に答えるなかで、マッハは次のように述べている。

思考は世界を再投影することを望まないという Petzold の言を、筆者は認容できない。われわれ自身と周囲のものとの間を何かひとつの関係で結び付けようとするときには、まさしく一つの世界像を必要とするのであり、またそれを経済的な仕方で達成することが必要となる。われわれはそれを目ざして科学を押し進めているのである。[26]

科学が目指す世界像が満たすべき条件について、マッハは次のように述べている。

科学上の経営が目標とするところのものは、できるだけ完全な、総合的な、統一的な、流動しない、そして新事態が到来しても格別の悪影響を受けないような、一つの世界像、すなわち最高度の安定性を持つ世界像である。[27]

ガリレオの『天文対話』が典型的に示すように、科学理論には物の包括的な見方、世界像という側面が確実に存在する。マッハの科学観は、科学のこうした側面を視野に入れたものだと言えるだろう。

(d)思考の適応としての科学における理論と理論的概念の役割

マッハの科学観の最後の要素は、科学理論と理論的概念がこうした思考の適応過程において果たす役割の説明である。それは上で述べた、科学の目的の一つが自然現象の理解であり、現象の理解とはその熟知化である、という彼の考えに由来するものである。マッハによれば、我々にとって知識、科学とは自分の思考が環境、我々を取り巻く自然現象に適応する過程であり、その結果として我々が自然現象を効率的に記述・予測し、同時にそれを理解するような過程である。こうした過程を我々が実現するための知的道具が科学理論であり、理論的概念に他ならない。それゆえ知的道具としての科学理論、理論的概念の第一の機能は、自然現象を効率的に記述・予測・計算するための概念的枠組みとアルゴリズムを提供することである。

しかしこれだけでは科学理論は、実用的には役に立つが、どういう仕組みでそうなるのかが不明な魔術的ブラックボックスとならざるを得ない（そして多くの「道具主義」批判は、マッハ的科学をこう

したものとして描出してきた）。理論と理論的概念は、この機能に加えて、そうした現象を我々に理解させるための概念的媒体でもなければならないのである。そしてマッハによれば現象の理解とは、それが熟知されたなじみ深いものとして現れることであるから、この機能を果たすためには、科学理論が用いる理論的概念は、それを通じて現象を把握することによって現象がなじみ深いものとして現れるようなものでなければならない。そうした概念とは、我々にとってすでになじみ深い概念、すなわち古い概念であり、典型的には日常的ななじみ深い概念である。つまりマッハ的な科学理解によれば、現象の理解という目的のために科学的理論、理論的概念がなす働きとは、新しい未知の現象に対して、古いなじみのある概念を適用し、その下に包摂、統合し、なじみあるものにすることに他ならない。もちろん古いなじみの概念がそのまま新しい現象に適用できるわけがない（それが「新しい」ということの意味である）。古い概念がそのためになじみのあるものであるポイントを保存し、それ以外の部分を新しい現象に適合するように変化させなければならない。それゆえ新しい科学理論と理論的概念の構築と使用は、ある言葉の使用の比喩的な拡張と同じ構造を持っていることになる。

こうした観点からするなら、科学的理論と理論的概念は必ず比喩的な要素を持たなければならないのである。そのことによって新しい現象をなじみ深い古い世界につなぎ留めなければならないのである。マッハ的科学観によればそれが科学の本質であり、光が「波」や「粒」に喩えられたり、電磁現象が「流れ」や「場」という喩えを用いて記述されるのは科学史上の偶然の出来事ではなく、こうした科学の本質の具体化に他ならないと考えられる。(28) 次のやや長い文章に、マッハのこうした理論的概念に対する見方が明確に示されている。

古い習慣がこびりついてしまった思考様式は、新しい事態の前に立ちはだかりつつもなおみずからの**保身**をはかろうとするとともに、あらゆる新しい経験の中に分け入ってゆき、まさにそのことを通じて、避けようのない変革をこうむることになる。まだ理解されていない新しい現象を理論的イデー〔＝理論的概念〕あるいは仮説によって説明するための方法というものは、実質上、ここで述べた過程をベースとして成立する。……このようにわれわれは、**新しい**描像を、**古くから常識とされてきた**具象的な描像で、できるところまで置き換えてゆくのであって、そこで使う古い描像としては、ある程度まではそれ自身の軌道を難なく走れるが他の面ではどのみち変容されなければならないようなものを持ってくるのである。動物にしても、運命がかれにしいる新しい機能をもとうとしたところで、**新しい**器官をつくり出すことはできず、むしろ、既にある器官を活用しなければならないものである。せきつい動物が飛んだり泳いだりすることを身に付けたいと望んでも、そのための第三の肢体が生まれるものではない。反対に、既にある肢体がこの目的のもとに変形されるのである。……

つまり、理論や仮説の出現は、人為的な科学的方法の成果ではなくて、実は、科学の幼年期に起源をもち、既にその時代から無意識裡に機能していたものなのである[29]。

ここでもマッハのダーウィン的思考は徹底しているが、特に興味深いのが動物の身体的適応と人間の科学理論の比較である。マッハによると、両者は共に新しい環境に古い資源を応用することによる適

応過程であり、いわばそれが生き物としての我々の宿命なのである。それゆえマッハ的科学観からすれば、人間にとっての科学理論とはコウモリにとっての翼（腕）、クジラやイルカにとっての鰭（四肢）に厳密に対応するものなのである。

以上我々はやや長きにわたり、マッハ自身の言葉に基づいて彼の科学観の全体像を描いてきた。その目的は、対立する科学観の間の論争に参加する者にとってそれが、細部は別として、人間の認知活動たる科学の描像（科学の生物学的描像と言ってもいいだろう）として受容しうるものであることを示すことであった。ダーウィン的進化論を受容し、その人間と人間の認知活動への適用を当然と考える限り、科学という人間活動に対する以上の描像は基本的に受け入れざるを得ないものであると筆者には思われる。

もしこの判断にいくばくかの妥当性があるなら、二つの科学観を巡る論争の核心は、マッハ的科学観の内的問題や欠陥ではありえないことになろう。それは生物学的観点から科学という活動を適切に描写しているからである。むしろ論争の核心は、人間の科学の本質の描写としてマッハの生物学的描像に欠けているものがあるのか、あるとすればそれは何か、という問題なのである。それがなければ科学が科学たりえないような要素でこの描像に描かれていないものがあるか、という問題なのである。

こうした観点から見るなら、この問いに、然り、と答える立場こそが古典的科学観に他ならないと言えるだろう。そして、言うまでもなく、古典的科学観がマッハ的描像に欠けていると主張する科学の不可欠な本質とは、科学理論が単に我々の思考の適応の道具であるだけでなく、世界の真なる描写、

世界の真なる像、であるということに他ならない。言い換えるなら、古典的科学観は、科学理論が単に我々がそれを通じて環境に知的に適応するための道具（いわば、眼鏡）であるだけでなく、世界の真の姿を映す道具（いわば、鏡）でもあると主張するのである。そしてここでの重大な問題とは、「世界の真なる像としての科学理論」、あるいは「世界の真なる描写としての科学理論」という概念にいかにしてあいまいさや空疎さなしに実質的な内容を与えることができるのか、というものである。こうしてボールは古典的科学観の側に投げられることになる。

1-4　古典的科学観と対応説的真理概念

古典的科学観の核心的内容を明らかにする作業を始める出発点として、我々はカール・ポパーの科学観の対立に関する二つの論文[30]を選びたい（もちろん彼はそこで我々が古典的科学観と呼ぶ立場に立っている）。この選択には次の二つの理由がある。第一に、そこで彼が自分の立場を、その本質的な部分において、ガリレオ、ニュートン、アインシュタインらの科学観と重ね合わせ、自身の議論を科学哲学内部の論争というよりはむしろ近代科学史の大きな流れの中に位置づけており、この問題が科学に対して持っている意味を明確にしていることである。第二に彼がそこで古典的科学観の核心を、「世界の真なる描写（a true description of the world）」や「理論的真理（the truth of the theory）」という言葉で表現し、マッハ的科学観と古典的科学観の対立の核心が「真理」という概念のあいまいでない内実[31]という問題であることにきわめて自覚的[32]だからである。

分析の出発点として我々はポパーの第一論文の叙述を用いるが、それにあたって整理しておくべき

ことが少しある。それはこの論文で、科学内部での二つの科学観の対立という問題と、反証主義と呼ばれるポパー独自の科学観の正当化という問題が分かち難く絡まっているからである。ポパーは自身の科学観をガリレオのそれと重ね合わせ、現在科学界を席巻している（と彼が判断する）道具主義的科学観との対決を主題として論文を始める。[33] その後彼はガリレオの科学観に「本質主義」[34] と彼の呼ぶものが含まれており、自身はこの要素を是認できないことを明らかにする。[35] 結果として、「道具主義」という共通の敵に対峙するガリレオとポパーが共有する科学観とは、ガリレオの科学観から「本質主義」を差し引いたものとなり、それは次のように規定される。二つの科学観の対立を巡る我々の考察にとって本質主義や反証主義[36]にかかわる議論は特別な関連を持たないから、これをもって古典的科学観の核心的内容とみなしてよいだろう。

（二）科学者は世界（そしてとくに世界の規則性や「法則」）の真なる理論や記述を見出すことを意図し、そしてこの理論や記述は観察可能な事実を説明するものでもなければならない。（ということの意味は、これらの事実の記述が、理論とある言明いわゆる「初期条件」との連言から演繹できなければならない、ということである。[37]）

この規定の焦点は、もちろん、「真なる理論」あるいは「世界の真なる記述」という概念であり、それに関連する「理論的真理」という概念である。古典的科学観がマッハ的科学観と区別される固有の内容を持つのは、この「理論が真である」という概念が、理論が（現象の背後にある）世界について、

その本当の有り様を我々に知らせている、あるいは、その本当の姿について極めて重要な何ごとかを語っている、という意味を持つ限りにおいてである。すなわち、ここで使用されている真理概念が、いわゆる対応説的真理概念である限りにおいてである。すなわち、ある命題が真であるとは、世界あるいは事実がそれに対応あるいは一致していることだ、という意味でここで真という概念が使われている限りでのことなのである。

このように述べると対応説的真理概念とはごく当たり前のものであり、古典的科学観の規定でそれが使われているのかどうかがなぜ改めて問題になるのか、という疑問が湧くかもしれないが、事はそう単純ではない。「雨が降っている」という簡単な例を取ろう。この文が真となるのは、言語内で慣習的に決まっているある条件が満たされているとき（＝雨が降っているとき）であり、その条件は、例えば、「雪が降っている」という文が真となる条件と異なっており、日本語の話者であればそれぞれの条件を熟知しているだろう。ということは、「雨が降っている、は真だ」と言うことは、この文について慣習的に定められた条件が今満たされている（＝今雨が降っている）、と言うことに等しく、そこには世界の本当の姿や有様に関する言及は一切ないことになる。これがいわゆる冗長説的な真理理解、すなわち「pは真だ」は「p」と同じことを述べているにすぎない、という見方である。こうした、いわば、最少の真理概念に陥らないためには、ある文が真であるとは、単に言語的規約上のある条件が満たされている、ということではなく、それに加えて、世界やその構成要素の有り様について正しい何かを述べている、ということを示す必要がある。だがそれは決して簡単なことではない。とりわけ科学理論に対して対応説的真理概念に空虚でない内容を与えるのは、決して自明な作業では

ないのである。

ポパーはこの問題を鋭く意識していた。そしてこの問題の解決に光明が見えるまでは、科学理論に関して「真である」という概念を使うことを注意深く控えていたのである。少なくとも第二論文の興味深い告白的叙述[38]によればそうである。そしてこの叙述は、タルスキーの真理論こそ、この問題の解決への光明をポパーに与えたのであり、ポパーを理論的真理について語ることに踏み切らせたと述べている。この告白的叙述の一部を以下に引用しよう。

事実わたくしがタルスキーの真理論を知るようになるまでは、「真」という語の使用と結びついた、きわめて議論の的になる問題に、あまり深入りせずに、進歩の基準を論じる方が安全であると思われた。

当時の私の態度はこうであった。つまり、ほとんどすべての人々と同じように、わたくしも真理の客観的・絶対的理論あるいは対応理論――事実との対応としての真理――を受けいれていたけれども、わたくしはこの問題を避けるほうを好んだ。なぜなら、陳述と事実との対応という、この不思議にとらえどころのない観念を、明晰に理解しようと試みても、うまくいく望みがないように思われたからである。……

こういった事態すべては、真理および陳述と事実との対応に関する、タルスキーの理論によって変わった。タルスキーの最大の業績は、そしてまた、経験科学の哲学に関する彼の理論の真の意義は、かれが、それまで疑わしかった絶対的あるいは客観的真理性の対応理論を再確立したことであ

る。かれは、事実との対応としての真理性という直観的な観念を自由に用いうることを立証した。[39]このようにポパーは、自身がコミットするガリレオ的科学観をマッハらの「道具主義的」科学観と峻別するためには対応説的真理観の復権が不可欠であり、その鍵となるのが形式科学において確立されたタルスキーの真理論であるという見解を示し、続いてタルスキー真理論の紹介を試みている。[40]しかしその内容は不十分であり、残念ながらタルスキーの形式科学的な真理論が、どのように古典的科学観の内実の明確化に与するのかを我々にまったく伝えていない。[41]それゆえ我々はここでタルスキーの真理論に直接当たり、それがいかに対応説的真理観に実質的な内容を与えているのかを簡単に見てゆくことにしなければならない。

伝説的にまで有名な真理論論文[42]冒頭において、タルスキーは自分の目的が真理概念の定義であること、しかもプラグマティックな真理概念などではなく、「古典的真理概念（「現実との一致としての真」）」の定義であることを明言する。[43]続いてタルスキーは日常言語における真理概念の整合的な定義が、いわゆるうそつきのパラドックスのために不可能なことを示したうえで、論文の核心部において、形式化された集合論を対象言語として例にとり、形式化されたメタ言語を用いて、この対象言語において「文 x が真である」ことの厳密な定義を行うのである。そこで彼が用いる核心的概念が「対象 a が命題関数 x を充足する」[44]という概念であり、それこそが古典的科学観にとって決定的な意味を持つものなのである。

概念的に大まかに言うなら、タルスキーの「真なる文」概念の定義は二つの要素からなっている。

第一はある文の真偽が他の文の真偽によって決定されるメカニズムであり、否定、選言という操作によって構成される文の真偽の決定がこれに相当する。他は、文の真偽が現実との関係によって決定されるメカニズムであり、全称命題（それは科学法則の一般的形式でもある）の真偽の決定がこれに相当する。言うまでもなく対応説的真理観にとって重要なのは第二のメカニズムであり、それがあるからこそ我々は「文と現実の対応」について語ることができるのである。真偽決定のこの第二のメカニズムの説明の核心にタルスキーが用いるのが「充足」概念に他ならない。この充足概念のタルスキーによる非形式的定義を、我々になじみ深い表記法に改めて表現すると次のようになる。

対象aが命題関数F(x)を充足するのは、F(a)である場合、そしてその場合に限る。(45)

この定義の具体例を、日常言語を用いて表現すると、例えば、次のようになる。

対象aが命題関数「(x)は白い」を充足するのは、aが白い場合、そしてその場合に限る。(46)

この充足という概念を用いて全称命題の真理が、そこで全称量化されている命題関数がすべての対象により充足されるとき真となる、と定義される。(47)

さて、充足概念を用いた真理概念のこうした定義はあまりにも当たり前のことであり、特別「成果」と言うには及ばないことであるように見えるかもしれない。しかしそれはこの定義が現実に有効

となるために、言語と世界に関してどれだけのことが前提されねばならないか、命題関数と「対象」についてどれだけのことが前提されなければならないかが見過ごされているからである。ある言語における文の真偽がこのように決定され、有意味なすべての文の真偽が現実に決定されるためには、その言語が描写している世界に存在するすべての対象aとその言語に存在するすべての命題関数（述語と関係）のすべての組み合わせについて、対象（あるいは複数の対象の組）が命題関数を充足するかどうかが決定可能でなければならないが、それは決して自明のことではない。この過程はタルスキーによって次のように表現されている。

……

〔真理概念の定義のための〕これらの要請は、所与の命題関数の、所与の対象、今の場合は、諸個体の所与の集合による充足という概念によって満たされる。

もっとも単純で明快なケースは、所与の命題関数がただ一つの自由変項しか含まない場合である。その時我々はそれぞれのすべての対象について、それは所与の関数を充足するか、それとも充足しないかである、と有意味に語ることができる(48)。

ここで我々が、タルスキーが言うように、所与の関数とすべての対象の組み合わせについて、前者が後者を充足するかしないかである、と有意味に語ることができるのは、問題になっているのが集合論という形式的演繹体系であり、形式言語によって描写されている対象（すなわち集合）の同一性と属

性があらかじめあいまいさなく決定されているからである。これは他の形式的体系すべてについて言えることであり、言語が構成された段階で数や集合といった個々の対象の基本属性はすべて確定しているのであり、形式科学の目的とはそこからどのような帰結が演繹できるかを探求することなのである。しかしながら対象とその属性をこのようにあらかじめ決定できるかどうかは、経験科学において自明ではなく、後で示されるように一般的には困難である。

タルスキーによる以上の定義が、いかに対応説的真理概念に内実を与えるかは明らかだろう。この定義によるとある文が真であるとは、世界にある対象（や対象の組）が現実にある性質や関係を持っていることに他ならず、その文は世界、現実について、それが自身が述べるように在るということを述べていることになるからである。「雨が降っている」という文にこうした概念が直接適用できないのは、「雨」がこうした意味での対象でないからである。この文は雨という対象が「（x）が降る」という性質を持っていると述べているのではなく、「雨が降っている」と慣習的に記述される事態が現実に起こっていると述べているのである。

このようにタルスキー真理論の核心は、対応説的真理概念が有意味であるために世界と言語が満たすべき条件を明らかにしたことにあり、同時に、その条件が形式科学において完全に満たされることを示したことにある。他方で古典的科学観が必要としているのは、対応説的真理概念を、例えば物理学といった、経験科学に適用することである。そして経験科学では、まさにその本質により、世界を構成する対象の同一性と属性を形式科学のようにあらかじめ決めることはできない。それを探求することこそが経験科学の目的だからである。従って、タルスキーにより基本的な方向は示されたとはい

え、彼の真理概念を直接そのまま経験科学に適用することはできない。言語と世界に関して彼が課した条件が、経験科学においてどのようにすれば満たされるか、それを明らかにするという課題が古典的科学観には残っているのである。そして『論考』とは、ある意味でこの課題に、タルスキーに先立って、挑戦した書物だと解釈できるのである。

1-5 「世界の真なる像」という概念の哲学的基礎としての『論考』

広く認識されているように「事実の像としての命題」という概念が『論考』の言語理論の核心であることを想起すれば、この書物が古典的科学観に立つものであることは、いわば当然である。第三章でも触れたように、『論考』において科学は「世界の（真なる）像」という位置づけを次のように与えられている。

真なる命題の総体が自然科学の全体（あるいは諸科学の総体）である。（4.11）
思考は命題において知覚可能な形で表現される。（3.1）
真なる思考の総体が世界の像である。（3.01）

それゆえ「像の真理」という概念を確立しようという『論考』の試みは、経験科学における対応説的真理概念に内実を与えることにより古典的科学観の哲学的基礎を構築する作業だと解釈できるのである。必ずしも高く評価されてきたとは言えない『論考』のこの対応説確立の試み(49)の具体的中身を以下

で再検討し、二つの科学観の対立という問題に関して『論考』という書物がどこに位置し、どのような寄与を行っているのかを明らかにしよう。

科学（あるいは科学理論）を構成する命題も思考も『論考』にとっては「像」であるから、古典的科学観の哲学的基礎の核心は、「真なる像」あるいは「像の真理」という概念にいかに確固とした内容を与えるかということになる。そして次の二命題が、この核心的問題に関する『論考』の基本的見解を示していると考えられる。

像の真偽とは現実との一致・不一致である。（2.222）
像の真偽を知るためには、われわれは像と現実を比較しなければならない。（2.223）

このように『論考』は像の真理という概念の規定に、「現実との一致」あるいは「現実との比較」という対応説にとって王道的な、そして「不思議にとらえがたい」概念を使用している。これらの捉えがたい概念に明確な内実を与えることが、いわば『論考』の大きな目的なのだが、そのために『論考』が行っていることの意味をよりよく理解するために、ここで一旦立ち止まり、「像」という概念についてより一般的に考えてみたい。

例として、地理学的命題における次のような幾何学的図形の使用について考えよう。

フランスは六角形である。（1）
日本列島は弓型だ。（2）

J・L・オースティンが指摘したように、[50] 我々はこれらの文の真偽について、少なくとも明確な形では、語ることができない。それらは真だともいえるし、そうでないとも言えるのである。その理由は、ここで比較されている二つのもの（フランスや日本列島という地理学的対象と幾何学的図形）の関係が類似性だからである。類似性は程度の問題であるから、ある人の肖像画について真偽が語れないように、（1）、（2）について真偽が語れないのである。これらの文は幾何学的図形を比喩的像として用いているのであり、その目的は地理学的叙述を容易にすることである。従ってこれらの像の使用の正当な評価の基準は、真偽ではなく適切・不適切である。例えば（1）に基づいて「ストラスブールは六角形の右上角に位置する」と言う場合、（1）は適切な比喩表現であるし、「その角の正確な角度は何度か」と問う場合、比喩は適切に使用・理解されていない。こうした比喩的像は、科学の内外を問わず広く用いられ、我々の思考と言語生活にとって不可欠な役割を果たしている。

今このように使用される像を「アナログ像」と呼ぼう。アナログ像の特徴は、それについて真偽や正誤が語れない（真偽や正誤という概念が適用できない）ことだが、その理由は、上記の例からも見て取れるように、アナログ像とそれが比較対照される対象のどちらもが連続的で、最少の構成単位というものを持たない（あるいは、持たないとみなされている）がゆえに両者の関係が類似性となるからである。それに対して像と対象に最少の構成単位がある場合、例えば音符の系列としての楽譜とそれに

基づく演奏については、音符の系列と音の系列の比較によって演奏の正誤（上手・下手とは別に）について語ることができる。こうした最少の構成単位を持つ対象に対する最少の構成単位を持つものとして使用されている像を「デジタル像」と呼ぼう。世界の真なる像としての科学、という概念に哲学的基礎を与えるために『論考』に求められていたこととは、科学において世界を表現する言語がデジタル像であることを示すことだったと言っていいだろう。この課題を『論考』がどのように実現しようとしたのかを、以下で見てみよう。

言語、そしてその構成元としての命題が世界あるいは現実の真なる像となりうるためには、命題が現実のデジタル像でなければならない。そしてそれは、あらゆる命題に最少の構成要素が存在し、同時に、世界あるいは現実にも最少の構成要素が存在し、その結果、像としての命題と現実の「比較」が、両者の構成要素が形成する構造間の比較対応として実現可能であり、結果として、像としての命題が現実と一致しているということが有意味であり、その真偽が決定できる、ということに他ならない。言語と世界に関してこうしたことが成り立っているのを、『論考』がどのように示そうとしたのかを順に確認しよう。先ず世界あるいは現実の構成要素について、『論考』はそれを「対象」と呼ぶ。あるいは、より正確に言えば、世界あるいは現実にそれ以上は分解できない独立で不変の構成要素があると想定し、それを次のように「対象」と呼ぶのである。[51]

対象が世界の実体を形づくる。それゆえ対象は合成されたものではありえない。（2.021）
実体とは何が事実として成立しているかとは独立に存在するものである。（2.024）

対象とは不変なもの（das Feste）、存在し続けるものである。対象の配列が、変化するもの、移ろうものである。（2.0271）

他方、像としての言語と命題の構成要素を『論考』は次のように「名」と呼ぶ。

像の要素は像において対象に対応する。（2.13）
事実の論理像が思考である。（3）
思考は命題で表現される。そのさい思考に含まれる諸対象に命題記号の諸要素が対応する。（3.2）
この要素を私は単純記号と呼ぶ。そこにおいて命題は「完全に分析された」と言われる。（3.201）
命題において用いられた単純記号は名と呼ばれる。（3.202）

像としての言語の構成要素に関して『論考』が述べる以上のことには、二種類の解釈が可能である。第一は、そしてこれが『論考』の著者本来の意図であるのだが、これが現実の人間言語（自然言語）全体に関して成り立つものとして述べられている、という解釈である。『論考』に関するその後の様々な議論、その後の様々な言語研究、そして何より『探究』の考察が示すように、この解釈の下では、ここで述べられたことは事実として容認しがたい。自然言語にこうした条件を満たす構成要素があるとは考えにくいのである。しかし古典的科学観の哲学的基礎に関心がある我々にとってこの解釈は必ずしも決定的なものではない。なぜなら我々にとって問題なのは、自然言語が総体として世界の

真なる像となっている（なりうる）かではなく、その部分である科学理論が世界の真なる像たりうるかどうかであるからである。

こうした観点からすれば上で述べられたことは、科学理論が満たすべき言語的条件あるいは科学理論を構築する際の言語上の指示と解釈できるし、そのようなものとしては実現可能であり、少なからぬ現実的意義を持っている。例えばここで「名」と呼ばれている概念を、タルスキーの考察を参考にして物理学などの科学理論に当てはめれば、それは数式を含む理論的言語において変項として登場するものと解釈できる。例えば二つの物体からなる系の状態がそれぞれの位置と運動量を表す四つの変数x_1、x_2、p_1、p_2の間の関数的関係によって表現される場合、これらの変数が上で言われる「名」に相当し、それらはいわば現実（経験的事実）の最小単位に対応している。この意味で物理学の言語は『論考』の精神に則っていると解釈できる。以上のように規定された像と現実の構成要素という概念に基づいて、像と現実の対応という概念には次のように、それぞれの構造の対応という具体的内容が与えられる。

像の要素が互いに特定の仕方で関係していることは、ものが〔それと同じ仕方で〕互いに関連していることを表している。像の要素のこのような結合を構造と呼び、構造の可能性を写像形式と呼ぶ。(2.15)

像が像という仕方で現実を――正誤はともかくとして――写しとっているために現実と共有していなければならないもの、それは写像形式である。(2.17)

科学理論と、それが探究する現実の間に、以上のような関係が存在するならば、科学理論に属するある命題は、（数式を含めて）その内部に登場する様々な「名」（物理学においては対象の属性を表す物理変数）の間の関係として、現実の構成要素である様々な「対象」（及びその諸属性）相互の関係を表現することによって、（妥当な場合には）世界の真なる像としてその本当の姿を我々に告げている。これが、上記の第二の解釈の下で、『論考』が、世界の（真なる）像としての科学理論という概念の具体的意味として我々に示していることである。

以上の解釈を踏まえて、世界の真なる像としての言語（理論言語）、という概念に関して『論考』が我々に示したことが、古典的科学観の哲学的基礎としてどれくらい妥当なのか、あるいはどのような意味を持っているのかについて考えよう。以上の『論考』の考察には様々な問題が存在するが、最も重大な問題を孕んでいるのが、これまでも様々に指摘されてきたように[52]、「対象」に関する考察である。すでに述べたように、「名」に関する『論考』の考察は理論言語を構築する際の条件、指針として理解する限り、大筋において妥当なものと考えられる。それに対して「対象」に関する考察は、それがどのような地位を持つものなのかに関して大きな問題を抱えている。それが何らかの意味で「事実」として主張されているのでないことは明らかだろう。つまり著者が何らかの超経験的認識によって世界の構成要素として「対象」が存在することを知り、それを我々に報告していると考えていたのでないことは、『論考』という書物の性質からして疑う余地はないだろう。それゆえ「対象」に関する『論考』の主張は何らかの「想定」と考えなければならない。

そこで問題になるのは、これが何らかの意味で、例えばドルトンの原子説や湯川秀樹の中間子理論のような、経験的仮説と言えるのかということである。もしそれが経験的仮説ならば、二つの科学観を巡る問題は、実は哲学的問題ではなく、科学内部で（おそらくは物理学内部で）解決されるべき経験的問題ということになり、それに関する哲学的考察は無用となるだろう。しかしながら、「対象」に関する『論考』の主張は、経験科学の基準に照らせば、決して経験的仮説と呼ぶことのできるものではない。それはドルトンや湯川の仮説に説明すべき現象と問題があったのにたいして、この想定により解決されるべき経験的問題や、説明されるべき現象というものが存在しないからである。つまり、『論考』の「対象」はドルトンの「原子」や湯川の「中間子」とは根本的に異なる地位を持つ概念なのである。

一言で言えば『論考』の「対象」とは、論理的概念的要請を表現する概念なのである。[53]すなわち「世界の真なる像としての科学理論」という概念（科学における対応説的真理概念）が有意味なものとして成立するために満たされるべき概念的要請、「……が意味を持つためには……でなければならない」という論理的要請なのである。「対象」がこうした概念的要請であることは、「対象」に関する考察の核心部におかれた次の一連の考察がはっきりと示している。

世界にいかなる実体も存在しないとしたら、命題が意味を持つか否かは他の命題の真偽に依存してしまうことになる。（2.0211）

その時世界の像を（真であれ偽であれ）描くことは不可能となる。（2.0212）

対象が存在しうるときにのみ世界の不変の形式が存在しうる。(2.026)

このように『論考』の真理概念の基礎となる「対象」という概念、すなわち独立で不可分で確定した属性を持つ要素的存在としての『論考』の「対象」という概念は、対応説的真理概念の論理的概念的要請であった。この概念を我々は、実体的要素的対象概念と呼ぶことができるだろう。『論考』が明らかにした重要なことの一つは、「世界の真なる像としての科学理論」という概念が意味を持つためには、実体的要素的対象概念を我々が使用しなければならない、ということなのである。それは同時に、こうした実体的要素的対象概念が何らかの理由である領域の現象に適用できない場合、古典的科学観はその領域において成立しえないことをも意味する。この第二の帰結はウィトゲンシュタインが元々意図したものではないが、二つの科学観を巡る問題状況をより明確にするものであり、この問題に対する『論考』の重要な寄与だと言うことができるだろう。

1-6　『論考』と『探究』は科学観を巡る論争をどこに導くのか

それでは、科学に関してこうした内容を持つ『論考』と、それに対する根本的な哲学的反省である『探究』のそれぞれが、二つの科学観の対立に関して我々をいかなる見地へと導くのかを考えよう。

(1)『論考』が導く場所

上で明らかになったように『論考』は、古典的科学観が明確な内容を持つためには、実体的要素的

いるのだろうか。

対象概念が使用される必要があることを示した。ではこのことは、二つの科学観の対立という問題自身に関して何を示しているのだろうか。例えば、古典的科学観がより確からしいということを示しているのだろうか。

結論を先に述べるなら、『論考』が示したのは、二つの科学観が、全く相いれない、そして一切の接点を持たない両立不可能な二つの概念系だということである。このことを理解するためには、『論考』が示した結果がそれぞれの見解に対してどのような作用を及ぼすのかを考える必要がある。

先ず古典的科学観に関して言うなら、それを抱く科学者や哲学者は、いわばその見方に好意を持っている、つまりどちらかと言えばこの見解を好む。彼らに対して、『論考』的な「対象」概念が古典的科学観が成立するために条件であることが示されると、この概念が明白な矛盾をはらんでいない限り、彼らは進んでこの概念を前提とし、使用するだろう。そしていったんこの概念が使用され、「対象」の存在が想定されると、それによって古典的科学観はより確からしいものと彼らには映り、今度はそれによって「対象」の存在に関する彼らの確信がさらに強化される。こうしていったん彼らが古典的科学観と『論考』的「対象」概念から成る概念系の中に入り込むと、それぞれに対する信念は相互に強化し合い、この概念系に対する疑いの契機を彼らは失い、それはおよそ疑いえないものと彼らには映ることになる。

他方マッハ的な科学観を抱く者には、これとまったく逆のことが起こる。そもそも彼らは対立する二つの見方の中では、マッハ的科学観をより好む。この初期選好により、『論考』的「対象」概念に対する否定的な想定が彼らに生まれ、特別な根拠が示されない限り、そうした対象の存在を想定する

のは合理的でないと彼らには感じられる。そして「対象」に関するこの否定的想定に基づけば、古典的科学観は根拠のない非合理的あるいは形而上学的信念と映り、それは彼らのマッハ的科学観に対する信念をさらに強化する。こうして彼らはマッハ的科学観と『論考』的「対象」に関する否定的想定から成る概念系の中に入り、それを疑う契機を失い、例えば、古典的科学観は彼らにとって全く非合理的あるいは形而上学的な受け入れがたいものにしか映らない。

こうして二つの概念系は、全く接点を持たない、妥協や融合の余地のないものと相互に映らざるを得ないが、その理由は、両者にとってこの対立が世界や事物に関する根本的な見解の対立として現れることである。世界に関して言えば、両者は『論考』的「対象」が存在するか否かに関して対立し、これは世界の在り方に関する根本的な見解の対立として両者に感じられる。科学に関しても両者は、科学が何を行っているのかに関する根本的に異なる見解を持つことによって、非和解的なまでに根本的に対立していると感じられる。この対立に解決や和解の糸口が存在しないのは、両者の見解に対して独立の判定基準となるような経験的事実が一切存在しないからである。つまり両者の対立は経験的要素を含まないような対立であり、それゆえに両者は接点や共通の場を持たないのである。世界と科学に関する二つの、接点を持たない非両立的な見解の対立、これが科学観の対立に関して『論考』の成果が我々を導いてゆく場所に他ならない。そのときそれは、完全に非和解的な対立となる。ある意味でそれは絶望的な状況である。

(2)『探究』が導く場所

では、科学観を巡る論争について我々をこうした見方に導かざるを得ない『論考』に対する根本的な哲学的批判としての『探究』は、一体いかなる見地へと我々を導くのだろうか。言い換えるなら、いかにして『探究』のウィトゲンシュタインは科学観に関するこうした出口の見えない状況から哲学的思考によって脱出したのだろうか。

第三章で示されたように、『探究』においてウィトゲンシュタインは、かつて『論考』で用いた「理想」と呼ぶべき抽象的・普遍的諸概念（例えば、「対象」と「名」）が、実は考察の対象（例えば世界や言語）に関するものではなく、そうした対象を我々が描写する描写の仕方に関するものであるという認識にたどり着き、そのことにより「理想」に関する哲学的問題から解放された。『探究』が到達したこの見地から見れば、『論考』の「対象」や「名」について語ることとは、世界と言語に関して特定の想定や主張をすることではなく、世界や言語と呼ばれる現象の描写において、「破壊と変化を要素の分離と組み換えとして描写[54]」するという我々の好む描写の仕方を用いることに他ならない。こうした見地から見ると、『論考』の「対象」や「名」とは、実はこの特定の描写の形式の象徴的な名なのである[55]。

『探究』のこうした見地からは、二つの科学観の対立は、『論考』から見えたのとは全く違ったように見えることになる。すなわち二つの科学観の違いとは、世界と科学に関する根本的に対立する見解や想定の違いではなく、両者が共有する共通の対象を描写する仕方の違い、同一対象を何として見るかという見方の違いとなる。そして両者が共有する共通の対象とは、論争に参加する者自身がその一

部を構成している科学という社会的実践であり、それに加えて、それと不可分な、その対象たる自然現象である。それは「自然‐科学」とも呼ぶべき複合的現象である。すなわち、『探究』的見地からすれば二つの科学観の対立とは、自然‐科学という共通の複合的現象をどのように描写するか、どのようなものとして見るかという描写形式と解釈の違いなのである。(56)

古典的科学観とは、自然‐科学という複合的現象を、世界の実体的要素的対象の存在を想定しながら、自然現象をそうした要素の分離結合として描写する過程だと見る見方である。他方マッハ的科学観とは、その同一の複合現象を、様々な日常的概念を拡張して使用しながら自然現象の法則性を理解可能な形で描写する過程だと見る見方である。ここで重要なのは、両者が異なって見ている対象（自然科学）は同一だということである。というのも、もしそれが異なれば、それは両者が実質的に異なる（異なった経験的帰結を持つ）科学理論を抱いているということを意味し、その対立の解消は経験的に科学内部で行われるということ、すなわち両者の見解の対立は科学に関する哲学的問題ではないことを意味するからである。

二つの科学観の対立をこのように『探究』的観点から見ることは、我々にとってどんな意味を持っているのだろうか。それを『論考』的な観点から、解決なき対立として見ることとどのような違いがあるのだろうか。一種の袋小路としての哲学的問題から我々を解放するような違いがあるのだろうか。それとも両者の間には、我々にとって有意味な違いなど存在しないのだろうか。

——両者の間には明らかに有意味な違いがある。それは、『論考』的見方では不可能だった二つの科学観の評価と比較が、『探究』的な見方では可能となることである。というのも、二つの科学観が、

自然－科学という同一の複合現象に対する二つの異なった描写の仕方・見方であるとは、それらが実は同一対象に関して我々が持ちうる異なった像だということに他ならないからである。それらが同一対象に関する、選択可能な二つの像だということは、様々な基準によってそれらを評価・比較し、それによって像選択の適切さ・不適切さについて語りうることを意味する。『論考』的見地では不可能であった二つの見解の比較考量が『探究』的見地では可能となり、結果として、異なる科学観の対立によって我々が置かれている問題状況がよりはっきりと捉えられるのである。

二つの自然－科学像は様々な基準で評価可能であるが、ここでは特に重要と考えられる次の三つの基準による二つの像の比較について考え、我々の問題の本質をより明らかにしよう。第一の基準とは、自然－科学像が、その像の所有者の科学的実践に与える影響、とりわけその理論的創造性に与える影響であり、第二はそれぞれの像が我々に対して持っている内的な意味であり、第三は、経験との関係におけるそれぞれの像の論理的・概念的整合性である。(57)

自然－科学像を評価しうる第一の基準は、像がその所有者の科学的実践上の理論的創造性に与える影響であるが、こうした影響の存在を示す好例がケプラーによる三法則の発見である。ケプラーはその神秘的・宗教的世界観によって太陽系の天体の軌道に美しい幾何学的な秩序が存在することを確信し、幾多の失敗をへて三法則の発見に至った。(58)膨大な天体観測のデータから長年の試行錯誤の後にこうした秩序を発見するというのは、宇宙の幾何学的秩序に対する強固な信念なしにはおよそ考えられないことである。ケプラーの例が示すように、科学者の自然－科学像はその理論的創造性に確実に影響を及ぼす。しかしながら、だからといって科学者は、その創造性への影響を計算して自然－科学像

を選択することはできない。例えば、ケプラーのような発見をしたいと思う科学者が、ケプラーのような神秘的な世界像を自由に選択できるわけではない。像は、それ自身の理解可能性や説得性がないのに、単に有益な帰結のみによって選択することはできない。ゲーデルのように生産的でありたいと数学者が思っても、それだけの理由でゲーデルのようなプラトン的な数の存在論を持つことはできない。それ自体が当人にとってもっともだと思えない限り、そうした選択は彼の思考をいたずらに阻害し、混乱させるだけである（例えば、イデア的な存在である数を自分はどのようにして認識しうるのか、という問題に頭を悩ませることによって）。それゆえこの第一の評価の次元は、像の選択の妥当性を判定する正当な基準とはなりえない。それを基準や理由として像を選択することは我々にはできないし、誰かの像の選択の妥当性をそれによって正当に評価することもできない。

第二の基準は、それぞれの像それ自体が我々の思考と認識に対して持つ様々な意味であり、おそらくもっとも重要な基準である。こうした像の内的意味は、像というものの性質上、多元的かつ多様であり、明確な尺度による比較の困難なものである。例えば、古代ギリシャ哲学のヘラクレイトスとデモクリトスは、今もなお全く異なった二つの強力な世界像（万物流転と原子論）の象徴であるが、単純性や合理性といった明確な尺度で両者の根本的相違を捉えることは困難である。両者の違いが最もはっきりと表れるのはむしろ、我々一人一人がそれらに対して自発的に抱く異なった感情的態度（好悪、親近感、違和感、等）においてである。二つの科学観の間の論争がかくも長く、かつ激しく行われてきた遠因は、すなわちそれが我々にとって大きな関心の的であり続けた遠因は、おそらくこの根本的に異なる二つの内発的感情であるのではないかと推測される。これら二つの像がそれぞれの個人

に異なった感情的態度を誘発する要因となるのは、様々な点に関する両者の差異である。その中に、我々にとって決定的な意味を持つと思われる重要な差異が存在する。それが、「世界の究極的な真の姿」という概念を内包しているかどうかという差異である。

絵画のモナリザを例にとって考えてみよう。それは絵画であり、芸術作品であるが、別の観点から見ればカンバス上にある形に配置された様々な色の顔料であり、また別の観点からすれば様々な元素からなる莫大な数の分子の複雑な結合、配置である。ここで二つの科学像の決定的差異を浮かび上がらせるのが、対象そのものに即して、これがその本当の姿だと言えるものがこの中にあるかどうか、あるとすればどれか、という問いである。マッハ的科学観に立てば、これらはすべて「モナリザ」と呼んでいる同一対象の等しく可能な異なった見方、描写の仕方であり、対象自身に即してどれが正しいと言うことに意味はない。それらの間の差異は、それぞれの視点の差異、我々にとっての価値、意味、重要性の違いである。他方古典的科学観の前提は、世界とその中に存在する諸対象には真の姿というものがあり、それを明らかにするのが科学の目的だ、ということであり、世界と対象の真の姿とは、その究極的構成要素に即した描像によって示されるのであるから、古典的科学観に立つとき、「モナリザ」と我々が呼んでいる対象の真の姿は最後の物理学が描くものであり、他の描写はすべて見かけのものにすぎないことになる。

二つの科学像のこの違いの意味が最も明らかになるのが、それらを我々自身に適用するときである。私は、自分にとって他の誰とも違った在り方をしている存在である。同時に私は、多くの人間と様々な関係を持ちながらある職業を持ち社会の中で生きる社会的存在としての人間である。生物学的観点

からすれば、同じ私はホモ・サピエンスという動物種の一個体であり、それに即した遺伝子の配列を持っているが、同時に膨大な細胞の結合からなる有機体であり、物理化学的に見れば多種のさらに膨大な分子、原子的存在の結合と不断の流動である。マッハ的科学観は、自身に対するこれらの見方の相違は、それらの異なった観点が我々自身にとって持つ意味と価値の相違であると言う。従って現実に人間として生きる我々にとって、どの見方が正しいのかということは無意味であるが、最初の二つの見方が最も根本的な意味を持つことになる。他方古典的科学観は、最後の物理化学的描像が我々の存在に即した我々の真の姿であり、他は単なる見かけにすぎないと我々に告げる。何らかの理由で我々が自己の生を反省的に見つめ、私とは何か、私はどのように生きればよいのか、といった「生の問題」[59]に直面するとき、古典的科学観の答え「我々の本当の姿は分子や原子の結合である」は、我々にとって絶望的な意味を持つ。自分の生き方を選択しようとしているとき、自分を分子の結合とみなすことは、あらゆる選択肢に対する我々の内的動機を奪うからである。これこそが五〇歳を迎えてトルストイが直面した問題であり、その後彼を信仰と激しい科学批判へと導くきっかけとなったものである[60]。

この問題を今「トルストイ問題」と呼ぶことにしよう。科学の実存上の意味に関わるこの問題が、二つの科学観を巡る対立の背後に存在していたことはトルストイ自身の例からも明らかだろう。古典的科学観はこの問題を我々に押し付けるが、マッハ的科学観では問題そのものが存在しない。では、こうした我々にとっての絶望的帰結の有無によって、一方を適切とし、それを選ぶことができるかと言えば、第一の基準と同様、それはできない。その像が我々にとって絶望的な意味を持っていたとし

ても、もしその像がそれ以外には考えられないものと我々に映るなら、我々はそれを拒否することはできないからである。たとえそのように試みたとしても、その像が我々の目の前から消滅することはないだろう。

この点において『論考』は極めて示唆的である。明らかに『論考』でウィトゲンシュタインはトルストイ問題を真剣に受け止めていたと考えられるが[61]、だからといって古典的科学観を拒否したのではなく、むしろそれに哲学的基礎を与えることを自らの課題とし、その上でいわば一種の神秘主義によって両者の矛盾を解消しようとしたと解釈できるのである[62]。像が我々にとって否定的な意味を持つこと自体は、像の信ぴょう性を減じるものではないのである。これに対して、もし古典的科学観が科学に対する解釈の一つであることが示された場合、そのことは科学像を巡る我々の選択により直接的で、大きな影響を及ぼすだろう。なぜならトルストイがトルストイ問題に直面せざるを得なかったのは、古典的科学観が科学に対する一つの見方としてではなく、科学そのものの姿として彼に迫り、強いられたからである。それを拒否する手段が彼にはなかったからである。それに対して『探究』の考察は、それが科学そのものではなく、科学の一つの見方であり、他にも見方があることを示すものであり、その結果我々は、それらを同等に可能な見方として見ることができ、どの像も我々に強いられることはない。こうしてトルストイが直面したものとしてのトルストイ問題は消滅する。これが対立する科学観に関して『探究』の思考が我々に示すこと、すなわちそれに関わる哲学的問題の解消の可能性である[63]。

二つの像を比較する第三の基準は、経験との関係におけるそれぞれの像の論理的・概念的整合性で

あり、より具体的に言えば、古典的科学観と不可分な実体的要素的対象概念の経験的な適用可能性を巡る像の適切性の問題であり、量子力学の出現によって初めて科学者が真剣に考慮すべき哲学的問題として立ち現れたものである。『論考』が示したように、実体的対象概念は、相互の独立性、不変性、等、様々な特性を持っているが、その中で最も基礎的な特徴が、基本属性の確定性である。量子力学以前の物理学において、「対象」（あるいは「物体」）という概念に関して、その物理的基本属性の確定性が問題になったことはない。我々がそれを知るかどうかに関係なく、物体粒子の基本的な物理的属性（例えば、位置と運動量）は各時刻において確定し、確定した値を持ち、原理的に我々はそれをどこまでも正確に測定できると前提され、この前提が疑問に付されることはなかった。それに対して量子力学において事態は根本的に変化する。単にこの古典的対象概念に関する前提に疑問符が付されるのでなく、原子的と呼ばれる微小な現象に関する限り、不確定性関係という形でその否定が前提とされ、その上で理論が構築されるのである。すなわち量子力学にとってある物理系の状態が確定しているとは、それを構成する対象の基本的物理属性が、不確定性関係によって表現されるある幅の範囲でしか確定されない、ということを意味するのである。

量子力学において使用される「対象」概念とは、その状態と属性に関してこうした限定された条件しか満たさないようなものであり、我々が慣れ親しんでいる日常的あるいは古典力学的な対象概念とは大きく異なる。そこで「対象」や「粒子」という言葉が用いられても、それが表わす概念はこうした非古典的なものである。そして「対象」という基本概念から派生する、「属性」、「観察」、「測定」という諸概念も、量子力学内部においては「対象」概念の非古典性を反映した非古典的なものになら

ざるを得ない。量子力学のこうした概念的状況をボーアは、物理学の非専門家に対して書かれた論文「因果性と相補性の観念について」[64]において次のように極めて厳密に表現している。

量子力学の記述の特徴的性格は、系の状態の表現は、共役変数 q〔例えば、粒子の位置〕と p〔例えば、粒子の運動量〕の対の双方の正確な決定を意味しないということである。実際（1）および（2）であらわされているこのような変数の非可換性により[65]、これらの変数を確定することのできる幅 Δq および Δp のあいだに、相反的関係

$$\Delta q \cdot \Delta p = h/4\pi$$

が成り立つのである。このいわゆる不確定性関係は因果分析の限界をあからさまに示すものである。[66]しかし物理的属性が古典的な仕方で対象化されている状況を記述するのに適した言葉では、この関係を曖昧さなく解釈することはできないということを認識することが重要である。[67]

同じ概念的状況を朝永振一郎は次のように、より直感的にわかりやすく描写している。

物質粒子や光子は、粒子という名で呼んできたが、エーテルが常識的な物質とは非常に異なった何ものかであったと同じように、常識的な粒子とは別の何ものかである。……通常の粒子は、その位

置がばらつきなく定まっておりかつその運動量も同時にばらつきなく定まっている状態を考えることのできるものであった。……しかし、われわれの粒子については、位置と運動量がともにばらつきなく定まっているような状態を考えることができない。

この種のあるものに名前を付ける必要があれば、それを量子的粒子と呼ぶのがよかろう。(68)

このように量子力学は、ボーアや朝永がここで前提としている解釈（いわゆる、標準的解釈）に基づく限り、それ自身の内に古典的対象概念の適用不可能性を概念的に内包しており、この点において物理学を超えた、科学全般に関わる哲学的意味を持っている。というのもこれまでに示された概念的連関によって古典的科学観と古典的対象概念の間には密接な関係があるため、それ自身において後者の適応可能性を否定する理論が科学者に広く受容され、使用されるということは、科学者が持ちうる整合的な科学観に対して大きな影響を及ぼさざるを得ないからである。すなわちたとえ個々の科学者が科学観について意識的に考えなくとも、量子力学を標準的な解釈に従い概念的に理解し、使用することにより、古典的科学観を整合的に抱き続けることが困難になるからである。もちろんすべての科学者、物理学者が、古典的科学観を困難とするような量子力学の解釈に進んで同意してきたわけではない。少なからぬ物理学者、哲学者が古典的科学観と、それと一体となった古典的対象概念を物理学において維持するために量子力学の違った解釈を試みて来たし、現在もそれは続いている。(69)

量子力学の解釈と科学観を巡るこの問題に関して、我々の考察にとって重要なのは、これが二つの複雑な概念系の選択の問題であり、宇宙や実在に関する経験的問題ではないということである。(70)すな

わち、科学観、自然観、量子力学解釈、という相関する三つの概念系からなる複数の複合的な概念系同士の比較と選択の問題だということである。三者は相互に密接に相関し、その一つを決定することは（例えば、古典的科学観の選択）、他の二つに対して大きな決定力を及ぼさざるを得ない。古典的対象概念の現象への完全な適用が困難となるという、これまで経験したことのない状況の出現によって、物理学者、そして哲学者は、否応なくこうした概念的な選択を迫られているのである。古い系のある部分（例えば、古典的対象概念）を保存しようとすれば、他の部分に対して少なからぬ代償を伴う概念的操作を行わざるを得ない。[71] こうしたたえざる概念的トレードオフの中で、どのような概念的選択が総合的に最適なのかという、これまでに人間が経験したことのない課題を量子力学（自然科学）が突きつけているとも言えるだろう。同時にそれは、二つの科学観を巡る対立においていわば初めて、古典的科学観から我々を引きはなそうとする概念的力が働いているということを意味する。

いずれにせよ、科学の歴史自身が形成してきたこうした状況の中で科学という多面的・多層的社会的実践に必然的に限定された役割[72]をもって参加している我々一人一人は、自らの視点に基づき、自らの手でこうした概念的選択をせざるを得ない存在として現在を生きているのである。

2　哲　学

『探究』のウィトゲンシュタインにとって哲学とは、言語の根本的な形式の誤解に発するがゆえに我々に深い不安を呼び起こす問題としての哲学的問題を、言語を誤解しようとする自らの衝動と闘い

ながら、解き、自己を深い不安から解放する行為であった。彼が現実に格闘し、格闘しなければならなかった哲学的問題はすべて、『論考』という哲学的過去において到達した確信の体系が生み出すものであり、この意味で彼にとって哲学的問題との闘いとは、なお現在を規定している自分の哲学的過去への徹底した自己反省の行為でもあった。彼にとって哲学は、この点において徹底して個人的営為であり、自らの内で絶えず生み出される不安の源との闘いであるがゆえに、実存的と呼ぶべき次元を必然的に伴うものでもあった。もし我々が、彼が実践した営みを哲学という活動の範型（パラダイム）と見なそうとするなら、我々は哲学についてそこから何を、どのように学ぶことができるのだろうか。

我々が学びうることはおおよそ二つあるように思われる。第一は、我々自身が何らかの哲学的問題に捕らえられている限りにおいて（もしそうでなければ、我々に哲学は不要となる）、問題の解決を自分の外部や外力に求めるのでなく、実存的次元を伴った自らの思考によって、すなわち自らの存在と思考によって見出すというやり方の手本とすることである。たとえウィトゲンシュタインと哲学的問題を何ら共有していなくても、上記の意味で「哲学的問題」と呼びうるものに我々が捕らわれている限り、我々は彼の思考実践を哲学の一つの見本とみなすことができる。

第二は、彼自身が格闘した哲学的問題を我々が共有している場合で、彼が見出した解決やそこに至る思考の道程は、我々にとって大きな導きとなるだろう。本書で我々が『探究』の解釈的考察の対象としたのは、多くの哲学的問題が扱われる以前の箇所（§§1～133）であった。従ってこの第二の点に関して我々に大きな助けを提供するのは、主として本シリーズ次巻以降において扱われる箇所とな

る。しかしながら本巻で扱った『探究』の考察においても、ウィトゲンシュタインは一つの大きな哲学的問題と格闘していた。それが「理想」あるいは「理念的概念」が我々の言語と概念系において果たしている役割を巡る（誤解に起因する）哲学的問題である。そして我々にとっては、科学理論に登場する理論的概念がまさにウィトゲンシュタインが「理想」と呼ぶものの一例に他ならないがゆえに、科学理論を巡る哲学的問題（「科学理論とは何か？　我々に何を語るのか？」）の解決に対して「理想」の問題を巡る彼の格闘は大きな意味を持つはずのものである。

前節において我々は実際に「理想」を巡るウィトゲンシュタインの考察から学びうる教訓を生かしながら、科学に関する我々の哲学的問題に取り組んだ。前節の考察が示すように、実は科学理論を巡るこの問題は、科学という実践の実態を巡る歴史社会学上の経験的問題でも、科学、知識、理論、といった概念に関わる形式的論理的問題でもなく、我々自身の生と科学の関係という実存的側面をも持つ大きな概念系選択を巡る問題であり、にもかかわらず世界や科学に関する問題として我々に立ち現れている限りにおいてウィトゲンシュタインの言う意味での哲学的問題に他ならない。前節で我々はこの問題を、我々自身を捕えている哲学的問題として、哲学的問題を扱うウィトゲンシュタインの技法と、「理想」に関して彼が示した思考を手掛かりとして、我々自身の思考によって解決することを試みた。

この試みが当初の意図に即して成功するなら、それは一方で科学理論に関する哲学的問題を解き、同時にウィトゲンシュタイン的な哲学の実践例となるはずものである。これが元々非現実的な目標であることは言うまでもないことである。それは文字通りの「理想」でしかない。しかしこうした「理

想」を自らの歩みの目印として掲げることにより、これら二つの課題に対する何らかの手がかりが示せたなら、本書を著わした著者の目的は達成されたことになる。

注

はじめに

（1）イルゼ・ゾマヴィラ編『ウィトゲンシュタイン哲学宗教日記』鬼界彰夫訳、講談社、二〇〇五。

第一章

（1）G. P. Baker and P. M. S. Hacker, *An Analytical Commentary on the Philosophical Investigations Volume 1 Wittgenstein: Understanding and Meaning*, The University of Chicago Press, 1980, p. 1. 引用文は拙訳。なお本注解書第一巻はベーカーとハッカーの共著であるが、第二巻以降はハッカーの単著である。

（2）ウィトゲンシュタインの遺稿（"Nachlaß"）については、本章注13参照。

（3）本書で『哲学探究』の底本としている「第四版」はP・M・S・ハッカーとヨアキム・シュルテによって編集されたが、彼らの校訂と注にはハッカーらのこうした研究が明らかに反映されている。

（4）具体的には一九九三年に公になったいわゆる「コーダー遺稿」を指す。「日記」もここに含まれる。「コーダー遺稿」については本章注16参照。

（5）「青色本」は一九三三～三四年のケンブリッジ大学での講義でウィトゲンシュタインによって学生に対して口述され、謄写版印刷によりコピーが作成され、出席学生に配布されたものである。「茶色本」は一九三四～三五年にウィトゲンシュタインによって個人的に二名の学生（フランシス・スキナーとアリス・アンブローズ）に対して口述されたもので、三部のタイプ原稿が作成された。その後それらを元に多くのコピーが作られ、広く流通す

ることになる。これら二書はウィトゲンシュタインの死後、一九五八年にラッシュ・リーズの編集により出版された。次を参照。R. Rhees "Preface", BB, pp. v-xiv.

(6) G・E・ムーアへの手紙、一九三六年一一月二〇日。Cambridge Letters, p. 283.

(7) ここで、そして本書全般で、『哲学探究』と呼ぶのは、かつて『哲学探究』第一部と呼ばれてきたものであり、ウィトゲンシュタインの遺稿の中でTS227と名付けられたタイプ原稿に基づく書物である。我々がこのように呼ぶのは、「哲学探究」という表題はウィトゲンシュタイン自身がTS227に使ったものだからである。それに対して従来『哲学探究』第二部と呼ばれて来たものの元となったタイプ原稿(TS234)にもともと表題はなかった。本書ではこの原稿を「旧『哲学探究』第二部」と呼ぶ。こうした事から現在では広くTS227とTS234は別の作品であると考えられている。それゆえ現在我々が『哲学探究』と呼ぶものは表面上、二部構造を持っていない。

(8) 注7参照。

(9) BB, p. 77.

(10) MS115, p. 118.

(11) 原語はドイツ語では"Gebrauch", 英語では"use"である。

(12) BB, p. 77.

(13) いわゆるフォン・ライト番号。ウィトゲンシュタインの死後、残された二万ページにもぼる手稿はアンスコム、リーズ、フォン・ライトの三人の遺稿管理人の手にゆだねられたが、それらは後にフォン・ライトによって整理され、体系的な番号が付けられた。MSは手書き原稿を、TSはタイプ原稿を指す。詳しくは次を参照。フォン・ライト「ウィトゲンシュタインの遺稿」(飯田隆編『ウィトゲンシュタイン読本』法政大学出版局、一九九五、pp. 335-374)。

(14) このことについてはラッシュ・リーズの"Preface", BB, p. vも参照。

(15) MS115, p. 292.

(16) 成熟期ウィトゲンシュタインの哲学の形成において最も重要な意味を持つノートであるMS142は、あたかもその重要性に応じるような数奇な運命をたどった。ウィトゲンシュタインの死後、MS142は他の遺稿と共にグムンデンの姉ストンボロー婦人邸に保存されており、フォン・ライトは一九五二年に遺稿調査のため同邸を訪れた際にMS142を確認し、調査した。しかし夫人の死後、一九六五年に再度調査のため訪れたとき、MS142は跡形もなく消失し、彼の「ウィトゲンシュタインの遺稿」には

「（所在不明）」と記され（飯田隆編、前掲書、pp. 345-358)、彼はこのノートが破棄された可能性にすら言及している。その後一九九三年にいわゆる「コーダー遺稿」が公表されたとき、驚くことにその中にＭＳ142が存在していたのである。事の真相は、一九五二年以降にストンボロー婦人がＭＳ142を含む一連の重要な手稿を弟の旧友ルドルフ・コーダー夫妻に遺贈していたのだった。それらはルドルフ・コーダーの死後、子息によって公開され、「コーダー遺稿」と呼ばれるようになった。我々の考察にとってさらに運命的なのは、『探究』成立過程のウィトゲンシュタインの内面を綴った「日記」（MS183）もこのコーダー遺稿に含まれ、一九九三年以前はその存在すら知られていなかったことである。以上のいきさつについては次の二点を参照。Georg Henrik von Wright, "The Origin and Composition of the *Philosophical Investigations*", Georg Henrik von Wright, *Wittgenstein*, Basil Blackwell, 1982, p. 116. イルゼ・ゾマヴィラ「編者序」、『ウィトゲンシュタイン哲学宗教日記』講談社、二〇〇五、pp. 6-7.

（17）ＭＳ142の原稿がいつ完成したかを決められる確たる証拠は存在しないが、当初（すなわち「日記」（MS183）の存在が知られていなかった時期に）フォン・ライトが想定していた時期（一九三六年一二月）よりはるかに遅いことは明らかである。「日記」の記述、および一九三七年九月から新しい原稿が書き始められたという事実から、同年五月から八月の間にＭＳ142は完成した、という推測がなりたつ。フォン・ライトの当初の推測については、次を参照。Georg Henrik von Wright, 前掲書, p. 113.

（18）Cambridge Letters, p. 283.

（19）一九三六〜三七年にウィトゲンシュタインが行った「告白」とその重要性は、いくつもの伝記や概説書で触れられている。例えば、レイ・モンクの伝記はそれに一章を費やしているし（「モンク伝記」pp. 409-433）、飯田隆『ウィトゲンシュタイン——言語の限界』講談社、一九九七、も一節をそれに充てている（同書、pp. 128-132）。

（20）Cambridge Letters, p. 283.

（21）この「告白」の詳細については「モンク伝記」pp. 415-20 参照。伝えられている告白にはいくつかの内容があるが、その中で最も重要（あるいは深刻）なものが、一九二〇〜二六年の小学校教師時代、オッタータールの小学校でクラスの児童に暴行を加え、裁判沙汰になったが、法廷で虚偽を述べた、というものである（ハイドバ

ウアー事件、「モンク伝記」pp. 248–291)。それらに共通するのは、あることについて自分が嘘をついていた、という内容である。我々の考察にとって重要なのは、この部分である。

(22) MS183. 本書ではこのノートを「日記」と呼ぶ。我々の考察にとってこの「日記」は、「茶色本」、「青色本」から『哲学探究』への移行過程に関するウィトゲンシュタイン自身の証言という意味を持つ決定的に重要な文書である。ウィトゲンシュタインの生涯全体を見ても、手稿ノートに日記がまとめて記入された例は、MS183と『論考』執筆期のMSS101～103の二例しかなく、彼の活動において特別な意味を持っていたことがうかがえる。上述のように「日記」はMS142と共に「コーダー遺稿」に含まれていたが、それもこの重要性の反映と解することもできる。邦訳は、鬼界訳『ウィトゲンシュタイン哲学宗教日記』講談社、二〇〇五(この邦訳も「日記」と略す)。

(23) Ilse Somavilla et al. (hrgbn.), *Ludwig Hänsel-Ludwig Wittgenstein Eine Freundschaft*, Haymon Verlag, 1994, p. 136. 引用文は拙訳。

(24) 例えば「ツルツル滑る氷」(PU107) という『探究』の有名なフレーズは、「日記」に先ず登場するのである。「日記」p. 115.

(25)『哲学探究』とその著者はこれまで明らかにこのように扱われていたと思われる。

(26) パウル・エンゲルマン、建築家、哲学者。著名な建築家アドルフ・ロースの弟子。ウィトゲンシュタインとは第一次大戦中、軍隊で知り合い終生の知己となる。ウィトゲンシュタインも建築に参加したストンボロー邸の元々の建築家はエンゲルマンだった。

(27) レクラム社とのやり取りについては、「モンク伝記」pp. 196–7 参照。

(28) "Übersicht" という、後に『探究』のキーワードの一つとなるドイツ語がエンゲルマンによって使われている。「モンク伝記」p. 199.

(29) エンゲルマンの励ましについては、「モンク伝記」p. 199 参照。

(30)「モンク伝記」pp. 199–200.

(31)「モンク伝記」pp. 199–200.

(32) B・マクギネス『ウィトゲンシュタイン評伝』法政大学出版局、一九九四、p. 78.

(33) 同書、pp. 78–9.

(34)「モンク伝記」pp. 299–300.

(35) この「考察」を取り上げたモンク自身は、「この計画

は実現しなかった」と述べている（「モンク伝記」p. 300）。彼の判断は現時点から見ると明らかに誤りであると思われるが、「日記」（MS182）を含む「コーダー遺稿」の存在がまだ知られていなかった時期に下された判断としては妥当である。

因みにマクギネスは、ウィトゲンシュタインの哲学と伝記的事実（人生）の内的相関について論じた近年の論文で、彼にとっての自伝と日記にほぼ同じ意味を認めている。Brian McGuinness, 'Wittgenstein and Biography', pp. 14-15 (in Oskari Kuusela and Marie McGinn (eds.), *The Oxford Handbook of Wittgenstein (pb)*, Oxford University Press, 2014).

（36）一九三一年一〇月一二日。「日記」p. 74.

（37）おそらくこれが、姉ストンボロー婦人を介して「日記」が哲学上の弟子たちにではなく、小学校時代の旧友ルドルフ・コーダーの手にゆだねられた理由であろう。そしてこのウィトゲンシュタインの原意思は、死後四〇年以上「日記」の存在そのものが秘匿されることによって実現されたと言えるかもしれない。

（38）後でも述べることになるが、「日記」前半を読むと自身の真の姿を自分に暴き出すことにさえウィトゲンシュタインが絶望的な困難を感じていたことが分かる。

（39）「告白」までウィトゲンシュタインを悩ませていた罪には、もう一つ小学校での暴行事件に関わるものがある（これには欺きも含まれているが）。一九三七年一月にオッタータールを訪れ、元教え子たちに謝罪したことは、明らかに家族や知人への告白とは異なる意味を持っている。「モンク伝記」第一八章参照。

（40）その実例を知るのに最適なのはローランド・ハットとファニア・パスカルの証言である。「モンク伝記」pp. 417-8.

（41）この文章は暗号体で記されている。

（42）一九三一年一〇月一三日、「日記」p. 76.

（43）ウィトゲンシュタインの「虚栄心」の根深さは、彼の精神がはるかに安定した時期に書かれた『探究』序文においてなお、「こうして私の虚栄心は刺激され、それを鎮めるのに苦労した」と述べられていることからも伺える。

（44）一九三一年五月六日、「日記」p. 66.

（45）ここで「告白を見送った」と述べられているのは、何らかの形でいったん試みた、ということを伺わせる。仮にこうした試行が実際になされたとすれば、おそらくその相手の一人は彼の学生のドゥルーリーだったのではないかと考えられる。ドゥルーリーの回想には「一九三

一年（?）」のこととして彼やムーアへの告白のことが記されているが、この「日記」の記述、および一一月二〇日付のムーア宛の手紙を考慮すると、一九三一年にドゥルーリーに対して告白の予告が何らかの形でなされたが、それは中止され、そのためドゥルーリーの記憶あるいは記録が混乱した、という推測が成り立つ。Rush Rhees (ed.), *Recollections of Wittgenstein*, Oxford University Press, 1981, p. 120. cf. 同書、p. 172.

（46）「というのも私は、全体を外から眺める代わりに、その劇場の観客席に座っているからである」（「日記」p. 77）。cf.「日記」p. 93.

（47）このように、この段階でウィトゲンシュタインは「自己理解のために劇場の比喩を用いる知恵」というべきものを獲得するのだが、その源泉はおそらくキルケゴールであっただろうと推測される。例えば、こうした比喩を用いた考察が初めて出現する箇所は、「私が、いわば、魂の劇場で（キルケゴール）演じていることは、……」と書き出されている。「日記」p. 77.

（48）「日記」p. 77.

（49）この手稿に対してはすでにラッシュ・リーズが「告白」との関連で注目している。ラッシュ・リーズ編、前掲書、p. 174.

（50）一九三二年五月六日、「日記」p. 68.

（51）「日記」p. 66.

（52）我々にとって残っている一つの興味深い問題は、ここで指摘されている書物としての欠点（「まがいもの」「表層に留まる」、「代用品」）が具体的に「青色本」、「茶色本」のテキストにどのように表れているか、である。これは両書の詳細な分析を必要とするもので、ここでは見送らざるを得ない。しかしそれらが最も特徴的に表れている場所を指摘することは難しくない。それは「青色本」では「独我論」を扱っている部分（特にBB, pp. 58-74）、「茶色本」ではいわゆる規則のパラドックス（あるいは「意味のパラドックス」）を扱っている部分（BB, pp. 141-3）である。いずれにおいてもウィトゲンシュタインの思考は、困難の核心を避け、相対主義的な思考において謎を解決するのでなく放置している。独我論については、仮にそれが一つの表現方法への傾向であるにせよ、なぜそれが生まれ、どのようにそれが克服されるべきかが語られない。規則のパラドックスでは、様々な解釈の可能性の中で、我々が「100＋1＝102」ではなく「100＋1＝101」を正しい計算と何故呼ぶのかは語られない（そのように呼ぶべきだとは語られるが）。『哲学探究』はまさにこれら二つの問題の扱いにおいて、

「青色本」、「茶色本」と根本的に異なっている（それぞれ§§243～315、§§198～242で扱われている）。著者の現実の信念や疑問を無視して哲学書という劇場で哲学を演じるのでなく、それらに徹底的に密着して問題をその根底まで、一切の抜け道を許さず突き詰めていることが『探究』という哲学書の特異性である。

(53) 筆者は以上のことを、ウィトゲンシュタインに関する前著（『ウィトゲンシュタインはこう考えた』講談社現代新書、二〇〇三）において全く認識していなかった。それゆえ前著の『探究』に関する叙述は、誤っているとは言えないが決定的に不十分である。

(54) 例えば、BB, pp. 6, 26-8, 44-5 において。

(55) MS157a, p. 46r-MS157b, p. 17r.

(56) これら二つの他に、「哲学論」が『探究』の中で特別な地位を持つことを示唆する小さなヒントがもう一つ存在する。『探究』序文においてウィトゲンシュタインはこの書物が扱う主題を具体的に六つ列挙している。すなわち序文で彼は、「それらは〔この書物の考察は〕、意味という概念、理解という概念、文という概念、論理という概念、数学の基礎、意識の諸状態、など多くの主題に関わっている」と述べている。もちろん「哲学」が「など多くの」という他の主題に含まれていることは論理的には可能である。しかしこの書物が『哲学探究』と題されていること、そして『探究』「哲学論」が「その他多くの」主題とみなされるようなものではないことを考慮すると、ここに「哲学」が挙げられなかった理由は、それが一主題ではなく、書物全体に関わる何か、書物の精神の在り方に深くかかわる何かであると考えるのが自然なように思われる。

第二章

(1)「ウィトゲンシュタインの他の著作」とは『確実性の問題』であり、「方法」とは筆者が「スレッド-シークエンス法」と呼ぶものである。この方法、およびそれを用いた『確実性の問題』の具体的分析については次を参照。鬼界彰夫『ウィトゲンシュタインの思考運動を追う』皓星社、近刊。

(2)『探求』「哲学論」各考察の詳細なソースについては、巻末の付表1を参照。

(3)「MS157a, b」はMS157aとMS157bという連続して書かれた二冊の手稿ノートを指す。

(4)「完成された」とは、ウィトゲンシュタインが作品として完成したと判断した、という意味であり、あるテキストがこうした条件を満たすかどうかの指標は、それを

完成した後、彼が長らく携わった主題の考察を停止したかどうかである。こうした観点からするとウィトゲンシュタインの著作中（その多くは彼の死後弟子たちによって編纂されたものである）「完成された」と無条件に言えるのは、『論理哲学論考』、『哲学探究』、旧『哲学探究』第二部、の三点のみである。

（5）以下に述べる「哲学論」成立過程の一部、すなわちＴＳ227とＴＳ220の関係はBaker & Hacker, 前掲書の「哲学論」の解釈において触れられている。しかし当時ＭＳ142は未だ「再発見」されておらず、「哲学論」の成立過程の全貌は彼らには明らかではなかった。

（6）Georg Henrik von Wright, "The Origin and Composition of the *Philosophical Investigations*", Georg Henrik von Wright, *Wittgenstein*, Basil Blackwell, 1982, pp. 111-136.

（7）大修館全集第七巻、中村秀吉・藤田晋吾訳。

（8）一九五三年にウィトゲンシュタインの遺稿管理人であるアンスコムとリーズによって『哲学探究』は出版された。その際彼らは二つのタイプ原稿ＴＳ227とＴＳ234を合わせて『哲学探究』として出版し、それぞれを「第一部」、「第二部」と名付けた。しかしながら「哲学探究」という名称はウィトゲンシュタインがＴＳ227の冒頭に記したものであり、ＴＳ234に表題は付けられていない。その後の遺稿研究の成果を反映する形で、二〇〇九年に出た『哲学探究』英独対訳底本第四版（Ｐ・Ｍ・Ｓ・ハッカー、ヨアキム・シュルテ編）では、ＴＳ227が『哲学探究』と呼ばれ、ＴＳ234には新たに『心理学の哲学——断片』*Philosophy of Psychology- A Fragment*という名称が与えられた。大多数の読者にとってこの名称はいまだなじみのないものと思われるので、本書ではＴＳ234を「旧『哲学探究』第二部」と呼ぶ。そして本書で『哲学探究』と呼ぶのは、ＴＳ227すなわち旧『哲学探究』第一部である。

（9）ＴＳ220は一三七ページからなるタイプ原稿で、その内容は一六六の節に区切られ、それぞれに1から166までの番号が付けられている。ほぼ同様の内容が『哲学探究』（TS227）では一八八の節に区切られている。

（10）他に二ページにわたる書き直しが一箇所（MS142, pp. 18-19）存在するが、「哲学論」の書き直しとはその規模が比較にならない。

（11）MS142, p. 76の最後の二行は『探究』§89の最初の二行と同じであり、ここに至るまでのＭＳ142のテキストはＭＳ227（そしてＭＳ220）と同じである。

（12）以上については巻末付表2参照。

（13）これらはすべてMS157a, b, MS183, TS213, TS227の相互比較を通じて明らかになったものである。

（14）表2－2参照。

（15）この一連のテキストにはもう一つ日付が存在する。すなわちMS157b冒頭（p. 1r）に「一九三七年二月二七日」という日付が記されている。全テキスト中でこの日付が位置する相対的場所とテキスト全体の分量から、この一連の考察が二月九日に開始され、少なくとも二月末まで、場合によっては三月の相当遅い時期まで継続されたと推測できる。

（16）この一連の考察の最初の段落のテキストは次のとおりである。『探究』§89第二段落と比較せよ。

一九三七年二月九日

というのも、それ〔論理（学）、を指すと推測される〕へと駆り立てた興味とは、新たな事実への欲求、自然認識への欲求ではなく、事実の本質、構造――と言いたくなるもの――を理解できるようになりたいという欲求であったのだから。ある重要な意味で私たちがいかなる新奇なものも経験しようとは（すなわち、学ぼうとは）欲しておらず、ただ良く知られたものを理解することのみを欲していたということが本質的だったのである。（だが因果関係に即して「理解すること」をではない。）（MS157a, pp. 46r-46v）

（17）MS183, p. 151からp. 164にかけて。

（18）『哲学宗教日記』、p. 115.

（19）MS157b, p. 9r.

（20）TS213（「ビッグタイプ・スクリプト」）はおそらく一九三三年に作成された七〇〇ページ以上に上る大部のタイプ原稿で、ウィトゲンシュタインが一九二九年に哲学に復帰して以来書きためてきた数冊の手稿ノートの原稿を、主題別の数十の章に編集し、更にそれらをいくつかの篇に分けたものであり、その中の一つが「哲学」と題されている。TS213の「哲学」篇全体は、Heikki Nymanの編集により出版され、次にリプリントされた。James Klagge and Alfred Nordmann（eds.）, *Ludwig Wittgenstein Philosophical Occasions 1912-1951*, Hackett, 1993, pp. 158-199. これには次の邦訳が存在する。ウィトゲンシュタイン『原因と結果――哲学』羽地亮訳、晃洋書房、二〇一〇、pp. 75-133. また近年TS213自身も次のような英独対訳版で出版された。Wittgenstein, *Big Typescript: TS213*, C. Grant Luckhardt and Maximilian E. Aue (ed. & trans.), Wiley-Blackwell, 2005.

第三章

（1）『探究』「哲学論」は二通りの方法で前後半に区分できる。第一はテキストのソースに即した区分で、シークエンスa、b、cが前半、シークエンスd、eが後半となる。第二は主題に即した区分で、シークエンスa、bが前半、シークエンスc、d、eが後半となる。第二章の考察では第一の区分を用いたが、第三章以降の考察は第二の区分に基づいて進められる。

（2）例えば『探究』「哲学論」のシークエンスd（§§119〜133）は実質的に「哲学」を主題とするこうした考察集であり、連続した一貫性のある思考を表現しているのではない。

（3）MS157a, 51v.

（4）明らかにウィトゲンシュタインはここで「糸」という比喩によって、様々な考察を一本の糸のように貫く主導的主題を意味している。それは第二章で紹介した「スレッド-シークエンス法」という我々の方法が用いる「スレッド」という概念にほぼ等しい。偶然ではあれこうした比喩の一致は、我々の方法がなにがしかの程度においてウィトゲンシュタインの思考の生理に即したものであると解釈することも可能である。

（5）MS157a, 54v.

（6）節番号の後に付けられたa、b、c、……は第一、第二、第三、……パラグラフを表す。

（7）MS142「哲学論」の構成と『探究』「哲学論」との対応関係については、巻末付表2を参照。

（8）ここで立ち止まった読者は二群に分かれる。立ち止まったものの、突き付けられた謎を解くことをあきらめ、謎を謎としながら前へ進む者達と、謎が解けるまで前進することを拒否する者達である。前者は理解のないままテキストを読み続ける。後者は二度と前に進むことができない（本章で我々が使用したテキスト上の知識や背景的知識を得ない限りは）。これが、『探究』が謎として現れる典型的局面である。

（9）「論理的考察」（PU89）、「文法的考察」（PU94, 149）。このように『探究』のウィトゲンシュタインはこの意味で「論理」という表現を使うよりは、それを「文法」と呼ぶことが多い。おそらくその理由は、「論理」という言葉に対する狭義の「論理」からの引力があまりにも強すぎるからであろう。

（10）PU23での『論考』への言及がその象徴である。

（11）それはPU26〜64でなされる。

（12）「ここで我々は、以上の考察すべての背後に存在する大きな問題に突き当たる」（PU65）。

(13) PU65-67.

(14)「茶色本」は明らかにここで立ち止まっている。第一部で「言語ゲーム」という概念を駆使して考察を進めながら、62（BB, p. 112）以降「茶色本」は「言語ゲーム」という概念にとって核心的な意味を持つ「規則」、「規則に導かれる」という概念の探究を行うのだが、その最終的な結論は、これらの概念は家族的類似性を通じて構成されており厳密な定義は不可能で、具体的な個別例を通じてしか規定できない（BB, pp. 124-5）というものであり、我々が「あいまいな勝利」と呼ぶものに甘んじている。この状態を『探究』は後に、「論理に対して厳密さを値切る」（PU108）と表現する。

(15) MS142, §121, pp. 109-110.

(16) こうして『探究』はその特異性と魅力により読者に必然的に「哲学における文体」という重大な問題を提示する。我々が『探究』の文体を特異と感じるのは、哲学における定型的文体に我々が浸りきっていることの印である。それはアリストテレスに始まる論述的文体である。しかし『探究』の問題提起を受けて哲学史を今一度振り返るなら、哲学は決してアリストテレス的文体において一貫して営まれて来たのでないことが直ちに明らかになる。簡単に列挙するだけで我々は論述的文体以外に、前ソクラテス期に支配的であった詩的文体、プラトンの対話篇、アウグスティヌス『告白』―デカルト『省察』の一人称文体、ニーチェのアフォリズム文体、そして『探究』の多声的文体、を挙げることができる。『探究』の例が如実に示すように、これらの文体の相違は同一内容を違って表現する修辞上の相違ではなく、語られる思想とそれを語る行為の内在的関係に基づくものであり、『論考』と『探究』の例が示すように文体の相違は思想の根源的相違を示す。哲学の理解にとって哲学的文体論は不可欠な課題であり、それが『探究』が我々に教えることである。

(17) 言うまでもないことだが、このことはこの主題がウィトゲンシュタイン理解にとって重要でないことを意味しない。むしろその逆である。しかし話の主線をたどる上で、この重要なわき道に入ることが弊害となるだけの話である。時として街道より脇道がより重要であるというのが、典型的なウィトゲンシュタインのテキスト構造である。「我々の考察の想起性」という主題は本章3-2、4-3および第四章3-4で改めて論じる。

(18) ここで「誤解」と呼ばれているのは、『論考』で次のように述べられている「混同」を指すものと考えられる。

　日常言語では同じ語が異なった仕方で表現をする

——つまり同じ語が異なったシンボルに属する——ことが極めて多い。あるいはまた、異なった仕方で表現する二つの語が外見上は同じ仕方で命題中に用いられることも。

たとえば‘ist’（……である、……がある）という語は、繋辞として、等号として、あるいは存在の表現として用いられる。「存在する」は「行く」のような自動詞として一括され、「同じ」は形容詞として扱われる。‘etwas’（何ものか、何ごとか）という語で我々は何かある対象についても語り、また何かあるできごとが起こると語ったりもする。……（3.323）

かくして最も基本的な混同が容易に生じる。（哲学の全体がこうした混同に満ちている。）（3.324）

（19）こうした『論考』の目的については、「序文」の「本書は哲学の諸問題を扱っており、そして——私の信ずるところでは——それらの問題がわれわれの言語の論理に対する誤解から生じていることを示している」という言葉の他に、4.003、4.112を見よ。

（20）『論考』のこの核心的内容は次の諸命題によって表現される。

世界を写しとることができるのは、論理像である。（2.19）

像は写像されるものと写像の論理形式を共有する。（2.2）

事実の論理像が思考である。（3）

思考とは有意味な命題である。（4）

命題の総体が言語である。（4.001）

（21）言語と思考に関する『論考』の形而上学が、結果としてここで言う意味での科学基礎論を提供するばかりでなく、そうした科学基礎論を提供すること自体がウィトゲンシュタインが『論考』を執筆した目的の一つであったと考えられる。それはフレーゲが『算術の基本法則』を執筆した目的が妥当な数学の基礎を提供することだったのと軌を一にしている。ウィトゲンシュタインのこうした潜在的意図は、「思考」、「命題」を規定する次の一連の命題において、自然科学の論理的（あるいは形而上学的）規定として、「真なる命題の総体」という表現を与えていることから明確に読み取れる。これらの命題群が『論考』の科学基礎論を形成する。なお『論考』と科学の関係については第五章で改めて論じる。

世界は事実の総体であり、ものの総体ではない。（1.1）

事実の論理像が思考である。（3）

真なる思考の総体が世界の像である。（3.01）

思考とは有意味な命題である。（4）

真なる命題の総体が自然科学の全体（あるいは諸科学の総体）である。（4.11）

(22)『探究』「哲学論」の考察においてウィトゲンシュタインが正そうとしている『論考』の誤りが、我々がここで「論理の世界性」と呼ぶものであることは、こうした一連の考察のソースであるMS157bにおいて、そうした考察の真っただ中で記されているウィトゲンシュタイン自身の次の言葉からも確認できる。

論理はある仕方で「世界の本質」を示しているという観念は消滅しなければならない。（MS157b, p. 3v）

(23) 改めて言うまでもないことだが、「命題」も「文」もドイツ語では“Satz”という語で表され、ドイツ語にとって両者に明確な区別はない。このことが『論考』の「命題と思考の形而上学」の発生の一つの背景である（しかし決定的要因ではない）。

(24) 思考はこのように抽象的であるが、同時にそれは具体的でなければならない。なぜなら思考が世界（そしてその中の諸事実）と直接に結びつくことによってのみ、思考の記号表現としての命題（文）が世界の論理像となるからである。それゆえにこそ『論考』5.5563で論理的問題の具体性が強調されたのであり、この核心的思考を批判するために、以下本文で見るように『探究』はこの命題をPU97で名指しで批判するのである。

(25) 観念や表現が、我々がそれと世界全体を結び付けるとき「崇高」となる（「崇高」とみなされる）事に関しては「日記」の次の文を参照。「我々は破壊と変化を要素の分離と組み換えとして描写したがる。今こうした観念を崇高なものと呼ぶことができよう。我々が世界全体をそれを通じて見ることにより、それは崇高となるのである。」（MS183, p. 163）

(26) 本章注21参照。

(27) PU95で言及される「否定的思考のパラドックス」とも呼ぶべきものは、思考と命題が単に我々の頭の中で考えられた絵にすぎないのでなく、世界と論理形式を共有し、それゆえ世界のそのままの写し絵となりうるのだ、という『論考』形而上学の要請から生まれる問題である。それは世界に「否定的事実」は存在しないのに、言語に「否定的命題」が存在するという事実に起因する。ある文が否定を含むか含まないにかかわらず、それが真だと意味して主張するとき、『論考』によれば我々はある事態の存立を主張している（「事態はしかじかであると述べそう意味するとき、我々は自分の意味したことにより、事実の手前に止まることは決してない」PU95）のだが、実際に世界に存在する対象に起こっている事態（それを

我々が描写する方法ではなく）とは、「三人の人間がここにいる」とか「一〇〇リットルの空気がここにある」といった肯定文で表現される事態ばかりであり、否定文を用いて我々が「しかじかの事態が存立している（例えば「サイはここにいない」）」と主張するとき、我々がいかなる事態の存立を主張しているのかが（『論考』の説明では）全く不明確なのである。にもかかわらず現実に我々は否定文を肯定文と変わらず普通に使っている。一般にパラドックスとは、それが生み出される描像（理論）がいかに素晴らしくとも、そこにはある根本的な概念的問題が存在することを我々に告げるカナリヤの如きものであり、「否定的思考のパラドックス」は『論考』という体系に根本的な問題が内包されていることを示す矢印の如きものである。『探究』のウィトゲンシュタインは体系内でこの問題を別の問題に変換するのでなく、その根本的な意味を受け止めようとしているのである。矛盾の哲学的意味についてはPU125において再度立ち返ることになる。ウィトゲンシュタインは『論考』に至る考察のかなり早い時期にこのパラドックスに遭遇していたと思われる。この点については次を参照。飯田隆『ウィトゲンシュタイン――言語の限界』講談社、一九九七、pp. 67-74.

(28) 一九二九年一二月一三日の日付を持つ次のテキストも参照、「言語の本質は世界の本質の像である」(MS 108, p. 1)。このテキストは『哲学的考察』に再録されている。『哲学的考察』奥雅博訳、大修館全集第二巻、一九九〇、p. 99.

(29) この文に関しては次の奥訳に拠った。『論理哲学論考』奥雅博訳、大修館全集第一巻、一九九〇、p. 95.

(30) ラッセルの「序文」と『論考』の「理想言語」に関する見解の相違を最初に指摘したのはラムジーである。cf.「モンク伝記」p. 231.

(31) 『論理哲学論考』奥雅博訳、大修館全集第一巻、p. 4.

(32) このテーゼの核心部の『論考』と『探究』の表現は次の通り。「論理的に完全に順調 logisch vollkomen geordnet」(『論考』5.5563)、「問題がない in Ordnung ist」(PU98)。

(33) その描写はPU97において示された。

(34) 我々にとってそれらのより自然な呼称は「理論的概念」であろう。このことは「哲学論」における「理想」に関する考察が、我々が「理論的概念」と呼ぶもの（それは科学において大きな役割を果たす）に直接関係することを意味する。「哲学論」での「理想」に関するウィトゲンシュタインの考察が科学哲学に直接的かつ重大な

関連を持つのはこのためである。

（35）「単純記号へと分析可能であるという要請は、すなわち、命題の意味が確定していることの要請にほかならない」（『論考』3.23）。

（36）本章4－3で主題的に述べるように、これは「意味の確定性原理」と呼ぶべきものである。

（37）PU99の「境界線」への言及は、概念の厳密さに関するフレーゲの主張への間接的な言及であり、同様の言及はPU71でもなされている。フレーゲ『算術の基本法則』第二巻、§56参照。cf. Baker & Hacker, 前掲書, pp. 143, 208.

（38）BB, pp. 124-5.

（39）『探究』「哲学論」の考察がさらに進行するにつれ、今度は比喩が誤りを生み出す作用が大きな主題として登場する。従って「哲学論」で比喩は、その自己解放作用と誤りへの誘惑作用という相反する二面に関して重要な主題として存在している。

（40）繰り返し述べたように、「言語ゲーム」という概念を通じて『論考』の言語の機能に関する理解の狭さを克服することと、記述的言語の内的論理構造についてこのようなヴィジョン（理論的幻覚）を持つことは両立する。例えば、過去三〇年にわたり生成文法において「LF（論理形式）」という概念は理論の中心を占めるものであり、それは『論考』の「論理形式」という概念を様々な付加的概念（自然言語固有の様々な量化子、意味役割、等）により拡張したものと解釈できるが、今日言語学者がPU101やPU102のヴィジョン（理論的幻覚）を肯定するような立場を取っても何の不思議もない。もちろんそうした理論的ヴィジョンを持たないことも可能である。『論考』的な論理形式の理論的ヴィジョンが「言語ゲーム」的な言語機能の多様性の認識（それは語用論の基礎となる）と両立するが誤っていることをウィトゲンシュタインは示そうとしているのである。

（41）この幻覚はMS142では「光学的錯覚」と呼ばれている。MS142, §§125, 126, p. 115. 巻末付表2参照。

（42）ベーカーとハッカーは事実このことに多大な努力を払っており、彼らの考察は少なからぬ意味を持っているが、彼らは結局最終的解釈を確定できずにいる。Baker & Hacker, 前掲書, pp. 213-6.

（43）MS142, pp. 110-116. これはTS220, §§107-110に等しい。ベーカーとハッカーは彼らの解釈において、'PPI'という略号で表されたTS220を駆使している。当然のことながら当時はまだ発見されていないMS183の内容は彼らの解釈に全く反映されていない。本研究に客観

的意義あるいはベーカーとハッカーの解釈に対する優位性があるとすれば、それは『探究』「哲学論」の解釈にMS183の関連部分の内容を全面的に反映させていることである。『探究』最終稿から大半が削除されたMS142§122〜127各節の内容の要約が巻末付表2に収められているので参照されたい。

(44)「理想に関する誤解」について書かれたPU104、114、131はいずれも元々はMS142の当該部分の一部を構成していたものであるが、その最終的なソースはPU114のみがMS142であり、PU104、131はMS157a、bにまで遡る。

(45)「日記」一九三七年二月八日の内容については、表2-4を参照。

(46)ここで改めてNRGa、b、cと命名したテキストは表2-4の§7、§8、§9である。

(47)理想誤解に関してMS142ではもう一つ別の「眼鏡」の比喩も用いられており、それは、理想幻覚とは我々が掛けている眼鏡に描かれた絵だ、というものである。この比喩は『探究』の最終原稿からは削除されている。

(48)これらの節の読解は第四章で行われる。MS142, §125, p. 115（TS220, §110 に相当)。付表2参照。

(49)この点はすでにPU59で触れられている。

(50)それは今日古典力学を使用する者（例えば、人工衛星の打ち上げに）が、（相対論や量子論の存在を考慮して）それに「近似的な理論」という留保を付す必要がないのと同じである。

(51)ファラデー『ロウソクの科学』竹内敬人訳、岩波文庫、二〇一〇、p. 77.

(52)この概念そのものの起源はTS213期の考察にあると考えられる。当時のこうした「像」概念の使用例としては次の箇所を参照。MS104, p. 224（TS213, p. 422); MS110, p. 38（TS213, p. 427); MS110, p. 39（TS213, p. 428); MS108, p. 32（TS213, p. 428); MS105, p. 211（TS213, p. 433); MS108, p. 205（TS213, p. 434).

(53)PU59.

(54)PU309.

(55)すでに述べたようにこの比喩の起源は「日記」（一九三七年二月八日、MS183, p. 164）であり、論理と理想を巡る一連の考察のオリジナルな生成過程において生まれたものである。すなわちそれは既存の思考をより巧みに表現するレトリックの一環として生まれたのでなく、未知の思考が紡ぎ出される中で、そうした思考の必然的表現として内発的に生じたのである。言い換えるならウィトゲンシュタインの思考とその表現過程において、この表現の出現は一種の哲学的詩作と考えることができる。

（56）ＰＵ107後半のソースであるＭＳ152では「ザラザラした大地へ戻れ！」の代わりに、「現実の／具体的な／例へ戻れ！」となっている。MS152, p. 84.

第四章

（1）より厳密にはMS157a, p. 46rからMS157b, p. 17vに至る、形式的にも内容的にも連続したテキスト。このテキスト（今仮にそれを「ＭＳ157哲学論」と呼ぶ）の少なくとも大半（おそらくはすべて）がノルウェー滞在中（それは少なくとも一九三七年四月三〇日まで続く）に書かれたことは、MS157b, p. 1の「一九三七年二月二七日」という日付から知ることができる。

（2）PU121, 125, およびPU122a第一、二文。それぞれのオリジナル・ソースについては付表1参照。

（3）TS213, pp. 406–435.

（4）一九三〇年四月から一九三一年一月。

（5）この推測については本章第3節で再度検討するが、これに対する間接的ではあるが有力な傍証がウィトゲンシュタインの手稿ノートに残されている。それはMS157b, p. 13vに書き記された、それ自身では意味不明な一七個の三桁の数字の縦列である。おそらく意味不明と編集者が判断したため、WNBEEの普通版テキスト（normalized version）からこのページは削除されている。それゆえ文献学版（diplomatic version）か写真版に当たらなければこの数列を見ることができないし、またその存在を知ることすらできない。このページは、ＭＳ157「哲学論」において『論考』の錯覚に関する考察と理想誤解に関する考察の後に続く、来るべき哲学の姿に関する考察の後半に位置しており、この数列が他ならぬこの場所に書き込まれたということに意味があるとすれば、この数列は進行中のウィトゲンシュタインの思考と内在的な関係にあると考えられる。この数列を構成する数を具体的に見れば、一つのありうる意味が浮かび上がってくる。このページに縦に並べられている一七の数は次の通りであり、最初の二つの数の左には“s”の文字が、最後の数字の右には“Ende”という語が記されている。

s409, s410, 411, 412, 413, 415, 416, 417, 418, 419, 420, 421, 422, 424, 425, 430, 431Ende

一見すると意味不明なこの数の列は、“s”をドイツ語のページ数記号（“Seite”）と解釈し、ＴＳ213のページ数を意味すると解釈するなら、その意味は明白であるように思われる。なぜならこれらのページ数はすべてＴＳ213「哲学」篇（pp. 406–435）に含まれており、その一七のページの中の一三から実際に何らかの「考察」がＭＳ142

または『哲学探究』の「哲学論」に採用されているからである。つまりMS157b, p. 13v の数列は、ノルウェーにおける哲学的自己省察がおおむね完了し、それに基づいて哲学の新しい姿についての考察をほぼ終えつつあるウィトゲンシュタインが、その手稿（MS157a, b）に基づいて『哲学探究』の第一草稿（MS142）を作成する際に、TS213にまとめられているかつての哲学論の中から、新たな原稿に組み込むべき「考察」が含まれているページ数をリストアップする目的で書かれたものだと考えられる。もしこの推測が妥当であれば、この数列はもう一つ重要なことを我々に伝えている。すなわち自己の決定的な書としての『哲学探究』を執筆するため一九三七年長期にわたりノルウェーに独居していた際、ウィトゲンシュタインはTS213を自己の執筆のための資料として携行していたということである。この事実は彼の独特のテキスト制作のプロセスの具体像を我々に垣間見させるものである。

（6）より厳密に言えば両者が大きく異なっているのは『探究』の§§111～133に相当する部分である。

（7）両者の詳細な対応関係については、巻末の付表1、2を参照。

（8）最終版バージョンで書き加えられたのは§§117、123、125および§133の後におかれた欄外注の四考察である。それぞれのソースについては付表1参照。

（9）この書き替え作業により最終的に現行『探究』（TS227）「哲学論」の内容と形に落ち着くまでに、ウィトゲンシュタインは中間的なタイプ原稿を作成している。それがTS238であり、TS220のpp. 77–93を書き換えたものである。これは範囲としてはPU110～133に対応するものであるが、最終稿からは削除されるテキストをかなり含むなど、最終稿とはなお大きく異なっている。Baker & Hacker, 前掲書はこれをPPI(A)と呼んでいる。

（10）このように「哲学論」後半を解釈する際の補助テキストの底本として、MS142とTS220のいずれを用いることもでき、両者に大差はないが、本書ではMS142を用いる。それは戦前版内部での書き替えの複雑な手続きの痕跡と、最終版バージョンへの移行に際しての書き込みと見られるものがMS142には残されており、ウィトゲンシュタインの編集意図を推測する材料となるからである。ベーカーとハッカーは、MS142がまだ行方不明となっていたという状況下で当然のことながら、我々と同じ目的のためにTS220を使用し、それに対して「PPI」という略号を与えている。Cf. Baker & Hacker, 前掲書, pp. 227–247. 削除されたテキストの内容については付表2

参照。

(11)「思考は何か比類のないものでなければならない」(PU95)という表現も、「思考」概念に対する『論考』精神の同様の思想感情を表現している。

(12)このことはＭＳ157の反省的考察において、『論考』の意味概念、理解概念と決定的に決別する場面で、「理解における心的なもの(Das Pneumatische)が完全に消滅し、それによって意味についての心的なものが消滅した」(MS157b, p. 5v)と語られていることによっても裏付けられる。「心的な」の同様の使用については次も参照。MS113, p. 43v, MS130, p. 3.

(13)『論考』4.0031参照。この種の「説明」は、『探究』の立場からも一定の意義を持っている。現象の本当の姿の描写(『論考』ではこうした意味を帯びていた)ではなく、ある現象を我々に理解させる手段という意義である。ＰＵ90の「それ故我々の考察は」から始まる第二段落と第三段落は、『探究』から見たそうした説明の役割の描写だと考えられる。

(14)それは『探究』「哲学論」前半においては「超概念間の超秩序」(PU97)と皮肉を込めて呼ばれた。

(15)新しい哲学が記述的であり、理論的説明を放棄するということは、サブシークエンスd3のテーマである。特にＰＵ124、126はこの考えを強く述べている。このことは哲学の記述性という『探究』のテーゼは、ビッグ・タイプスクリプトの時期(一九三〇～一九三一)にまで遡る、ということを意味する。

(16)『論考』の次の記述を参照。「ある思考が真であるとアプリオリに知りうるのは、ただ思考自身から(比較対象なしに)その真理性が認識されうるときだけである」(3.05)、「論理がアプリオリだというのは、論理に反しては思考不可能ということに他ならない」(5.4731)。

(17)『論考』、「序文」参照。

(18)したがってそれは言語使用の言語学的記述というよりは、様々な宗教的言説、例えば福音書の様々な喩えに近いものである。「人はパンのみにて生きるにあらず」という言葉に影響を受ける人間は、それによって何か今まで知らなかった事実を知るわけではない。自らの見方、あり方が転換するきっかけを与えられたのである。

(19)『論考』の「文法的錯覚」の具体的中身はすでにＰＵ96において与えられている。それは、言語、思考、世界に共通したアプリオリな秩序の信奉、すなわち論理の世界性への信奉である。

(20)この描写がアフォリズム的文体でなされていることによって、テキストは難解で印象的なものになっている

が、そこには注18で触れたような理由が存在する。すなわち新しい哲学が行う記述の目的は、対象を詳細に描写することではなく、読者に自身の魔法を解くきっかけを与えることだからである。それゆえこのテキストは、哲学や論理学の論述よりは、むしろ福音書のイエスの言葉に似たスタイル、すなわち比喩によらなければ不可能な伝達という性格を持っているのである。これは『探究』のテキスト全般について、程度の差こそあれ言えることである。

(21) 我々のこうした考察の順序は、結果的にテキストの成立の順序と同じものになっている。ＰＵ111後半のテキストはＴＳ213に由来するものであり、元の手稿は一九三一年五月三日の日付を持つ（MS110, p. 164）のに対して、前半のテキストは「日記」後半に由来し、日付は一九三七年一月三一日である（MS183, p. 158）。あくまでこれは結果的な一致であり、我々が制作の順序を目安にしてテキストの解釈を行ったわけではない。ただしこの結果は、『論考』や『探究』といったウィトゲンシュタインの完成原稿において叙述の順序と思考の順序が必ずしも一致しない大きな要因が、確定した手稿を並べ替えることにより完成原稿を作るという彼特有の編集過程であることを示唆している。

(22)『論考』の根本的誤りが意識されて以降のウィトゲンシュタインの「哲学論」（すなわち哲学的自己省察）に「不安」という概念が初めて登場するのはＴＳ213（「ビッグ・タイプスクリプト」）期である。ＴＳ213の「哲学」と題されたテキスト群には、この概念が頻繁に、しかも重要な文脈で登場し、徐々に形成されつつある新しい哲学像にとって極めて重要な意味を持っていたことがわかる。『探究』「哲学論」で登場する「不安」に関わる三箇所の叙述（PU111, 112, 125）は、明らかにそうしたＴＳ213期の考察をベースとして形成されたより熟成された思考を表現している。

(23) MS142, §124, p. 114.

(24) MS142, §124, p. 112.

(25)『論考』4.5参照。『論考』のこの根本規定は、ＰＵ114でそのまま引用される。

(26)『論考』的言語理解をベースとした二〇世紀の「言語哲学」において続いた「指示」を巡る哲学的議論は、こうした「状態」の典型であると言えるだろう。

(27) これら二つの概念はＴＳ213の「哲学」篇の考察にたびたび登場する。それらが当時のウィトゲンシュタインの思考にとって持っていた重要性は、章の表題においてそれら、あるいはその関連語が用いられていることが示

している。例えば、第八七章の表題は、「哲学は我々の言葉の使用の中の誤解を招きかねない比喩を指摘する」であるし、第九一章の表題は「我々は実生活において哲学的問題に出会わない（例えば自然科学の問題のように）。ただ我々が文の形成において、実践的目的でなく言語のある比喩に導かれるときにのみ、我々はそれに出会う」であり、第九三章の表題は、「我々の言語の形式の中にある神話（（パウル・エルンスト））」であるが、この章で実質的に論じられているのは、今我々が語っている意味での「像」についてである（本注の傍線はすべて引用者）。

(28) これら三つの命題は、MS142, §123冒頭で次のように示されている。

当時私は（『論理哲学論考』で）、「要素命題」は名の連鎖であると述べた。名には対象が対応し、命題には対象の複合体が対応すると。(MS142, p. 112)

これら三命題は『論考』4.22, 3.203, 2.01 および 4.023 で提示されている。

(29)『論考』の誤りと「哲学的問題」の本質を巡るこの一連の考察でウィトゲンシュタインが「言語の中に取り込まれている比喩」として具体的に念頭に置いていたのが「像」という比喩であるという想定の妥当性は、ＭＳ142の次の叙述からも知ることができる。

我々の言語という構造体にある比喩が属している。しかし我々はそれからどんな結論を導くこともできない。それは我々を、それ自身を超えたところへは連れて行かない。それは比喩としてそこに止まらなければならない。――そこから我々はどんな結論も導けない。我々が命題を像に喩える場合（そこでは実際、「像」ということで何が考えられているのかが、すでに早くから我々の中で定まっていなければならないのだ）、あるいは文の使用、文を使った操作を、計算の使用、例えば掛け算に喩える場合、事はこうなのである。

(MS142, §117, p. 108)

(30) この例文はウィトゲンシュタイン自身がMS142, §124, p. 112で用いているものである。

(31)『論考』における像の条件としての写像関係については、『論考』2.151, 2.1513 参照。

(32) このように、比喩に由来する理論的概念が目の前に実在するものであるかのように見ている（と錯覚する）状態は、ＭＳ142で「光学的錯覚」と呼ばれている。MS142, §§125, 126, p. 115.

(33) この錯覚は自然科学（あるいは社会科学）においても頻繁に起こりうる。ある領域の様々なデータや複雑な

規則性を統合的に理解するために科学は「モデル」を使用するが、その本質は比喩である。すなわち未知の複雑な現象をなじみ深い事例に喩えることにより科学者は理解を得る。従ってそれに合致あるいは類似しないものが存在することは、それが比喩的起源をもつがゆえに当然のことである。

（34）『論考』を生み出しつつあったウィトゲンシュタインによるこの「発見」体験はテアトル・ド・アナールの演劇『従軍中のウィトゲンシュタインが（略）』（作・演出、谷賢一）において、第一次大戦の塹壕戦における劇的な出来事として再現されている。

（35）「ツルツル滑る氷の上」という比喩表現と、本文で引用した「日記」の記述はともに一九三七年二月八日の日記に登場するものである。

（36）こうした「原型」を用いた理想誤解の解消は、実は『探究』においてすでに実践されている。ＰＵ57で世界の諸現象を単純者（対象）とその複合、結合の変化として捉える『論考』の疑似原子論的世界観（「対象とは不変なもの、存在し続けるものである。対象の配列が、変化するもの、移ろうものである」（2.0271））の相対化、脱神秘化が行われているが、そこではこのまさにこの理念の原型が日常的現象の中に見出されている。

（37）ＰＵ112の解釈に際して我々が行った比喩の働きに関する考察は、「原型」という概念によってより明確に表現できるものである。

（38）TS213, p. 411; MS112, p. 115v.

（39）『論考』という古いなじみの構築物を破壊しながらも、それに代わる新しい思想を見出せないために価値的なよりどころを失ったウィトゲンシュタインの精神の荒涼とした絶望感を、この時期の日記は表面上客観的な形で（あたかも他人事のように）記述している。それは自己の絶望を（いまだ）直視できないが故の疑似客観的記述である。

確かに人はかつて住み慣れた家々が瓦礫の山となったその跡にも住めるはずだ。だがそれは困難である。自分では気づかなかったにもかかわらず、やはり人は部屋の暖かみとくつろぎに喜びを見出していたのである。しかし廃墟をさまよっている今、人はそのことを知る。

今や精神のみが暖めてくれること、そして精神に暖められることに自分が全く慣れていないことを人は知るのである。（一九三一年一一月七日、MS183, pp. 118-119,「日記」pp. 85-86.）

（40）MS157b, p. 17r.

（41）そうした体験の一つの頂点をなすのが一九三七年二

月二二日の記録であり、ＰＵ118後半のテキストはそれ以降に生み出されている。ここにウィトゲンシュタインの実存上の転換と哲学的思考の転換の相関を見ることができる。Cf.「日記」pp. 134-137, MS183, pp. 196-202.

日記のこの記録の中でも特に印象的な次の記述は、世界の根本的な価値転換に関わるものであり、ＰＵ118と深いところで通底するものである。

人間はおのれの日常の暮らしを、それが消えるまでは気がつかないある光の輝きとともに送っている。それが消えると、生から突然あらゆる価値、意味、あるいはそれをどのように呼ぶにせよ、が奪われる。単なる生存――と人が呼びたくなるもの――がそれだけではまったく空虚で荒涼としたものであることを人は突然悟る。まるですべての事物から輝きが拭い去られてしまったかのようになる。すべてが死んでしまう。……（一九三七年二月二二日、MS183, pp. 198-199,「日記」p. 135）

(42) 本書第二章で示したように、この根本的な変化の始まりが一九三六年一一月から翌年一月にかけて彼が知人・家族に対して行った「告白」である。この告白の時期は日記が再開された時期でもある。日記再開後二日目に書かれた次の記述は、その時のウィトゲンシュタインの精神が一九三一年当時の荒涼とした絶望感からすでに脱したことを示している。それは新たな歩みを注意深く始めようとしている自分に対する希求と励ましの言葉である。

告白を一つ終えた今となっては、嘘でこしらえた建物全体を維持することはもはやできないかのように思われる。それは完全に壊れなければならないかのように思われる。すでにそれが完全に倒壊してしまっていたなら、どれだけよいだろうか！　そうすれば草原と瓦礫の上に太陽が輝くことができるだろうに。（一九三六年一一月一〇日、MS183, p. 143,「日記」p. 102）

(43) こうした例外はＰＵ120、122である。

(44) PU121, 125.

(45) MS108, p. 31, TS213, p. 417.

(46) MS114, p. 14v, TS213, p. 422.

(47) ソースは、MS108, p. 247, TS213, p. 425.

(48) ソースは、MS112, p. 118v, TS213, p. 415.

(49) 日記での自己省察を通じて彼が自らを新しい信仰へと導いてゆく過程の記録が一九三七年二月一三日から二四日までの記入である。「日記」pp. 116-140; MS183, pp. 166-207.

(50) 日記一九三七年二月八日の記入に見られる哲学的考

察。すでに述べたように、この考察は「『論考』の根源的誤りの本質は理想誤解である」という『探究』の成立にとって決定的な意味を持つ思考の原点である。このテキストを本書第三章ではＮＲＧ（日記理想誤解論）と呼んだ。「日記」pp. 114-115; MS183, pp. 162-164.

(51) MS157a, p. 46r-MS157b, p. 17v.

(52) 一九三一年一〇月一三日、MS183, p. 102,「日記」p. 76.

(53) 一九三一年五月六日、MS183, p. 88,「日記」p. 68.

(54) ＴＳ213「哲学」のテキストの一つでウィトゲンシュタインは次のように、哲学者を苦行者に喩えている。

……

——哲学的不安とその解消の特異さは、次のように喩えられるかもしれない。その不安とはいわば苦行者が立ったまま呻吟しながら背負っている重い球であり、ある人が「それを降ろしなさい」と言って彼を救済するのである。……（TS213, p. 416, MS112, p. 119v）

(55) これはＴＳ213以外に「青色本」や「茶色本」を含む時期であり、「中期」と呼ばれることもある。

(56)『論考』2.0271. すでに述べたように、これは『論考』固有の「形式（見方）」ではなく、古代原子論から現代素粒子論に至るまで、多くの世界観の核となった形式である。

(57)『論考』的言語観から『探究』的言語観への移行に際して、『探究』で用いられている様々な比喩がウィトゲンシュタインの思考で決定的な役割を果たしたであろうことは想像に難くない。本章第5節も参照。

(58) これ以外にもシークエンスｄでは、ＰＵ120、128が哲学の記述性について語っている。

(59) 本章３－２のＰＵ119、123に関する考察を参照。

(60) このテキストのオリジナルソースはMS157b, 157. pp. 15v-16rであり、それはＭＳ157ａ、ｂで展開された哲学的自己省察の記録の最後部に位置する。それゆえＰＵ131に示された思考は、『探究』「哲学論」を生み出した思考運動が最終的にたどり着いた地点を表現していると考えられる。

(61) この「独断主義」の原型をプラトン（「理想（イデア）」こそが本当に存在するのだと考えたプラトン）に認めるとき、我々はそれを「プラトニズム」と呼ぶ。ウィトゲンシュタイン自身はこの言葉を使っていないが、プラトンを哲学史上の理想誤解の例と考えていたことは、ＭＳ157に残された「名」と「命題」に関する理想誤解の考察の中で次のような形でプラトンに言及していることからうかがえる。第三章で我々が誤解が生まれるプロセ

スを「プラトン過程」と呼んだのも、ウィトゲンシュタイン自身によるこの言及に基づいている。

理想的な名は次のように機能すべきものである、「この名にはこれが対応する」。そしてこのこれは単純、全く単純でなければならない。

さてなぜ人はこの理想を自分が見るものと対立させるのか。人は自分が見るものから理想を構築する。しかしなぜ人はその上に、この構築物に対応する何かが見つからなければならないと思うのか。というのも確かに私は、それは存在するはずである、我々はそれを探さなくてはならない、と言いたくなる、言いたい誘惑にかられるからである。

……

いったいなぜプラトンでは常に、従ってそこにおいてもしかじかで「なければならない」、という結論が導かれるのか。(MS157a, pp. 58v–59r)

(62) デカルトの二元論的形而上学は、こうした例の、しかもそれが引き起こした誤解の深刻さから特筆されるべき、代表である。『探究』の今後の考察の多くは、デカルトに由来する誤解を取り扱うものであり、いわゆる私的言語論(PU243–315)は中でも興味深いものである。

(63) ただし、こうした哲学観への導入部ともいえる、「描写の形式」、「物の見方」、「世界観」に関する考察はPU122第二段落に存在する。再度引用するならそれは次の通りだが、ソースとなった手稿(MS110, p. 257)は一九三一年七月二日の日付を持つ。

全体を見渡せるような描写、という概念は我々にとって根本的な意義を持っている。それは我々の描写の形式、我々がいかに事物を見るかというその仕方を示す。(これは「世界観」なのか?)(PU122)

(64) 『探究』でこの言葉は数回使用されているが(PU63, 129, 387, 493, 536)、その使用法は二つに大別される。一つは「見方」、「見え方」と訳するのがより適切であるような使用法であり、次に示すものがその典型である。

「雄鶏は鳴き声で牝鶏たちを呼び寄せる」と人は言う。——だがこれはすでに我々の言語との比較に基づいているのではないか? ——何らかの物理的作用によって鳴き声が牝鶏たちを動かしていると想像するなら、見え方(Aspekt)は全く変わるのでないか?(PU493)

もう一つは「側面」、「相」と訳すのがより適切な使用法であり、次がその典型である。

事物の、我々にとって最も大切な相(Aspekt)は単純でありふれているために隠れている。いつも目の前

にあるために、人はそれに気付くことができない。(PU129)

(65) MS142, §§112–134, pp. 104–120. 付表2参照。

(66) MS142テキストにおいてこのパラドックスは§113 (p. 106) に登場し、§114 (p. 107) でその解決法が述べられている。

(67) パラドックス解決のためのこうした方法こそ、PU132で次のように語られていたものに他ならない。傍線は引用者。

この目的のために我々は繰り返し、日常的に用いている言葉の形のために見逃しがちな様々な差異を強調する。そのため、言語を改良することを我々が課題だとみなしているかのような外観が生まれるかもしれない。(PU132)

(68)『論考』3.323, 3.324, 3.325 参照。

(69)『論考』精神がこうした問題に悩まされていたという事実は、PU24で、一般的記述の一部として暗に触れられている。

(70) このテキストはTS213, p. 419に収録されているが、コペルニクスやダーウィンについて語られている最後の括弧内の段落はそこでは省かれている。

(71) PU104, 114, 131 参照。

(72)『探究』のウィトゲンシュタインの思考態度が「唯名論」(例えば、P・チャーチランドらの消去主義的唯物論はその現代的形態とみなせる) と根本的に異なっているのはこの点の認識においてである。

(73) この推測に対する間接的な証拠とみなせるような表現がMS142, p. 103に存在する。このページはMS142「哲学論」の、最終版『探究』と一致する部分 (前半) と、大きく変えられた部分 (後半) の境界となっており、ページの下方、四分の三はバツ印で抹消されているが、その最上部に「[消化されないパン屑には何の価値もない]」という後からの書き込みが存在する。これは、これに続く大幅に変更された部分の冒頭に位置しており、最終版『探究』から削除された部分へのコメントと解釈できる。本文で示した推測は、このコメントが出発点となったものである。付表2参照。

(74) それはPU131とほぼ同一である。

(75) 今考察した理想誤解の「相 (アスペクト)」の比喩に関するMS142の三つのテキストのソースはいずれもMS157である。すなわち§113のテキストのソースはMS157b, p. 14r, §122前半のソースはMS157b, p. 13r, §122後半のソースはMS157b, pp. 15v–16r. 日付はいずれも一九三七年二月二七日以降である。

(76) このテキストは単なる出来事の日記的記述でも、それに基づいた哲学的考察でもなく、哲学的考察により深められた日記的記述・自己省察と言うべきものであり、「日記」後半の記述はほぼすべてこうした性格・スタイルを持つものであり、「日記」前半の叙述とは根本的に異なる。これは後半において初めて本当の自己省察が行われた、という事態の反映である。
(77) 「モンク伝記」pp. 415-420。
(78) MS183, p. 154,「日記」p. 109.
(79) このテキストの「それはすなわち」という言葉は、文の繋がりから言えば破格だが意味上の繋がりから、「英雄を演じないこととは」を意味すると解釈される。
(80) 以上のウィトゲンシュタインの体験と考察は、行為に関わる「理想」の「本来の場所」(役割) とは何かを我々に示している。もちろんその第一の役割は、我々の行為を導き、方向を示すことである。しかし我々の存在がそれに及ばないとき (例えば、我々が英雄という存在でないとき)、「理想」は我々の指針としてではなく、尺度として、すなわち我々の「低さ」を測る物差しとして働く。それは人間間での相対的な優位や成功により「理想」を演じ、自身が「理想」に適っていると錯覚しようとする我々に対する戒めであり、謙虚さへの契機である。

第五章

(1) S. Toulmin, *The Philosophy of Science Introduction*, Hutchinson's University Library, 1953.
(2) N・R・ハンソン『科学的発見のパターン』村上陽一郎訳、講談社学術文庫、一九八六。
(3) トーマス・クーン『科学革命の構造』中山茂訳、みすず書房、一九七一。
(4) トゥールミンとハンソンは『探究』と『論考』の両者に言及し、かつ思想的に依拠しており、彼らとウィトゲンシュタインの思想的関係は単純ではない。
(5) この呼称の下で一九五〇年代以降主として英米の分析哲学とその周辺で行われてきた論争の包括的な批判的俯瞰図を与えてくれる労作として次の書がある。戸田山和久『科学的実在論を擁護する』名古屋大学出版会、二〇一五。
(6) この論争の内容と経過については戸田山、前掲書に詳しい。
(7) cf. 同書、p. 325。
(8) 同書、pp. 308-310。
(9) cf. カール・ポパー『推測と反駁――科学的知識の発展』藤本隆志・石垣寿郎・森博訳、法政大学出版局、一

九八〇、pp. 157-158.

(10) この論争を描写する上でポパーはこの見解を「ガリレイの科学観（Galilean view of science）」と呼び、「道具主義的見解（instrumentalist view of science）」と対置している。ポパー、前掲書、pp. 158, 160。

(11) 同書、pp. 154-160 参照。

(12) 例えば「道具主義」の科学観の内実をポパーは、「科学理論……は計算規則（あるいは推論規則）に他ならない」（ポパー、前掲書、p. 177）と、F・サッピは"[theory] is nothing more than a set of rules for making observable predictions"（F. Suppe "The Search for Philosophic Understanding of Scientific Theories", in F. Suppe (ed.) *The Structure of Scientific Theories (2nd ed.)*, University of Illinoi Press, 1977, p. 29）と、戸田山は「現象に経済的記述を与えるための便利な装置にすぎない」（戸田山、前掲書、p. 41）と描写している（傍線はすべて引用者）が、彼らはいずれも「道具主義」に批判的立場に立っている。

(13) ポパーは重要な道具主義的科学者として、マッハ、キルヒホッフ、ヘルツ、デュエム、ポアンカレ、ブリッジマン、エディントンの名を挙げているが、我々が問題にしているこの対立・論争における影響の大きさでマッハは際立っている。ポパー、前掲書、p. 157, 原注5。

(14) エルンスト・マッハ『マッハ力学史（上）、（下）』岩野秀明訳、ちくま学芸文庫、二〇〇六。エルンスト・マッハ『熱学の諸原理』高田誠二訳、東海大学出版会、一九七八。

(15) マッハは「要素（あるいは、感覚）一元論」という独自の哲学的見解によっても広く知られているが、本考察では科学観を焦点とする我々の考察に不必要な論点が混入するのを避けるために、彼の科学観をこの哲学的見解と独立なものとして扱う。この選択はつぎのような根拠に基づいている。「要素一元論」が展開されている『感覚の分析』においてマッハは、この哲学的見解を展開する理由が、常識的世界観を上書きするような包括的で絶対的な哲学的見解を示すことではなく、「心理的なものと物理的なもの、主観的なものと客観的なものの対立」といった問題を解消するためだと述べている。そして科学史的著作において彼が自身の科学観を提示する際にも、必須の形而上学的基礎として「要素一元論」を前提として論述を行っている訳ではないので、彼の科学観を「要素一元論」と独立なものとして描写することは可能だと考えられる。マッハ『感覚の分析』須藤吾之助・廣松渉訳、法政大学出版局、一九七一、pp. 28-29, 298

参照。

（16）マッハ『熱学の諸原理』高田訳、p. 386.

（17）同書、p. 393.

（18）マッハ『マッハ力学史（上）』岩野訳、p. 38.

（19）例えば廣松渉は、「学問の本質と課題は、マッハによれば、事実の経済的記述に存する」と述べている。廣松渉「マッハの哲学——紹介と解説に代えて」（マッハ『感覚の分析』須藤・廣松訳）、p. 351.

（20）マッハ『マッハ力学史（上）』岩野訳、pp. 36–37.

（21）同書、pp. 36–37.

（22）同書、p. 37.

（23）近年話題になった囲碁プログラムが象徴する大規模な機械学習を使用したＡＩは、現実にこうしたものになっているとも考えられる。

（24）マッハ、前掲書、p. 37.

（25）マッハの経済的科学観を巡って彼と論争した科学哲学者。それ以上は不詳。マッハ『熱学の諸原理』p. 398. 注2参照。

（26）マッハ、前掲書、p. 401.

（27）同書、p. 370.

（28）こうした思考とＭ・ブラックやＭ・ヘッセらの科学観の類似性は明らかだが、両者の歴史的関係については、ここでは立ち入らない。

（29）マッハ、前掲書、p. 394.

（30）次の二論文：「知識に関する三つの見解」、「真理・合理性・科学的知識の成長」（ポパー、前掲書、pp. 154–192, 362–425）。本章ではそれぞれを、第一論文、第二論文と呼ぶ。

（31）通常「科学的実在論」と呼ばれる立場固有の内容は、真理と存在という概念を介して二通りに規定できる。すなわちそれを、科学的理論が真であると考える立場、と表現することも、科学的理論に登場する理論的対象が存在すると考える立場、と表現することもできる（cf. 戸田山、前掲書、p. 5）。本論では前者をより根本的な規定と考えるが、それは後者の規定における「存在」がアリストテレス的に多義的だからである。例えば「電子が存在する」という命題を否定する物理学者がいるとは考えられないが、だからといってすべての物理学者が量子力学を同じように解釈している訳ではない。彼らは「存在する」という言葉を多義的に使用しているのである。それは数学を実践する者で「10より小さい素数は4個存在する」という命題を否定する者はいないが、だからといって数という存在に対して誰もが同じ考えを持っているとは限らないのと同じである。このように古典的科学

観の規定としては、真理という概念を介するもののほうがより曖昧さが少ない。

（32）後で見るように、このことはとりわけ第二論文、第二節においてはっきりと示されている。

（33）ポパー、前掲書、pp. 154-158.

（34）本質主義は科学に関する次のような見解として規定されている。

（三）もっともすぐれた真に科学的な理論は、事物の「本質」ないし「本質的性質」――現象の背後に存在する実在――を記述するものである。そのような理論はそれ以上の説明を必要としないし、またそうすることもできない。これらの理論は究極的説明なのであり、それを見出すことが科学の究極的な目的である。（ポパー、前掲書、p. 165）

（35）ガリレオがすでに道具主義的科学観と対峙していた（とりわけ彼の異端審問を通じて）ことについてポパーは興味深く語っている。ポパー、前掲書、pp. 154-164を参照。

（36）ポパー的反証主義に基づく科学観の特徴は、科学理論（あるいはそれに関する我々の知識）はあくまで「推測（conjecture）」に留まる、というものである。詳細については第一論文、第六節を参照。

（37）ポパー、前掲書、p. 164.

（38）同書、pp. 375-379.

（39）同書、pp. 376-377.

（40）同書、pp. 377-379.

（41）率直に言えば、ここでポパーは、タルスキーの真理論自体についてではなく、形式科学的な真理の定義が満たすべき条件としてタルスキーが自らの理論に課したいわゆる「規約T」について、しかもその位置づけを述べることなく、語っているとしか思えない。

（42）Alfred Tarski, "The Concept of Truth in Formalized Languages", （Alfred Tarski（tr. J. H. Woodger）*Logic, Semantics, Metamathematics (2nd ed.)*, Hackett, 1983）, pp. 152-278.

（43）タルスキー、前掲書、pp. 152-153.

（44）議論をより一般化するためにタルスキーは「対象の系列fによる命題関数xの充足」という概念を最終的な定義に用いるが、我々の考察にとってそうした一般化は特別の意味を持たないから、より単純な「対象による命題関数の充足」という概念について考える。

またタルスキー（の翻訳）が使用しているのは「文関数（sentential function）」という言葉であるが、わが国での慣用に従って「命題関数」という言葉を用いる。

(45) タルスキー、前掲書、p. 190.
(46) 同書、p. 190.
(47) cf. 同書、p. 195.
(48) 同書、pp. 189-190. 引用文の訳は拙訳。
(49) ポパーはそれを「真理に関するその驚くほど素朴な写像理論ないし射影理論」（ポパー、前掲書、p. 376）と呼んでいる。しかしポパーのこうした否定的評価の土台となっていると思われるのは『論考』に登場するレコードと音の関係という例であり（cf.『論考』4.0141）、以下で考察するような「対象」に関する『論考』の思考の意義を彼が十分に評価しているとは思えない。
(50) J・L・オースティン『言語と行為』坂本百大訳、大修館書店、一九九一、pp. 238-239.
(51) この点に関して、「世界は事実の総体であり、ものの総体ではない」（1.1）という命題は、『論考』という書物の基本思想に関して誤解を招きやすいものである。
(52) 例えば、『論考』の体系を整合的かつ妥当なものとして解釈しようとする試みにおいて「対象」概念のあいまいさが問題になることの実例としては次を参照。野矢茂樹『ウィトゲンシュタイン「論理哲学論考」を読む』、哲学書房、二〇〇二、pp. 56-60.
(53) ラッセルは『論考』の「解説」において、「対象」について次のように述べている。「ウィトゲンシュタイン氏は、我々が実際の単純なものを取り出して、それについて経験的な知識を得られると主張している訳ではありません。それは、電子のように理論的に要請される、論理的に必然的なことなのです」（『論理哲学論考』野矢茂樹訳、岩波文庫、pp. 159-160）。ここで『論考』の「対象」を要請とみなしている点においてラッセルは全く正しいが、それを「電子」になぞらえているのは適切とは言えない。「電子」が一定の現象の説明のために考えられた経験的仮説的概念であるのに対して、『論考』の「対象」はそうではない。アリストテレスの「実体」概念と同様、それは経験的仮説ではない。
(54) MS183, p. 163. cf. PU46.
(55) それは「原子（アトム）」が古代原子論者に特有の世界を描写する仕方の象徴的名であるのと同様である。
(56) 後で触れるように、量子力学を巡ってボーアとアインシュタインの間で交わされた論争においても彼らは物理学（量子力学）という考察の対象を共有しており、対立の焦点は物理学の具体的内容ではなく、それをどのように解釈するかであった。
(57) ここで我々が用いている「像」という概念は、ヘルツのものと類似し、像の評価に関して以下で行う議論は、

ヘルツ自身の議論から少なからぬ影響を受けている。ヘルツ『力学原理』上川友好訳、東海大学出版会、一九七四、pp. 21-23 参照。

(58) ケプラーの発見と彼の神秘主義的世界観の関係については、例えば、次を参照。渡辺正雄「ケプラーの生涯」(ヨハネス・ケプラー『ケプラーの夢』渡辺正雄・榎本恵美子訳、一九八五、所収)、pp. 236-246.

(59) 我々がここで「生の問題」と呼ぶものの詳しい内容については、トルストイ『懺悔』中村融訳(トルストイ全集14、河出書房、一九七三)、pp. 360-363 参照。『論考』に登場する「生の問題」は、次注で触れる状況的証拠などから、おそらくトルストイのこの問題に由来すると考えられる。『論考』6.52, 6.521 参照。

(60) トルストイが信仰に向けて歩む過程で著わした著作の一つである『要約福音書』「緒言」には次のように述べられている。

予がキリスト教へ導かれたのは、神学的研究でも歴史的研究でもなく、五十歳のとき、われとは何ぞ、わが生の意義は那辺にありやということについてみずからたずね、また周囲のあらゆる賢人たちにたずねて、汝は原子の偶然な結合であるという答えをえた事実によってである。人生に意義はない、人生そのものが悪である——こうした答えをえたことによって、予は絶望におちいり、自ら殺さんとまでしたのであった……。(中村白葉訳、トルストイ全集14、河出書房、一九七三、p. 256)

因みにトルストイの『要約福音書』は、『論考』構想中のウィトゲンシュタインが第一次大戦従軍中にクラカウの書店で偶然出会い、その後の思索に大きな影響を与えたものであり、その明らかな痕跡が『論考』に存在する。前注末で触れた箇所もその一つである。

(61) 注59参照。

(62)『論考』は「生の問題」の存在を否定するのでなく、問いとその答えを「語りえぬもの」の領域へと繰り込むことにより古典的科学観と生の問題のリアリティーを両立させようとしたと解釈できる。「だがもちろん言い表しえぬものは存在する。それは示される。それは神秘である」(6.522) という言葉はこうした解決を象徴するものである。『論考』6.52, 6.521, 6.522 参照。

(63)『論考』にとってトルストイ問題は極めて現実的なものであったから、ウィトゲンシュタイン自身、『探究』の考察を通じてこのように「トルストイ問題」という科学に関する哲学的問題から自らを解放したのだと考えることができる。

(64) ニールス・ボーア「因果性と相補性の観念について」(ニースル・ボーア『ボーア論文集1』山本義隆訳、岩波文庫、一九九九) pp. 193-207. この論文の背景については、山本義隆「解説――ボーア-アインシュタイン論争」(ボーア、同書)、pp. 399-400 参照。

(65) 筆者と同様に物理の専門外の読者に対してこの表現を簡単に説明する。古典力学の理論形式において物体の物理量（位置や運動量）を表す変数p、qは実数を表現し、それゆえ一般に物理変数の間で交換関係 pq=qp が成立するのに対して、量子力学の理論形式においてそれらの物理変数は複素ベクトル空間の演算子（ベクトルの関数）を表現する（=原子的現象の規則性を物理学者達はそうした数学的理論形式によってのみ表現することに成功した）ため、共役物理変数q、p（例えば、位置と運動量を表す変数）の間には交換関係が成り立たない（pq≠qp）。これが「共役変数の非可換性」と呼ばれているものであり、量子力学を古典力学から区別する根本的な特徴である不確定性関係の源となるものである。この非可換性を表現する数式(1)、(2)はここでは省略する。物理学の専門的知識を前提としない量子力学の数学的理論形式の簡単な説明としては、例えば、D・Z・アルバート『量子力学の基本原理』高橋真理子訳、日本評論社、一九九七、等を見られたい。

(66) 古典的対象概念に基づく、「対象」、「属性」、「観測」、「測定」といった言葉で、その意味はそれらの日常的使用における意味に等しい。ボーア、前掲書、p. 203 参照。

(67) ボーア、前掲書、pp. 198-199.

(68) 朝永振一郎『量子力学Ⅱ 第二版』みすず書房、一九九七、pp. 268-269.

(69) そうした試みの嚆矢であり、最も著名なのが、アインシュタインがボーアとの論争の中で行った一連の量子力学批判の試みである。この論争を踏まえたうえで、古典的対象概念と量子力学を両立させようというさまざまな解釈の試みが現在も続けられている。アインシュタインとボーアの論争に関しては山本義隆「解説――ボーア-アインシュタイン論争」(ボーア、前掲書) pp. 349-414、および、森田邦久『アインシュタイン vs 量子力学』化学同人、二〇一五、第Ⅲ部を参照。アインシュタイン以降の古典的対象概念と量子力学を両立させる試みに関しては、白井仁人・東克明・森田邦久・渡部鉄兵『量子という謎』勁草書房、二〇一二、第Ⅱ部、および森田、前掲書、第Ⅳ部参照。

(70) この問題においてしばしば「実在」、「物理的実在」、「実在主義」という言葉が使われるため、問題が宇宙の

在り方そのものに関するものであるかのような錯覚が生じるが、問題は我々が用いる概念、そのための前提条件、要請に関するものである。

このことは問題を巡る論争においてしばしば「実在」について語ったアインシュタイン自身の次の文章がはっきりと示している。この文章は、本文で引用したボーアの論文と同じ雑誌の同じ号（*Dialectica*, vol. 2, W・パウリ編集「相補性概念特集号」、一九四八、pp. 307-420）に掲載された論文に登場する。この論文でアインシュタインは、不確定性原理に基づいたボーアの量子力学解釈に抗して古典的対象概念を守ろうとするのだが、そうした概念をアプリオリな真理ではなく「要請」と呼んでいる。論文の第二節でアインシュタインは量子力学に先立つ（あるいは、それより上位に位置する）「物理学」という概念を想定したうえで、それから派生する概念的前提を次のように規定する。

物理学の概念の世界において、量子論に依存せず、それ自身に特有なものは何かということを問題にするとき、まず第一に次のことに気づく。すなわち、物理学という概念が実在する外的世界と関係しているということ、すなわち知覚する主体から独立した《実在的存在》を要求する事物（物体、場、等）が措定されているということである。（アインシュタイン「量子力学と実在」谷川安孝訳（アインシュタイン『アインシュタイン選集1』共立出版、一九七一）p. 197。但し一部訳を改めた）

この「物理学」という概念に基づく更なる前提がこの後に続いて述べられるが、それは根本において観察者から独立な古典的対象概念を前提することに等しく、そこには非局所性を排除する「近接作用の原理」も含まれる。論文末尾でアインシュタインは、これらの諸前提を論文中の節番号を使って「要請Ⅱ」と呼び、それが量子力学と両立しうることを（筆者が判断する限り、明確な根拠なく）、次のように主張する。

私の知っている物理現象、とくに、量子力学によってひじょうにうまく理解できるような特別な物理現象を考察するとき、要請Ⅱを放棄しなければならないということが確からしいと考えさせるような事実は、どこを探しても見つからないのである。（アインシュタイン、前掲書、p. 200）

いずれにしても、アインシュタインのこの「要請」という言葉は、ここにおける議論の焦点が実在そのものでなく、実在を記述するうえで我々が選択する根本概念に伴う諸前提、諸条件であることを彼がはっきりと意識して

いたことを示していると言えるだろう。

(71) その実例については、白井・東・森田・渡部、前掲書、第Ⅱ部、および森田、前掲書、第Ⅳ部参照。

(72) 我々の科学という社会的実践（そのように呼ぶことが理解を促進するなら、言語ゲーム、と言ってもよい）を構成する主な役割は、科学者、技術者、哲学者、科学哲学者、科学啓蒙家、科学教育者、宗教家、芸術家、科学技術の受益者、科学技術への投資家、科学政策立案者、等々と多様であり、現代を生きることは、少なくともその一つ（場合によっては複数）の役割を受け持つことを意味する。社会全体としての科学観は、これらの役割の複雑な相関によって決定され、最終的な決定権を持つ役割は存在しない。これらの役割（を果たす人間）が、科学観の形成にどのような影響を及ぼしてきたかということの内実を理解するためには、例えば、ガリレオ、トルストイ、ノーベル、アインシュタイン、ボーア、ポパー、クーンといった人々の活動が、社会全体の科学観の形成にどのように寄与し、影響を及ぼしてきたかを想起するのがよいだろう。

あとがき

本書はシリーズ『ウィトゲンシュタイン『哲学探究』を読む』の第一巻で、『探究』「哲学論」に焦点を当て、この書物が何のために書かれ、そこで著者ウィトゲンシュタインが何をしているのかを明らかにしようとしたものである。元々本書は数年前に「『哲学探究』の研究」という単行本として執筆を開始したものであるが、その過程で筆者に徐々に次のことが明らかになってきた。すなわち、「哲学論」の的確な（原著者の意図に沿った）読解自体大変な作業であり、彼の生と哲学の内在的関係をその根底に降り立って理解する以外に達成する方法がないということである。それは「哲学論」の読解だけに優に一冊の書物を必要とすることを意味した。出版元である勁草書房の編集担当土井美智子さんに筆者が恐る恐る事情を告げたところ、土井さんには事態を理解していただき、結果として三巻よりなる本シリーズの出版企画となった。一研究書の出版としては異例な形態をあえてとっていただいた勁草書房、そしてその必要性をすみやかに理解していただいた土井さんには、改めて深く感謝したい。

本シリーズの続巻は本書で示された『探究』理解に基づき、§134以降において「哲学論」で出現した新しい哲学の在り方がどのように実践されたかを解読するものであり、どのような哲学的問題が提起され、どのような方法で解消されているのかをテキストに沿って読解してゆくものである。ある意味でそれは『探究』§§134～693を大きな「哲学的問題集」として読み進めることに他ならない。第二巻では§§134～242を扱い、理解、規則、数学の基礎に関する哲学的諸問題が考察される。第三巻では§§243～693を扱い、心的諸概念に関する哲学的諸問題が考察される。

本書と筆者の旧著『ウィトゲンシュタインはこう考えた』（講談社現代新書）の関係は相補的である。本書で考察した後期ウィトゲンシュタインの哲学像と前期から後期への移行の本質は旧著において全く触れられていない主題であり、その意味で旧著のウィトゲンシュタイン理解は（筆者自身の目からも）全く不十分で不完全なものであり、その空隙は本書が埋めるべきものである。他方本書の叙述は、外的に見た前期から後期へのウィトゲンシュタインの哲学的変遷の知識を、その問題提起を理解するための前提としているが、そうした変遷の外的知識は著者の旧著から十分に得ることができる。この知識を必要とされる方には旧著の一読を勧められる。

巻末の二つの付表について。それらの実質的内容は筆者の研究ノートに手書きの不整然な形で存在し、本書執筆の基礎資料として利用されたものだが、煩雑で規模の大きなものになることを案じ、筆者はそれを本書に入れることを考えていなかった。しかし校正段階で、注でこれらの表に暗に言及している箇所を見抜いた土井さんに正式の表の作成を促され（かつ許可され）、これらを改めて作成した。結果的に将来の研究に何らかの寄与ができるものとなったのではないかと考えている。これにつ

いても編集者土井さんの学術的な対応に深く感謝する次第である。
索引に関しては、筑波大学大学院の馬場美奈子さんの手を煩わせた。決して小さくない、そして重要な作業に関して、馬場さんに深く感謝したい。
最後に、本書の原稿に対して多くの有益なコメントを頂いた筑波大学哲学・思想専攻の同僚の橋本康二氏に、改めてお礼を申し上げたい。

「遺稿」の出版（二〇〇〇年）以降、遺稿への容易なアクセスと未発表草稿（コーダー遺稿）の公開によりウィトゲンシュタイン研究は明らかに新たな段階に入り、遺稿の自由な使用に基づいた新たな研究が次々と生まれている（例えば、Oskari Kuusela & Marie McGinn (eds.), *The Oxford Handbook of Wittgenstein (pb)*, Oxford University Press, 2014 参照）。完成に予想外の時間がかかったが、本書もそれらに並行する研究の一つである。我々の世代に与えられた新たな資料からどれだけのものを本書が見出したのか、その判断は読者に委ねるしかない。

二〇一八年八月四日

著　者